WIGALD BONING

HERR BONING GEHT BADEN

EIN JAHR, 365 BADETAGE UND WAS ICH DABEI ÜBER SCHWIMMEN, LEBEN UND TOLLE HECHTE LERNTE

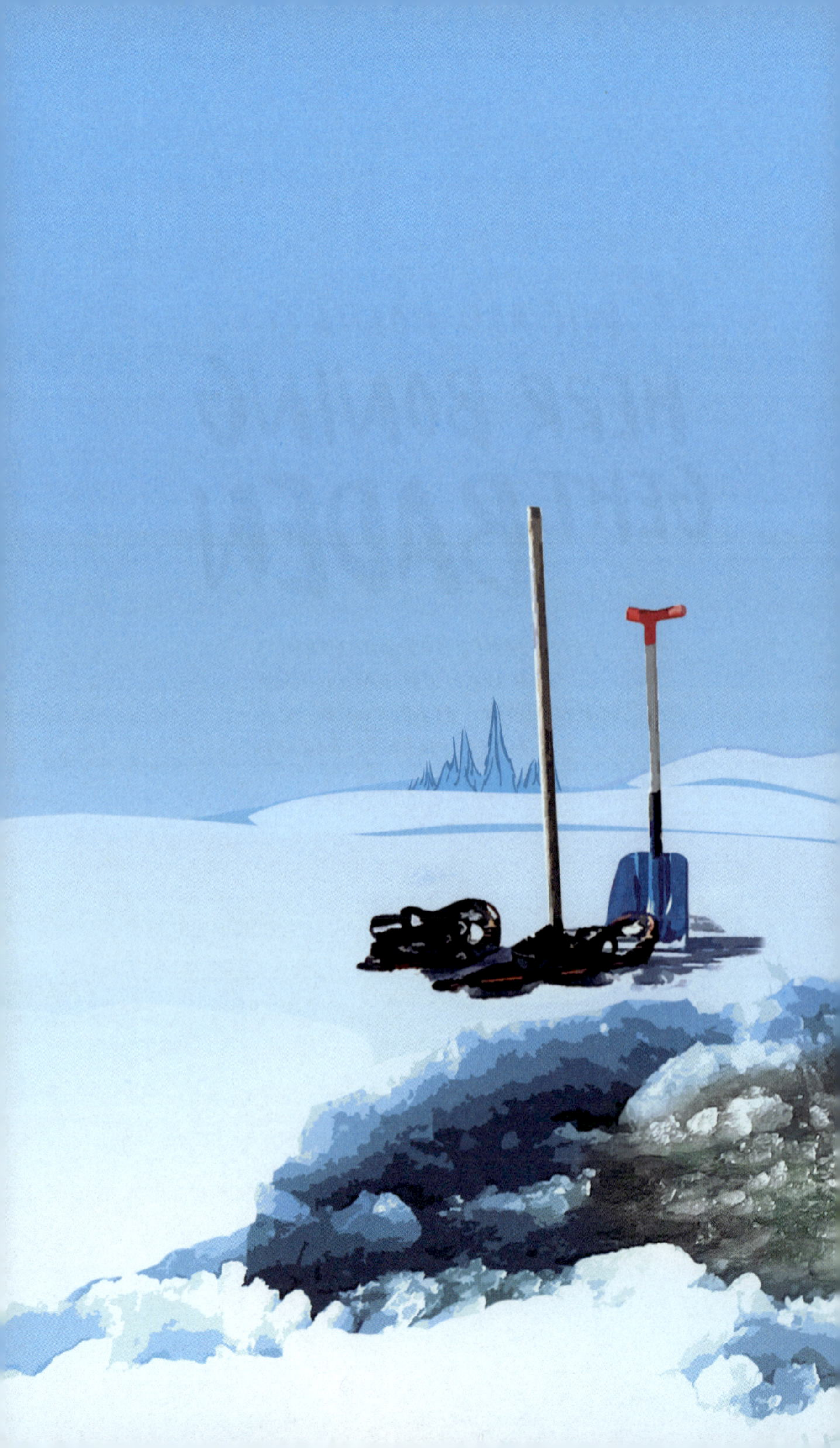

WIGALD BONING

HERR BONING GEHT BADEN

EIN JAHR, 365 BADETAGE
UND WAS ICH DABEI ÜBER
SCHWIMMEN, LEBEN UND
TOLLE HECHTE LERNTE

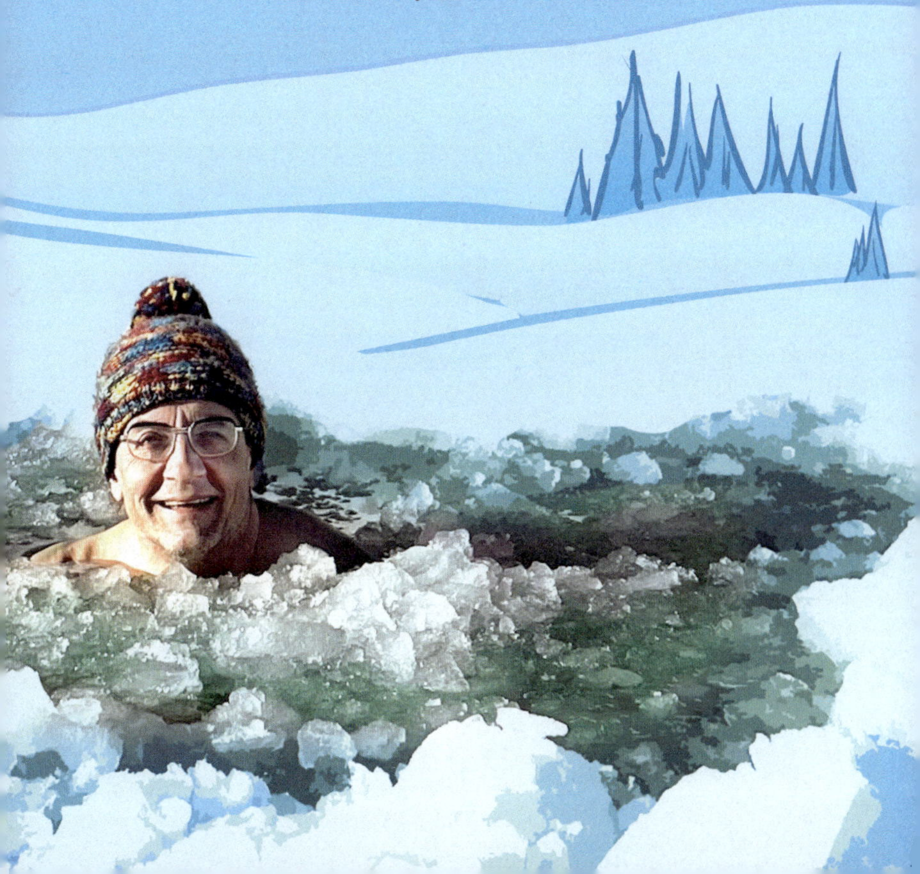

Für Teresa

INHALT

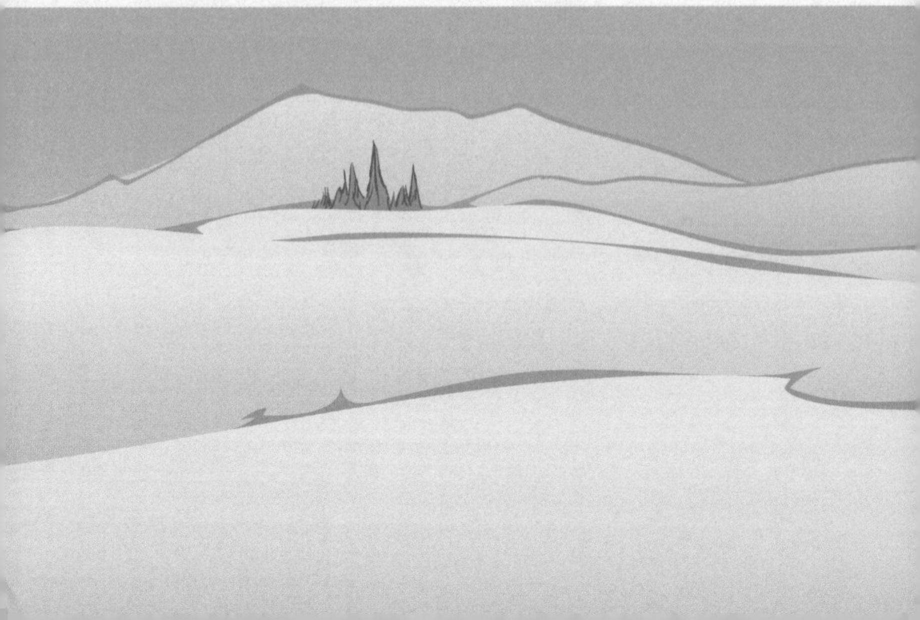

Inhalt

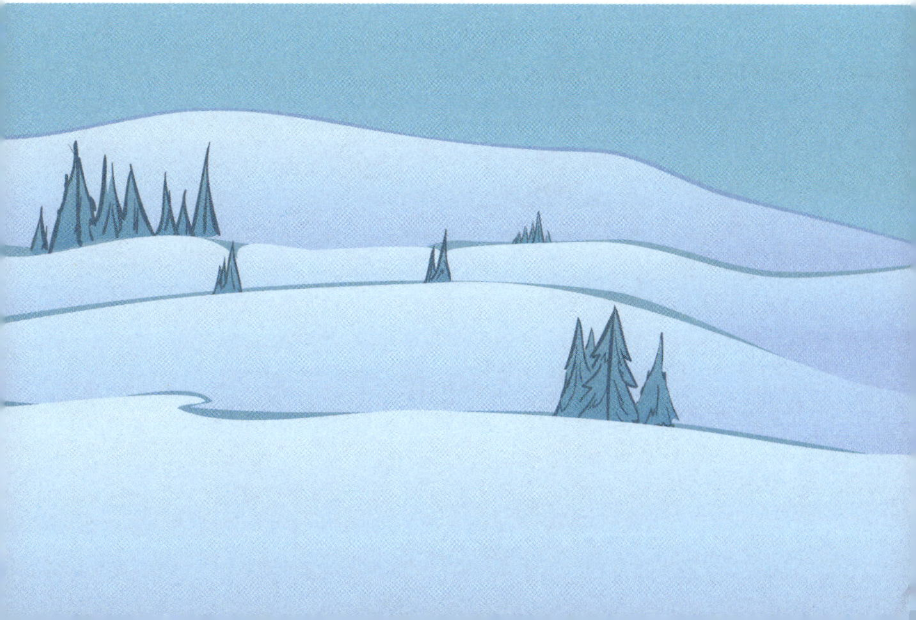

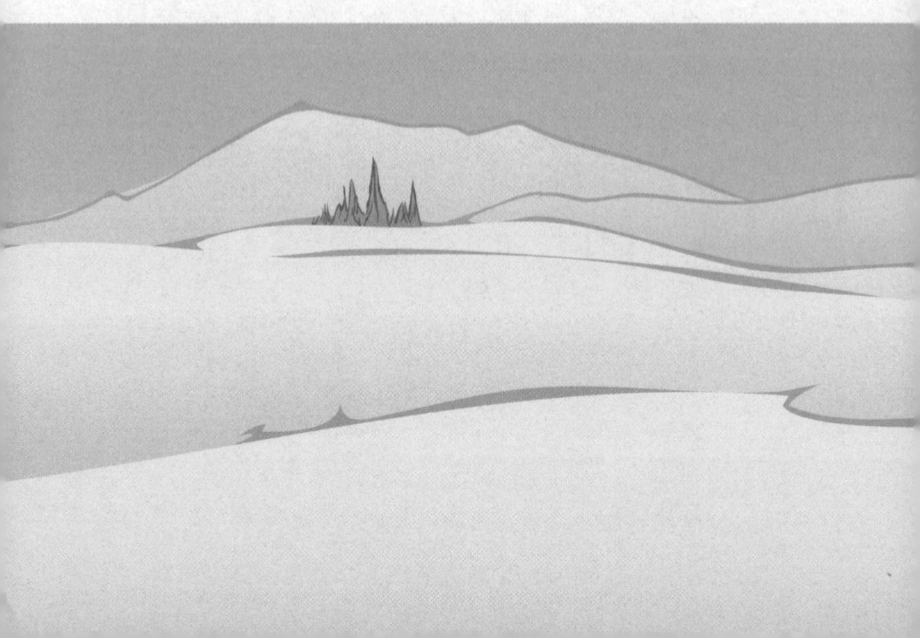

Inhalt

Alle Schilderungen in diesem Buch basieren auf subjektiven Erinnerungen. Die Dialoge geben die Gespräche nicht wortwörtlich, sondern sinngemäß wieder.

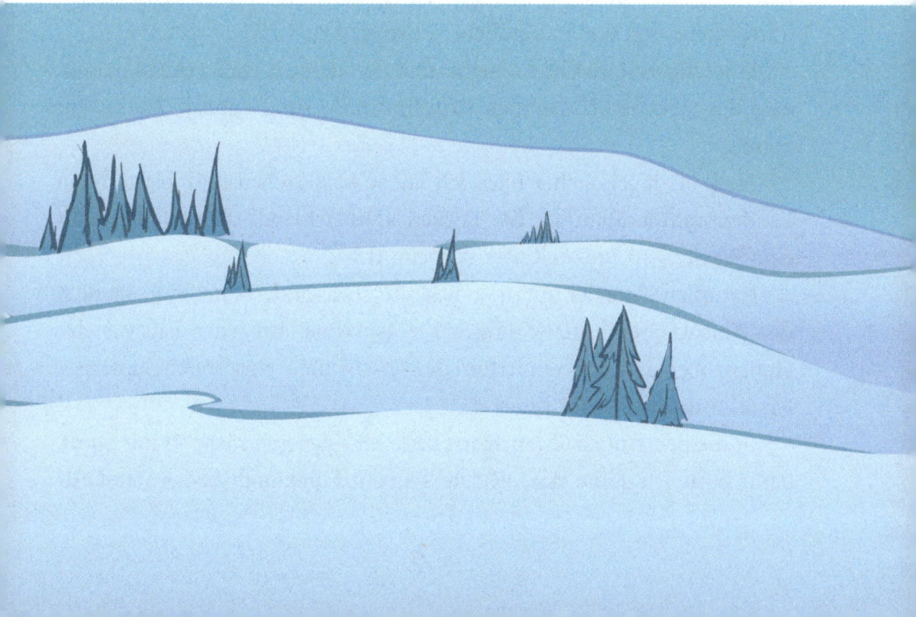

Platsch, hinein ins kühle Nass

•••••••••

In diesem Buch berichte ich über meinen Versuch, ein Jahr lang täglich draußen schwimmen zu gehen.

Ums vorweg ganz trocken festzustellen: Das Wasser wurde mir nicht in die Wiege gelegt – ich betrachte mich als Prototyp einer Landratte, und im Gegensatz zu meiner Schwester Melani, die schon als Dreijährige das Schwimmen lernte und sich schon als Kind weit ins offene Meer hinauswagte, blieb ich lieber am Strand liegen und hütete das Badelaken.

Das könnte mit meiner – ursprünglich – spiddeligen Konstitution zu tun gehabt haben: Als Erstklässler wog ich mickrige 20 Kilo, entbehrte jeglicher Isolierschicht, und als ich auf die Freischwimmerprüfung vorbereitet wurde, durfte, ja musste ich alle paar Minuten das Lehrbecken verlassen, um mich am Heizkörper aufzuwärmen.

Hajo, mein Sandkastenfreund aus dem Nachbarhaus, hatte eine Großmutter namens Oma Martha. Von dieser beängstigend durchtrainierten, wettergegerbten Seniorin mit Lederhand erzählte man, dass sie so gut wie jeden Tag schwimmen gehe – das sei förderlich für die Gesundheit. Ich hörte interessiert und in kindlicher Ehrfurcht zu.

Eines Tages starb Oma Martha, und der kleine Wigald schloss daraus, dass das tägliche Schwimmen so wahnsinnsgesund dann ja kaum sein könne.

Auch als Jugendlicher blieb ich latent wasserscheu und feierte mein Landrattentum. Stammte der Spruch »Deutschlands Zukunft liegt auf dem Wasser!« nicht von Kaiser Wilhelm II.?

Natürlich hatte der mit diesem Motto etwas anderes im Sinn, nämlich den Aufbau einer schlagkräftigen Kriegsmarine. Auf jeden Fall war der Hohenzoller ein Loser, ein Irrtum der Geschichte – etwa so schlaumeierte ich als hydrophober Halbstarker.

In meinen frühen Zwanzigern hatte ich's generell nicht so mit Sport, dafür hörte ich gerne Jazz, schaute Truffaut-Filme und las das Standardwerk »Englische Exzentriker« von Edith Sitwell – eines meiner Lieblingsbücher bis heute.

In einem Kapitel geht es um Matthew Robinson-Morris, den 2. Baron Rokeby, einen englischen Adeligen des 18. Jahrhunderts, der das Schwimmen so sehr liebte, dass er sein Landleben mehr und mehr gegen eine amphibische Lebensweise eintauschte.

Mehrfach musste er aus der Nordsee gerettet werden, weil er sich schwimmerisch übernommen hatte. Auf seinem Grundstück errichtete er ein gläsernes Hallenbad nach Art eines Gewächshauses, das er nur in Ausnahmefällen verließ – im Grunde nur, um seine wenigen Freunde mit dem Vortrag ebenso langer wie langweiliger, selbstverfasster Gedichte zu beglücken. Nicht weniger lang war sein Bart, der, wenn der nasse Baron doch einmal auf der Dorfstraße unterwegs war, zwischen seinen Beinen baumelte und eine markante Tropfspur hinterließ.

Lord Rokeby wurde zu einem meiner Lieblingssportler. Seit Jugendtagen begleitet mich ein Stahlstich mit seinem Konterfei, momentan steht es bei mir auf dem Schreibtisch, gleich neben einer im Internet erworbenen signierten Sammelkarte von Gertrude Ederle.

Die New Yorkerin gewann bei den Olympischen Spielen in Paris 1924 drei Medaillen und schaffte es zwei Jahre später als erste Frau, den Ärmelkanal zu durchschwimmen, in vierzehneinhalb Stunden – zwei Stunden schneller als der bisherige (männliche) Rekordhalter. Ederle war auch die erste Sportlerin mit einem Werbevertrag: Sie schwamm exklusiv mit einer Rolex am Handgelenk.

Infolge einer Maserninfektion war sie schon als Kind schwerhörig, ertaubte später ganz. Durch eine Wirbelsäulenverletzung wurde sie 1933 zudem gelähmt, schaffte es durch unermüdliches Training jedoch sechs Jahre später, den Rollstuhl wieder zu verlassen. Fortan brachte sie taubstummen Kindern das Schwimmen bei, bis sie 2003 mit 98 Jahren starb.

Ich lege mich fest: Lord Rokeby, Gertrude Ederle und natürlich meine Frau – das sind meine persönlichen Helden.

Zunächst verehrte ich die beiden Ersteren ausschließlich vom Beckenrand aus, aber Anfang der 2000er – ich hatte seit einigen Jahren den Ausdauersport für mich entdeckt – ließ ich mich zur Teilnahme an einem Triathlon hinreißen. Auserwählt für dieses Unterfangen hatte ich den

Auerberg-Triathlon in meinem damaligen Wohnort Bernbeuren, über die olympische Distanz, also mit 1,5 Kilometern Schwimmen.

So 'n richtiger Triathlet, so meinte ich damals, müsse kraulen, im Neoprenanzug – Ersteres konnte, Letzteres hatte ich nicht.

Nach einiger Zeit überwand ich mich, kaufte mir einen Drei-Millimeter-Neo mit dem betörenden Markennamen »Allgäu-Hai« und adressierte im »Plantsch«, dem Hallenbad der Stadt Schongau, einen kompetent wirkenden Bademeister und fragte, ob er mir nicht gegen Honorar eine wettkampftaugliche Kraultechnik beibringen wolle?! »Aber gern!«

Und so erschien ich zum Einzelunterricht und erhielt wertvolle Techniktipps – dass ich z.B. abwechselnd nach links und nach rechts atmen solle, um mich im Freiwasser besser orientieren zu können.

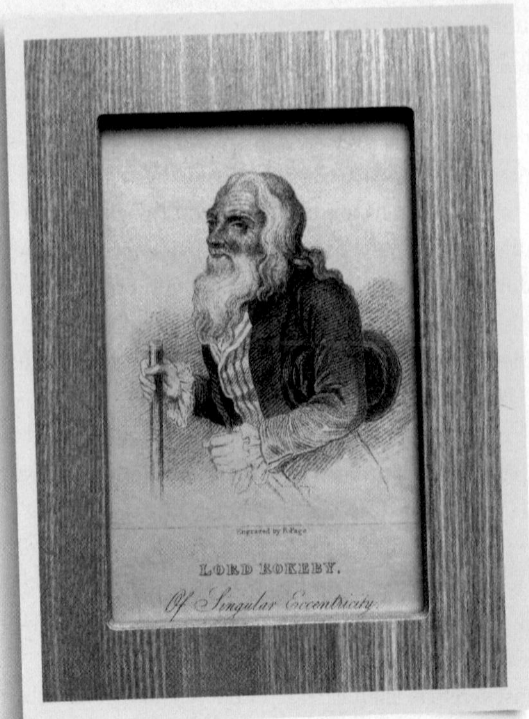

Andere hängen sich Pin-up-Girls in den Spind, ich bevorzuge schrullige Blaublüter aus dem 18. Jahrhundert.

Meine Haxen band der Fachmann kurzerhand mit einem Fahrradschlauch zusammen, um mir meinen großamplitudigen Beinschlag abzugewöhnen und die Wasserlage zu verbessern. Eine einzige Lehrstunde bewirkte, dass ich im Jahr 2002 am Auerberg-Triathlon teilnehmen konnte, ohne allzu unangenehm aufzufallen.

Falls du, liebe Leserin, lieber Leser (unter Sportlern wird geduzt), dich ebenso für eine Landratte hältst wie ich mich und dennoch deine Schwimmtechnik verbessern willst (oder überhaupt erst mal die Grundlagen lernen), ist es sicher nicht die allerschlechteste Idee, einen Fuffi in eine oder zwei Privatstunden zu investieren.

Ich habe einige Abos auf dem Handy, die deutlich mehr gekostet und mein Leben wesentlich weniger bereichert haben als der Kraul-Crashkurs.

In den folgenden Jahren verbrachte ich reichlich Zeit in Hallenbädern, was bis heute für mich eine intellektuelle und mentale Herausforderung ist: An schlechten Tagen schaue ich schon bald auf die Uhr, um entsetzt festzustellen, dass erst wenige Minuten verstrichen sind – ein Problem, das ich vom Laufen und Radeln eher nicht kenne.

Um die Zeit schneller verstreichen zu lassen, entwickelte ich verschiedene Methoden. Meine liebste: Ich trainierte mich »durchs 20. Jahrhundert«. Heißt: Ich schwamm 100 Bahnen und begann im Jahr 1900, stellte mir die Reifröcke und Schnurrbärte meiner Vorfahren vor. Dritte Bahn, also 1903: Die Gebrüder Wright erfinden das Flugzeug, und ich bin bei den ersten Testflügen mit an Bord und staune. Dann kommt auch schon wieder Kaiser Wilhelm ins Spiel, mit der ersten Marokkokrise, vierte bis sechste Bahn. 11. Bahn: »Panthersprung von Agadir«, der Erste Weltkrieg bahnt sich an, beginnt drei Bahnen später und endet auf Bahn 18. Stresemann, Hitler, Bill Haley, Kennedy und Mauerfall – das 20. Jahrhundert bietet alle Jahre Highlights und verkürzt die Zeit enorm.

Oder ich konzentrierte mich auf Techniktraining – da gibt es Dutzende, ach, was sage ich, Hunderte wunderbare Übungen, die einigermaßen Kurzweil und vor allem Fortschritt garantieren.

Über zehn Jahre lang blieb der Auerberg-Triathlon mein einziger Schwimmwettbewerb.

In den Nuller- und frühen Zehner-Jahren reihten sich stattdessen Rad-, Lauf- und Skirennen aneinander, am liebsten Ultramarathons, gerne auch

24-Stunden-Veranstaltungen, häufig in Begleitung meiner Sportfreunde Hannes Zacherl und Carsten Schneehage.

Letzterem, Landratte wie ich, fiel eines Tages auf, dass in unser beider 24-Stunden-Rennen-Sammlung eine bestimmte Sportart fehlte, nämlich: das Schwimmen.

Aus purer Sammellust heraus beschlossen wir, am 24-Stunden-Schwimmen im Hallenbad in Haar bei München teilzunehmen. Dort, so mutmaßten wir, würden wir die feuchte Hölle auf Erden kennenlernen. Um die Höllenfahrt nicht schon im Vorhinein unangenehm werden zu lassen, vereinbarten wir einvernehmlich, auf Training zu verzichten. Handschlag drauf!

Im Januar 2014 war es so weit: Wir hatten uns nigelnagelneue Schwimmbrillen zugelegt, und Carsten schleppte eine Babybadewanne voller Fitnessriegel an den Rand des 25-Meter-Beckens, zwecks Verpflegung. Allgemeine Heiterkeit ob der Tatsache, dass sich die Schwimmhalle in Haar ganz in der Nähe des psychiatrischen Krankenhauses befindet. Man kann also gegebenenfalls überwechseln.

Für ca. 120 Sportskanonen standen fünf Bahnen zur Verfügung, jene ganz rechts war per Schild als »Kinder- und Seniorenbahn« gekennzeichnet. Das ist unsere, hier gehören wir hin, witzelten wir und legten los. Ich schwamm halb Kraul, halb Brust, um möglichst viele meiner untrainierten Muskelgruppen zu bedienen, und alle zwei Stunden wurde ein Verpflegungsstopp eingelegt.

In der Nacht legten sich die meisten Mitbewerber ein Stündchen aufs Ohr, ich jedoch verließ das Wasser erst in der Geisterstunde, als ich zu frösteln begann, um mich unter der heißen Dusche aufzuwärmen. Das fühlte sich wundervoll an – weniger wundervoll war jedoch die Rückkehr ins kühlere Schwimmbecken. Brrr!

Die zweite Nachthälfte teilte ich die »Kinder- und Seniorenbahn« mit einem Stuttgarter Pensionär, der wie ich auf Schlaf verzichtete, mit der schön-schwäbischen Begründung: »Ich hab' bezahlt, ich zieh das durch!« Am Ende sammelte ich 1120 Bahnen, das entspricht 28 Kilometer Wasserweg. Zum Frühstück überredete mich Carsten, mit ihm ein Weißbier zu trinken, eine Entscheidung, die dazu führte, dass ich mich einigermaßen angetrunken auf dem ca. 50 Meter langen Geradeausweg vom

Hallenbad Haar zur S-Bahn verlief, um nicht zu sagen: völlig die Orientierung verlor. Und als ich diese wiedergefunden hatte, setzte ich mich in die S-Bahn, schlief sofort ein und erwachte erst wieder an der Endhaltestelle.

Im Klassement des 24-Stunden-Schwimmens in Haar landete ich unter den ersten zehn, was mein schwimmerisches Selbstbewusstsein auf ein neues, unerhörtes Niveau emporhob. In meiner Euphorie (vielleicht auch in meinem Weißbierrausch) hielt ich mich für begabt, und ich nahm mir vor, meinen nächsten Karriereschritt im Freiwasser zu wagen.

Ein Ziel, das meinem Können entspräche, so rieten mir am Beckenrand die Connaisseure, sei eine Durchquerung des Bodensees, von Friedrichshafen nach Romanshorn, über 12,7 Kilometer.

Das tollkühne Vorhaben führte ich im Juli 2014 durch, so richtig mit Begleitboot und Vaseline am Traumbody, um der Kälte standzuhalten – wie ein Profi. Der Lokalpresse gab ich am Start Interviews und saugte die Tipps der Begleitcrew auf, etwa: nur niemals den Kirchturm in Romanshorn anschauen!

Bei besten Bedingungen verlief die erste Stunde planmäßig, dann fragte Oliver von der Crew erstmals: »Geht's dir gut?« – »Ja, wieso?« – »Weil du so langsam schwimmst!« Hm. Für mein – angeblich – bescheidenes Tempo hatte ich keine Erklärung, ich schob's kurzerhand auf eine selten auftretende, erbarmungslose Unterwasserströmung von vorne.

Jedenfalls war ich so lange unterwegs, dass meine Begleitcrew den eigentlich projektierten Kegelabend ausfallen lassen musste – und das, obwohl ich regelmäßig angefeuert wurde, nämlich von den Fahrgästen der Fähren, die, angestiftet vom Kapitän, »Hopp-hopp-hopp« skandierten. Die Beschallung half mir wenig – ich reagierte eher trotzig und wurde noch langsamer.

Spät erst begriff ich, was es mit dem Kirchturm in Romanshorn auf sich hat: Er wurde und wurde nicht größer, egal, wie oft man ihn anschaute, ein Phänomen, das schwächere Naturen durchaus entmutigen kann.

Nach 7:24 Stunden erreichte ich endlich das andere Ufer – die langsamste Zeit, die je in der offiziellen Rangliste der Bodenseedurchquerer registriert wurde. In der Fachwelt verpasste man mir daher das Prädikat »Weltmeister im Langsamschwimmen« – ein Ehrentitel, den ich bis heute mit Stolz trage. Offenbar ist mein Rekord ein Rekord für die Ewigkeit!

Von weiterem Langstreckenschwimmen sah ich ab, ein bisschen wie Lahm und Schweinsteiger, die nach dem Höhepunkt ihrer Laufbahn 2014 ebenfalls aufhörten.

Sieben Jahre lang schwamm ich nur sporadisch, ohne sportlichen Ehrgeiz, ließ mich scheiden, heiratete zum zweiten Mal, wurde zum dritten und vierten Mal Vater, dann kam Corona, und ich machte mich an das glorreiche Vorhaben, 52 Marathonläufe in einem Jahr zu absolvieren – jede Woche einen, zumeist freitags, ohne Ambitionen bezüglich Tempo, dafür bisweilen unter illustren Umständen, etwa auf einer Zehn-Meter-Wendepunktstrecke im verschneiten Hochgebirge oder meinen schwer kranken Papa im Rollstuhl vor mir her schiebend. Letzterer war denn auch in der Rückschau der schönste aller meiner Läufe, und Papas Fazit »Diesen Tag werde ich niemals vergessen« werde ich lebenslang im Herzen tragen.

Ich gehöre in gewisser Weise zu den Pandemiegewinnern: Ausgestattet mit einer Extraportion Zeit (meine Liveauftritte fielen aus), gelang es mir nicht nur, das Marathon-Vorhaben zu verwirklichen, sondern auch noch ein Buch darüber zu schreiben, »Lauf, Wigald, lauf!« (erschienen im selben Verlag wie der vorliegende Schmöker).

Während dieser Zeit zogen meine Frau Teresa, Theo, Mathilda und ich von München nach Herrsching, in die Nähe des Ammersees. Mir war klar, dass unsere neue Heimstatt gerade für schwimmerische Unternehmungen entscheidende Standortvorteile bietet.

Aber wie könnte eine solche Unternehmung aussehen? Hierüber grübelte ich 2021 viele Laufkilometer lang.

Wie sagt mein Sportfreund Hannes Zacherl gerne? »Schwimmen kann man immer, auch im hohen Alter, wenn die Haxen kaputt sind.« Er meint damit allerdings, dass wir alle orthopädisch anspruchsvolleren Sportvorhaben tunlichst vorher durchführen sollten – Schwimmen werde man dann später, wenn nichts anderes mehr geht.

War es etwa schon so weit? Wigald, das waidwunde Wrack? War ich bereit, in die Badeschuhe von Oma Martha zu schlüpfen?

Schuld hat nur die geschundene Schulter

•••••••••

Ein bisschen wurde mir die Entscheidung vom Schicksal abgenommen. Seit dem Beginn meines Marathon-Experimentes laborierte ich an einer Kalkschulter herum, und bei Badeausflügen im Ammersee hatte ich den Eindruck gewonnen, dass Schwimmen dem schmerzenden Großgelenk guttäte.

Solange die Schulter zwickte und mich kein hehreres Ziel packte, könnte ich mich im täglichen therapeutischen Training versuchen, testhalber, TTTT sozusagen – im Ammersee, gleich vor der Haustür. Von Anfang an spukte im Hinterkopf der Gedanke an einen sogenannten Streak, englisch für Strähne, was in diesem Zusammenhang bedeutet, dass man tatsächlich jeden Tag ans Werk geht, ganz ohne Ausnahme – die Lückenlosigkeit des Tuns ist für den Streaker das sportliche Ziel, nicht die zurückgelegte Entfernung oder gar die Geschwindigkeit.

Aber lässt sich derlei Konsequenz überhaupt verwirklichen, wenn man nur einen See vor der Tür hat, so schön dieser auch sein mag? Der nächste Winter kommt bestimmt, selbst in Zeiten des Klimawandels.

Das nächste Hallenbad befindet sich in Starnberg, über 20 Kilometer entfernt – für tägliche Besuche viel zu weit.

Ein unerhörter, radikaler Gedanke näherte sich gleichsam von hinten und sprang zielsicher ins Begeisterungszentrum meines Gehirns: Könnte ich – kann man – womöglich den ganzen Winter durchschwimmen, täglich, draußen, unter freiem Himmel?

Notfalls würde ich mich in einen Neoprenanzug zwängen. Wir leben im 21. Jahrhundert, da sollte es doch Neos geben, in denen man nicht friert, kraft seiner materialtechnisch überlegenen Struktur, vielleicht mit chemischer oder E-Heizung, nicht wahr?

In meinen ollen »Allgäu-Hai« passte ich pommeshalber allerdings nicht mehr hinein, doch sollte ich mir nach zwanzig Jahren geduldiger Erwerbsarbeit einen neuen gönnen können.

»Draußen«, so dachte ich fürderhin, bedeute ja im Übrigen lediglich, dass man im Freien schwimmt – und da gäbe es doch allerlei Notlösungen: Das Dantebad in München kam mir in den Sinn, Austragungsort der olympischen Wasserballwettbewerbe 1972 und ein wohlig-warmes Winterfreibad. Oder das Agrippabad in Köln, das hat auch ein prima Außenbecken, in dem niemand frieren muss.

Nun gut; meine Reisetätigkeit muss mit dem Schwimmen in Einklang gebracht werden. Klapprad, Tretroller und Laufschuhe haben sich immer aufs sinnfälligste ins Arbeitsleben einbauen lassen. Allzu gerne absolviere ich die Wege vom Hotel zu den Fernsehstudios der Republik aus eigener Kraft.

Ein Schwimmstreak wäre logistisch anspruchsvoller. Mir fällt keine einzige Transferroute zwischen Unterkunft und Arbeitsplatz ein, die ich schwimmend zurücklegen könnte. Aber vielleicht habe ich einfach noch nicht gründlich genug nachgedacht?

Es gibt sicher noch einige weitere Faktoren, die für und gegen das tägliche Schwimmen sprechen, aber ist es nicht ergiebiger, diese Fragen ganz praktisch vom Wasser aus zu begutachten als daheim im Wohnzimmer, gleichsam als Trockenübung?

Grau ist alle Theorie, die Wahrheit schimmert bläulich hinterm Schilfgürtel. Also hinein in die Fluten! Wir werden sehen, wie weit ich komme!

Und mit diesen Worten flute ich das Buch, und wir begeben uns gemeinsam zum Startplatz, am Ammersee, zum TTTT, und zwar an Bord eines Klapprades, meines bewährten Atala Imperial Duemila, Baujahr 1966.

Vorne, an der Metallhülse, aus der der Lenker herausschaut, prangt das Logo dieser Klapprad-Preziose, ich glaube, es ist ein Kohlenstoff-Atom, Symbol des Atomzeitalters, der Fortschrittsgläubigkeit, des grenzenlosen Optimismus der Oma-Martha-Ära.

In diesem Geiste nehme ich den nassen Faden meiner Schwimmerkarriere wieder auf: Wenn ich nur lang genug im Nassen bleibe, so versuche ich mir einzureden, dann werden die Kalknester in meiner Schulter (auf-)weichen.

Wir schreiben den 5. Juni 2022. Ich pedaliere das Nuklearrad an einen mir günstig erscheinenden Seezugang, zum sogenannten Herrschinger Löwen, einer steinernen Raubkatzenskulptur.

Herrsching ist eine Gemeinde am Ammersee, Endhaltestelle der Münchener S-Bahnlinie 8 und von ihrem Wesen her auf der Schnittstelle zwischen Speckgürtel und Sommerfrische.

Der Ammersee ist eine Frucht der letzten Eiszeit, siebtgrößter See Deutschlands und ähnelt in seinen Umrissen einem ausgeleierten Hüttenschuh, an dessen wadenwärtigem Leierbündchen Herrsching angenäht ist – jedenfalls, wenn man von Westen aus draufschaut.

Ich parke mein Klapprad an jenem öffentlichen Parkweg, hinter dem der Löwe den See betrachtet. Er macht keine Anstalten, sich zu erheben und zum Wasser zu trotten – zum einen, weil so ein Steinlöwe nicht einmal hölzerne Bewegungen hinkriegt, zum anderen, weil Katzen in der Regel wasserscheu sind und in Seen nur selten gesehen werden.

Der steinerne Löwe ist eine Landratte wie ich – willkommen im Klub!

Nun denn, nach einigen flotten Fahrminuten bin ich leicht erwärmt.

Ich entkleide mich bis auf die Badehose und stülpe eine Badekappe aus Neopren über meinen Kopf, die ich vor einiger Zeit im Internet erworben habe.

Das gute Stück wird per Klettverschluss unterm Kinn geschlossen, was ihrem Träger einen schwer einzuordnenden Look verleiht. Wer eine solche Kappe trägt, könnte ein Überbleibsel aus der frühen sowjetischen Raumfahrt sein, ein Kosmonauten-Zombie beim Notwasserungstraining. Aber auch Oma Martha, Poseidon hab' sie selig, könnte beim Brustschwimmen derlei Kappen getragen haben – die abundante Prilblumen-Ornamentik der 70er-Jahre harmonierte eher nicht mit ihrem strengen Sportler-Ethos.

Wieso kaufte ich die Haube überhaupt? Vielleicht dachte ich: Wenn man schon in Seenähe wohnt, kann ein Badekappen-Fundus mit Modellen für alle Lebenslagen nicht schaden, und heute ist ein grauer, eher ungemütlicher Tag, an dem sich jeder Gesichtsquadratzentimeter, der von wärmendem Neopren bedeckt ist, positiv auf die Lebensqualität auswirkt.

Ich tunke den großen Zeh ins Wasser und zucke zusammen. Für einen fünften Juni gar nicht mal so warm. Ein älteres Ehepaar flaniert herbei, bleibt stehen und inspiziert meinen Anbadeversuch. Jetzt heißt es: Rückgrat beweisen. Ich unterdrücke meine Schnappatmung und stolziere aufrecht in den See, im Blick die Entschlossenheit des steinernen Löwen.

Im durchgedrückten Kreuz spüre ich die Blicke der Passanten, trete auf einen spitzen Stein, knicke links ein und fühle mich wie eine Kandidatin bei »Germany's Next Topmodel«, die auf dem Catwalk mit ihren Stöckelschuhen nicht zurechtkommt. Alle Grandezza ist dahin! »Ich habe heute kein Foto für dich«, meine ich den älteren Herrn am Ufer sagen hören, und seine Gattin kichert boshaft.

Entschlossen lasse ich mich nach vorne kippen. Es macht Platsch, und ich schwimme davon. Erste Zwischenbilanz: Gewiss, die Steine stören, aber man kommt ins Wasser, an strategisch günstiger Stelle. Der Himmel ist bedeckt, die Wasseroberfläche glatt. Nichts spiegelt sich in der glanzlosen Plörre, kein Glamour, nix »Germany's Next Topmodel«.

Ich biege links ab, passiere den Akademischen Segelverein und winke den Studierten zu, die auf der Terrasse sitzen und in der »ZEIT« blättern. Herzhaft knacken beide Schultergelenke bei jedem Brustarmzug, Kalkschulter rechts noch stärker als ihr Gegenstück. Einen Kraularmschlag muss ich gar nicht erst ausprobieren, den hebe ich mir für irgendwann auf. Ich beginne meinen TTTT mit »Omabrust«, jenem Schwimmstil, den ich mit Oma Martha verbinde: Kopf aufrecht über der Wasseroberfläche, die Halswirbelsäule mutwillig überdehnt. Erst als ich mich einigermaßen erwärmt fühle, tunke ich mit jedem Armschlag den Kopf ein. Eine Schwimmbrille vermisse ich beim Brustschwimmen generell nicht – unter Wasser behalte ich die Augen auf und kiebitze durch mein bewährtes Landrattengestell.

Geruhsam schwimme ich zwischen den auf Reede liegenden Segelbooten entlang und horche in mich hinein.

Liegt hier Deutschlands, liegt hierin deine Zukunft, wenigstens für ein Jahr?

Ein Jährchen sollte es schon sein, um das Gefühl zu haben, mitreden zu können, etwas »geschafft« zu haben. Ein Vorteil des Streaks besteht ja darin, dass das einzelne Tagespensum nicht allzu üppig ausfallen muss, und diese latente Faulenzerei wird mit der Langzeitperspektive erkauft. Wer das sportliche Schicksal übervorteilen will, indem er sich seinen Müßiggang unter Wert erwirbt, schadet sich nur selbst.

Diesen von womöglich etwas altertümlicher Manneszucht geprägten Gedanken wäge ich im Wasser, kehre um und brüstele zurück zum Löwen, durch das trübe Kellerlicht eines gammeligen Junitages, bei Schafskälte. Ist er nicht wenigstens wunderbar ruhig, dieser Ammersee? Na ja, weiterhin knacken meine Schultern bei jedem Armzug, wie Toaster, wenn sie das fertig geröstete Weißbrot auswerfen. Stille klingt anders. Mit einer gewissen Skepsis erreiche ich meinen Ausgangspunkt. Wie lange mag ich geschwommen sein? Eine Stunde? Zwei Kilometer habe ich bestimmt hinter mich gebracht!

Ein Blick auf die GPS-taugliche Garmin-Sportuhr an meinem Handgelenk lässt meinen Gesichtsausdruck spontan versauern: Angeblich war ich lediglich 42 Minuten unterwegs und habe nur knappe 1200 Meter hinter mich gebracht.

Auf dem abschließenden Selfie sind meine Gefühle klar erkennbar. Genuss sieht anders aus. Einziges Highlight des Tages: meine neue Badekappe. Das Auge schwimmt bekanntlich mit, und ich gefalle mir durchaus als Kosmonauten-Zombie.

Ob ich mich jedoch tatsächlich mit der Idee anfreunden kann, fortan einen Gutteil meiner Lebenszeit im Wasser zu verbringen, ist unklar und bedarf weiterer Beratungen. Dass ich mir, um mittelfristig auch wieder kraulen zu können, eine neue Schwimmbrille bestelle, verrät allerdings einen gewissen Optimismus.

Ausgestattet ist das Modell Hersvin mit meinen aktuellen Brillenstärken: 4,0 Dioptrien beidseitig, im Internet erhältlich für schlappe 15,99 Euro. Überdies kaufe ich mir Ohrenstöpsel aus Silikon – ich habe schon früher die Erfahrung gemacht, dass hartnäckige Wasserreste im Ohr lästig sein können. Dass ich mich für eine Großpackung mit üppigen 36 Paaren entscheide, verdeutlicht, dass ich etwas Großes vorhabe, ganz unterbewusst.

Da bahnt sich etwas an, in der Grauzone zwischen Wahnsinn und Heldentat.

Und noch etwas anderes bahnt sich in diesen Tagen an. Meine Frau verrät mir, dass sie zum dritten Mal schwanger ist. Anfang März nächsten Jahres darf ich wieder Vater werden, zum insgesamt fünften Mal!

Wir strotzen vor Freude, unterschwellig bin ich jedoch auch etwas blümerantisiert. Als Mittfünfziger horcht man unwillkürlich in sich hinein, stellt sich die Frage, ob man einer Vaterschaft, deren Streakhaftigkeit ein ganz anderes Kaliber ist als so' n bisschen tägliches Geplansche, wohl gewachsen ist.

Dann rücke ich räuspernd meinen Schlips in die Kragenmitte und sage mir und meiner Frau: Hurra, ich freue mich! Auf ein Neues, ein neues Menschenkind!

In Sachen Schwangerschaft ist Teresa mit ihrem dritten Bauchbewohner keine Anfängerin mehr, sie kennt ihren Körper bestens, weiß, wie Kinder und Koloratur, Windeln und vokale Virtuosität zusammenpassen, und so plant sie ihre Konzerte bis kurz vor dem errechneten Geburtstermin. Ob sie Lust hat, mich beim Schwimmen zu begleiten? Im Wasser fühlt sie sich pudelwohl – jedenfalls solange das Wasser wohltemperiert ist. Im Winter, so haucht sie mir mit wärmstmöglichem Timbre ins Ohr, müsse ich allein eintauchen. Ob das ein Problem sei? Um Himmels Willen, meine Allerallerliebste, wo denkst du hin!

Was ist eigentlich »schwimmen« – und wer legt's fest?

Ein paar Tage später bin ich wieder im Wasser und versuche mich an Kraulbewegungen. Au weia, wie das knackt, knirscht und rumpelt! Als hätte man mir einen halben Zentner Vogelsand injiziert. Erschrocken wechsle ich zurück in den Bruststil.

Immerhin wirkt das Wasser wärmer als neulich. Meine neue Schwimmbrille passt prima, viel besser als die Schädelschraube damals beim 24-Stunden-Schwimmen in Haar.

Bass staune ich über das klare Wasser des Ammersees – wenn die Frühsommersonne kräftig drauf brezelt, leuchtet es türkis, und man kann sich mühelos vorstellen, in der Karibik zu weilen, allerdings ohne Barrakudas und Haie. Überhaupt sind keine Fische zu entdecken, nur vereinzelt

Wasserpflanzen und Betonfundamente, an denen vielleicht früher Bojen befestigt waren. Unter mir harren vor allem Kieselsteinsteppen und ein lehmiges Sediment in Fregattengrau der Dinge, die da kommen.

Knick-knack. Gewiss, grundsätzlich ist Schwimmen gesund, aber tue ich meiner Schulter damit wirklich Gutes? Oder begebe ich mich schnurstracks in eine Stromschnelle Richtung Invalidität?

Klar, ich könnte meinen Orthopäden einweihen, der meine Schulter bereits Ende letzten Jahres mit Schalldruckwellen fitmachen wollte.

Manch Insider mag mich nun fragen: Kennst du Liebscher & Bracht, die berühmten »Schmerzspezialisten« im Internet? In meinem Bekanntenkreis jedenfalls haben diese Anbieter heilgymnastischer Lehrvideos einige Afficionados, die mir dringend dazu rieten, mein Heil in ihrem Youtube-Kanal zu suchen.

Mein Orthopäde winkte allerdings ab: »Man sieht dort die altbekannten Übungen, nur marketingtechnisch neu verpackt.« Reingeschaut habe ich trotzdem und meinte sogleich, eine gewisse Verwandtschaft zwischen den Übungen und handelsüblichen Schwimmarmzügen zu erkennen. Dass darüber hinaus H_2O einen grundsätzlichen Heilwert hat, erkannten

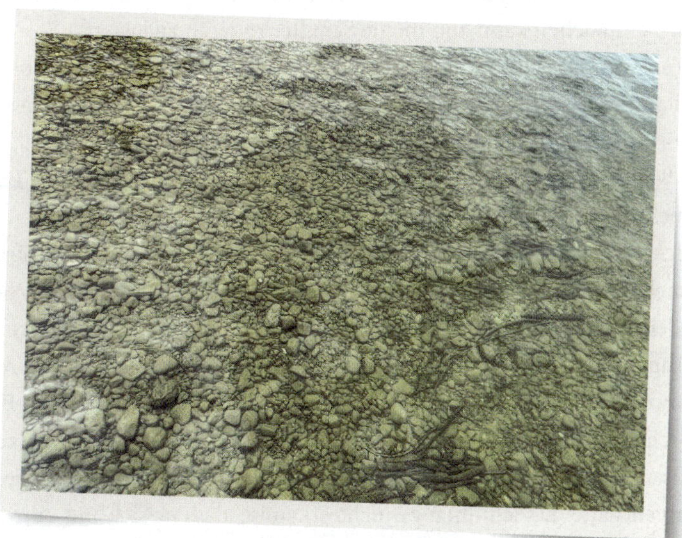

Typisch oberbayerisches Ammersee-Prachtpanorama (Detail)

schon die alten Römer und packten die Erkenntnis in die griffige Formel »Non est vita sine aqua!«

Einen Selbstversuch, so schlussfolgerte ich, ist die Schwimmidee wert, und wenn ich die Schulter durchs Schwimmen endgültig schrotte, so kann ich wenigstens sagen, der Schaden sei mein eigenes Werk, Frucht sportlicher Anstrengung, so wie die Tacker-Narbe an der Stirn von Matthias Sammer oder Reinhold Messners erfrorene Zehen.

Zum Risiko gesellt sich eine gewisse Hoffnung: In Triathlon-Trainingsbüchern stolperte ich mehrfach über das Wort »Schultermobilisation«: Gerade der Kraularmzug zwingt das Schultergelenk zu jener Beweglichkeit, für die es gemacht ist. Der liebe Gott bzw. die Evolution hat uns eben kein Klappscharnier an den Rumpf geheftet, wie an die Tür eines IKEA-Hängeschranks, und er wird sich etwas dabei gedacht haben.

Speerwurf ist z. B. unser Ding und ohne die sogenannte Rotatorenmanschette kaum möglich, aber: Wer wirft in seinem Alltag heutzutage noch Speere durch die Gegend? Dart-Pfeile ja, Gläser an die Wand auch, aber das Motto des 21. Jahrhunderts lautet offenbar: Ein Speer ist zu schwer. Aber was soll ich mit unserer wurfarmen, ja, verworfenen Gesellschaft hadern; es gibt ja überall Tümpel, Teiche und Transportkanäle, in die ich eintauchen kann, um meine Schulter rotieren zu lassen.

Falls ich bereits langfristig kraulunfähig sein sollte: egal. Dann bleibe ich halt beim Brustschwimmen. Es gibt kein Bundesschwimmstilgesetz, das mich zu irgendwelchen Techniken verpflichtet.

Wenn ich mich zu einem Streak entschließe, dann sollte ich die Latte eh nicht zu hoch hängen: Es reicht, wenn ich jeden Tag schwimme.

Ich glaube, es war Ende 2014, als ich mich erstmals an einem Streak versuchte, nämlich auf dem Fahrrad. Ich startete, wie man so schön sagt, aus der Not heraus, weil ein Riss des linken Außenbandes eine Laufpause erzwang, die verordnete Orthese auf dem Rad jedoch nicht störte. Also strampelte ich mich wacker durch den Winter, zumeist in und um Berlin, schlappe 20 Kilometer pro Tag. Im Frühling 2015 wurde die Sache mühsam, weil ich erstmals in meinem Leben mit einer Pollenallergie zu kämpfen hatte. Da ich anfangs nicht erkannte, dass es sich um eine Allergie handelte, führte ich meine laufende Nase auf einen hartnäckigen Schnupfen zurück, was einen gewissen Rückkopplungseffekt hervorruft:

Wer schnieft, muss krank sein, und ein Kranker radelt nicht – ein Grundsatz, der dem dennoch Radelnden ein schlechtes Gewissen bereiten kann.

Als ich die Allergie als solche erkannte, experimentierte ich in meiner Not mit allerlei Atemschutzmasken, nahm gewissermaßen die Corona-Pandemie vorweg. Letztendlich setzte ich, nach über 200 Tagen dauerhaft verrotzt und genervt, einen immerhin würdigen Schlusspunkt und kämpfte mich auf meinem Birdy-Faltrad von Garmisch-Partenkirchen nach Venedig, allein, in 25 Stunden am Stück. Danach war Schluss mit lustig, was die tägliche Radelei anging.

Meinen Versuch eines Laufstreaks habe ich im bereits erwähnten Marathonbuch geschildert, er bereitete das Fundament für meine 52 Marathons im Jahr 2021 und umfasste 309 Tage.

Beide Streaks endeten vor Ablauf eines Jahres – nach dem Reglement der United States Streak Running Association jene Zeitspanne, die es durchzuhalten gilt, um sich überhaupt bei diesem Sportverband anmelden zu dürfen.

Dennoch habe ich meine Bemühungen in guter Erinnerung, weil ohne sie weder die Fahrt nach Venedig noch das wöchentliche Marathonieren Realität geworden wäre.

Eine wichtige Lehre lautet: nur nicht zu viel erwarten! Ein paar Mal zu lange oder zu schnell unterwegs gewesen, irgendeine Unpässlichkeit, und schon bald kann ein gewisser Überdruss den Übereifrigen um Entlastung betteln lassen.

Was also wäre eine geeignete Dosis bei einem Schwimmstreak? Ein Kilometer pro Tag? Im Hochwinter wahrscheinlich illusorisch. 500 Meter? 100? Ich habe nicht den blassesten Schimmer.

Als ich diese Frage in einem Facebook-Forum diskutieren möchte, legt mir ein selbst ernannter Spezialist eine Mindeststrecke von 200 Metern nahe, was ich mangels Erfahrung mit Winterschwimmen nur per Achselzucken quittieren kann.

Darf man nicht erstmal anfangen und das Regelwerk später nachtragen? Oder ist dies in der Welt des Leistungssports unseriös? Tagelang bewege ich dieses Problem in meinem Herzen.

Was ist »schwimmen« überhaupt? Die Fortbewegung im Wasser aus eigener Kraft. Wie halte ich's mit Flossen, Auftriebskörpern, von

Schwimmflügel bis Luftmatratze? Gilt das auch? Eher nicht, antworte ich mir selbst, aber auch hierüber sollte ich eventuell später befinden, wenn die Frage akut wird.

Wenn ich wirklich, endlich, einen, diesen Streak ins Ziel bringen will, sprich: ein Jahr lang bei jedem Wetter draußen ins Wasser steigen zum, nun ja: Schwimmen (was immer das bedeutet), dann sollte ich nichts ausschließen, weder Trockentauchanzug noch Zinkbadewanne, weder Thermendauerkarte noch Luxusurlaub in Dubai, um sich dort in warmer Bouillon zu aalen.

Bei der erwähnten Facebook-Diskussion meldet sich auch ein Veteran des Schwimmsports, der mir brüsk nahelegt, die ganze Idee zu vergessen. »Dafür fehlt dir nicht nur die Erfahrung, sondern auch die Eignung. Kannst du überhaupt schwimmen?«, poltert der Negativling – ein Zeitgenosse, dem ich zu Dank verpflichtet bin, weil mich kaum etwas so wunderbar anspornt wie herablassende Pöbel-Kommentare.

Noch zwei weitere, eher weiche Faktoren begrüble ich in diesen Junitagen: Seit einem Jahr wohnt die Familie Boning nun in Herrsching, und bisweilen fremdeln wir ein wenig. Ab und an vermissen wir München, das großstädtische Treiben.

Meine Lebenserfahrung sagt, dass es schlau ist, die Vorzüge eines jeden Ortes zu erkennen und zu nutzen. Viele Herrschinger sind stolz auf den Adresszusatz »am Ammersee«, bedienen sich der Großpfütze jedoch nur drei Monate im Jahr. Welch leichtfertige Verschwendung, Ausweis fortgeschrittener Dekadenz! Wer hier wohnt, der sollte, nein, der MUSS (so rede ich mich jedenfalls in Rage) JEDEN Tag ins Wasser, ausnahmslos!

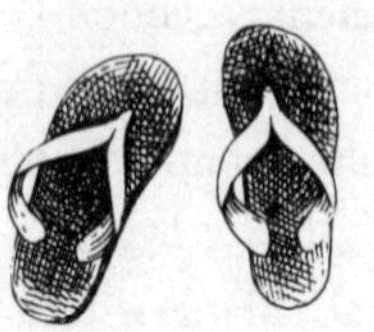

Der Bräutigam, der sich nicht traut

Die Wochen vergehen, und ich kann mich nicht zum großen »Ja, ich will!« durchringen – wie ein Junggeselle, der nervös vorm Traualtar herumstromert, während mich meine Buhle, das Wasser, im prachtvollen Brautkleid, nämlich in Gestalt des Ammersees, umschmeichelt. Immer mehr Zeit verbringen wir miteinander. Schon schwimme ich bis zum Herrschinger Kreuz, einem eisernen Marterl im Flachwasser am Ausgang der Herrschinger Bucht, hin und zurück 3300 Meter, den Großteil im Kraulstil. Die Rumpelschulter lärmt immer weniger, immer lockender lacht die Sommersonne.

Ein paar Tage später drehe ich an der Müritz, für die NDR-Sendung »Tietjen campt«. Ich übernachte in einem Hotel am Berliner Flughafen, werde erst am späten Vormittag abgeholt und beschließe, meine Freizeit in einem Badegewässer zu verbringen. Aber in welchem?

Im Frühstücksraum studiere ich meine Wanderkarten-Apps. Bis zur Dahme in Grünau und zum daran anschließenden Langen See ist es mir zu Fuß zu weit. Gibt es nicht etwas Näheres? In vier Kilometern Entfernung, kurz bevor die Schönefelder Allee auf die A 113 trifft, liegt der 52 Meter hohe Galgenberg, und in der Karte sind mehrere blaue Flecken eingezeichnet. »Die Pfühle« lese ich in der Komoot-App und frohlocke. Die Pfühle hinterm Galgenberg – das klingt abenteuerlich!

Im Flughafengebäude erwerbe ich ein kleines pinkes Badelaken, dann beginne ich meinen Fußmarsch in sengender Hitze auf der Hugo-Eckener-Allee, parallel zum Flughafen-Zubringer, den ich nach einer halben Stunde überquere.

Es ist heiß in der Streusandbüchse Brandenburg, sehr heiß. In der »Tagesschau« rückt die derzeitige Dürre immer weiter auf die vorderen Meldungsplätze, und so bin ich nur mittelmäßig überrascht, dass ich nach kurzem Sandalengang durchs Unterholz zwar reichlich Ameisen an den Haxen habe, aber keine Feuchtigkeit. Was in der Karte so einladend bläute, ist in Wirklichkeit beige. Oder hat der Bau des Flughafens den Grundwasserspiegel tiefergelegt? Man hat sich daran gewöhnt, dem Pannen-Airport alles zuzutrauen – warum nicht auch außergewöhnlichen Durst, der die umliegenden Tümpel ausgetrocknet hat.

Ob ich mit einer Wünschelrute nach Wasseradern suchen soll? Bruchholz wäre ausreichend vorhanden, darunter womöglich der verrottete Galgen außer Dienst vom gleichnamigen Berg.

Ich stolpere unschlüssig durch die Macchia, begebe mich testhalber noch zum zweiten »Pfuhl«, auch er verlandet, aber wenigstens mit leuchtend-grünem Daumenpfiffgras bewachsen. Also zurück zum Airport-Hotel, etwas frustriert, dafür mit der Erkenntnis, dass man sich allein auf Landkarten bei meinem Projekt nicht verlassen kann, ferner, dass nicht jeder Flughafen mit Service-Badegewässern für den schnellen Umsteige-Schwumm herhalten kann.

Immerhin lerne ich beim »Tietjen campt«-Dreh, nach durchzelteter Nacht und noch vor dem Frühstück, die Müritz kennen, Deutschlands zweitgrößtes Binnengewässer nach dem Bodensee.

Ich brüstele eine Dreiviertelstunde im warmen Schmeichelwasser und bestaune das gegenüberliegende Ufer, das – wohl aufgrund der Erdkrümmung – selbst nicht zu sehen ist. Was man jedoch als Schwimmer erkennt, sind die Kronen der am Ufer stehenden Bäume – grüne Kugeln, die fatamorganisch über der Wasseroberfläche zu schweben scheinen, wie eine Murmelbahn in der Sahara.

An der herzensbrecherischen Müritz wird mir der touristische Aspekt eines Schwimmstreaks so richtig bewusst: Wer auf jeder Reise zum Schwimmen gleichsam gezwungen ist, kommt ganz automatisch in den Genuss außergewöhnlicher Bilder von schwebenden Kugeln und trockenen Pfühlen hinterm Galgenberg.

Noch immer tigere ich schüchtern vorm Brautaltar auf und ab, und das Wasser wirft mir Kussmünder zu. Immer seltener meldet sich jedoch die Landratte in mir und reklamiert ihr Hausrecht, immer selbstverständlicher ziehe ich bereits morgens die Badehose unter die Oberbuxe. Ich spendiere sogar einen ganzen Sack voller Unterhosen der Altkleidersammlung und ersetze sie durch: Badehosen. Ja, ich schaffe Fakten, mache mich auf die Spuren Lord Rokebys.

Noch ohne das ersehnte Ja-Wort gesprochen zu haben, reifen in meinem Kopf vielerlei Pläne für die Flitterwochen. Einer von ihnen sieht vor, die Gewässer des Fünf-Seen-Landes zu durchqueren, also Ammersee, Starnberger See, Pilsensee, Wörthsee und Weßlinger See.

Ein anderer beabsichtigt die Durchquerung möglichst aller Seen, die sich in und um die Stadt Füssen befinden, nämlich Schwanensee, Alpsee, Forggensee, Hopfensee, Weißensee, Alatsee, vielleicht auch Ober-, Mitter- und Untersee, eventuell sogar den Bannwaldsee. Klingeling, Telefon. Am anderen Ende der Leitung ist Hannes Zacherl, mein hochverehrter Sportfreund seit über zwanzig Jahren und seines Zeichens Fahrradhändler in Füssen. »Demnächst laufe ich 100 Meilen, machst du mit?«

»Bedaure, ich bin zwischenzeitlich auf einen ganz anderen Trip geraten, schwimme jeden Tag. Hast du Lust, mal mitzukommen?«

»Vielleicht können wir etwas unternehmen, wo wir beide auf unsere Kosten kommen: du schwimmend, ich laufend?«

Und so erzähle ich ihm von meiner Füssener-Seen-Durchquerungs-Idee und füge hinzu, dass man die Wege zwischen den Seen gerne laufend zurücklegen könnte, und zwar an einem einzigen Tag. Mein Freund stimmt sofort zu, und verzugsfrei tüftele ich eine sinnvolle Gewässerreihenfolge aus, während sich Hannes um die Wegfindung an Land kümmert.

Ein unerhörter Tatendrang erfüllt mich.

Was ist das? Panik, dass ich, wenn ich in acht Monaten erneut Papa geworden bin, schwerlich die Zeit für sportliche Heldentaten aufbringen werde? Das Bewusstsein der Endlichkeit an sich? Mit welchem der Durchquerungs-Projekte soll ich mich zuerst beschäftigen? Ach was, so feuere ich mich tremolierend an, ich realisiere alle Vorhaben parallel. Wie viele Gewässer gibt es überhaupt in Deutschland? 100.000? Eine Million? Egal, ich schaffe sie alle!

Meine beiden kleinen Kinder Theo und Mathilda sind seit diesem Sommer im Kindergarten. Das verschafft den notwendigen Spielraum.

Nach Abgabe des Nachwuchses fahre ich nach Possenhofen am Starnberger See und lege die Schwimmboje an, die mich schon bei der Vorbereitung meiner Bodenseedurchquerung 2014 begleitete. Das etwas betagte Utensil hat zwei Kammern: Innen lassen sich Wechselkleidung,

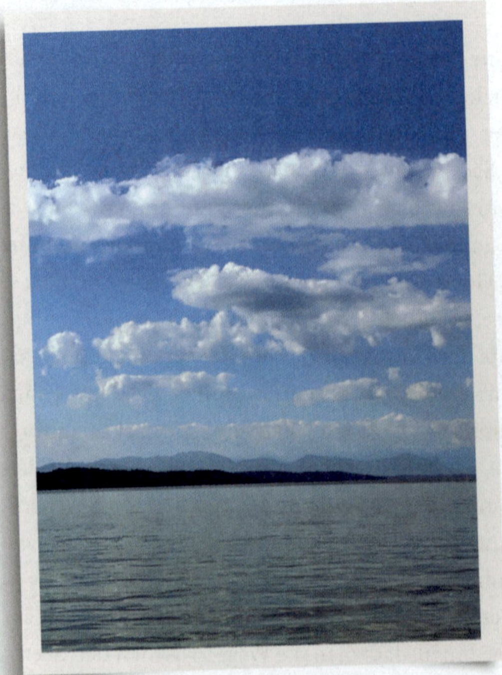

Ganz in weiß-blau, mit einem Blumenstrauß, so siehst du in meinen schönsten Träumen aus …

Handtuch und Wertsachen verstauen, während Kammer Nummero zwo mit Luft befüllt wird und für den Auftrieb sorgt.

Eine solche Schwimmboje erhöht die Sicherheit des Schwimmers beträchtlich: Man wird von Freizeit- und Berufskapitänen besser gesehen, und außerdem hat man im Falle eines Schwächeanfalls wenigstens etwas, woran man sich klammern kann. Ich hege zwar gewisse Zweifel, ob das Ding mir bei einem Herzinfarkt das Leben rettet, aber wenigstens ist mein Leichnam nach Exodus leuchtend-orange markiert und wird schneller gefunden.

Auf der anderen Seeseite meine ich – passend zu meinem sicherheitstechnischen Exkurs – jene Stelle ausmachen zu können, an der Ludwig II. im Jahr 1886 unter mysteriösen Umständen ertrank. Ich wische leise keimende Zweifel an der Vertretbarkeit von unbegleiteten Solo-Durchquerungen auf Großgewässern beiseite, nehme den Dampfersteg in Leonie ins Visier, ein gutes Stück rechts von der Votivkapelle zu Ludwigs Ehren, und mache mich auf die Reise.

Meine Schulter hat inzwischen zu vollendeter Brauchbarkeit zurückgefunden, einen Monat nach Beginn konzentrierter Bewässerung, und so kraule ich grinsend ostwärts – so breit man eben beim Kraulen grinsen kann. Ich genieße das Gefühl der Großtat. Eine Durchquerung – das ähnelt dem Besteigen eines hohen Berges, und wie im Hochgebirge kann man sich auf einer großen Wasserfläche verloren und ausgesetzt fühlen.

Eine gewisse Demut schwimmt immer mit – letztendlich entscheiden höhere Mächte, ob man das andere Ufer erreicht, wie Ludwig II. bestätigen würde, wenn er denn noch könnte. Besser schwimmen als der bayerische König konnte ein anderer Adeliger des 19. Jahrhunderts, nämlich der englische Dichter Lord Byron. Goethe meinte, Byron sei der talentierteste Mensch seiner Zeit gewesen, und er war gewiss der erste moderne Rockstar: Er war, sagen wir mal, vielseitig sexuell interessiert, hatte skandalöse Verhältnisse zu Männern, verheirateten Frauen wie auch zu seiner Halbschwester, wurde angehimmelt und verdammt.

Der blendend aussehende Dandy war grundsätzlich eine selbstbewusste Natur, fühlte sich aber durch einen Makel gehandicapt: Er hatte einen missgebildeten Fuß, was ihm z. B. die Teilnahme an Tanzveranstaltungen vergällte. Umso größer sein Stolz, als er 1810 die Dardanellen durchschwamm, von Europa nach Asien, in einer Stunde und zehn Minuten.

Ähnlich lange bin auch ich heute unterwegs, wenngleich nur von Oberbayern nach Oberbayern.

Meine Uhr zeigt schließlich 2,7 zurückgelegte Kilometer an, was ich allerdings für übertrieben halte. Merke: Unter Wasser ist der GPS-Empfang moderner Sportuhren gestört, und je mehr Bruststil geschwommen wird, desto fantastischer können die erzielten Strecken und Zeiten sein, weil ja der Uhrentragearm permanent unter Wasser ist. Wer also darauf aus ist, sich an absurden Streckenlängen und Tempi zu berauschen, der hebe tunlichst niemals den Arm aus dem Wasser.

Für den Rückweg nach Possenhofen bequeme ich mich an Bord der Fähre und schwelge im Gefühl, ein ähnlich toller Hecht zu sein wie Lord Byron. Daheim streiche ich dann mit schwungvoller Geste den Eintrag »Durchquerung des Starnberger Sees« aus meiner Bucket-List.

Sieben auf einen Teich

•••••••••

Eine Woche später werde ich in Füssen vorstellig. Sportfreund Hannes und ich stürzen einen Kaffee in seinem Fahrradladen, dann traben wir zum Schwanensee unweit des Schlosses Neuschwanstein. Beide tragen wir leichte Rucksäcke, in denen wir unsere Schwimmbojen verstaut haben. Hannes trägt einen kurzarmigen Neo, ich vertraue auf meine bewährte Sommerluft-Kluft: Badehose und -kappe, sonst nichts. Der Gedanke, im Neoprenanzug Schutz vor der Kälte zu suchen, war mir in diesem Sommer bisher noch gar nicht gekommen. Wir lassen eine ältere Dame, die gerade dem Bade entstiegen ist, ein Erinnerungsfoto knipsen, dann starten wir zur ersten von sieben Seeetappen (eines der ganz wenigen Wörter mit drei aufeinanderfolgenden e, die mir einfallen).

Erster Eindruck: Berauschender als hier ist Deutschlands Natur nirgends, und die Freude wird noch größer dadurch, dass ich sie mit meinem besten Sportfreund teile.

Hannes eilt sogleich voraus, klar, er trägt ja auch Neoprenanzug und genießt damit den Trumpf einer optimierten Wasserlage. Ich versuche den Abstand nicht allzu groß werden zu lassen, wobei diese erste Distanz lediglich einige Hundert Meter misst und der Abstand mangels Gewässergröße nur schwerlich in die Vierstelligkeit wachsen kann.

Am waldigen Ankunftsufer trocknen wir uns ab und ziehen uns für den Lauftransfer zum Alpsee um, auf welchem ich Hannes verrate, dass ich mit einem neuen Monumentalvorhaben liebäugele: jeden Tag draußen schwimmen – ein Jahr lang.

Was er denn von dieser Idee halte?

Hannes stöhnt. »Herrje. Das ist allerdings ein anderes Kaliber als dein wöchentliches Marathon-Laufen. Wie willst du's im Winter machen?«

»Weiß ich noch nicht. Vielleicht Neoprenanzug tragen, vielleicht in den sonnigen Süden ausweichen. Mal schauen. Bin bereits seit dem 1. Juli ununterbrochen unterwegs.«

Hannes seufzt bedeutungsschwanger, man könnte Ehrfurcht hineininterpretieren, oder aber Mitleid.

Dann wünscht er mir viel Glück, so wie man jemandem viel Glück zur Hochzeit wünscht, von dessen Partnerwahl man nicht vollends überzeugt ist. Dabei ist auch Hannes ein veritabler Schwimmer, erwiesenermaßen Ironman-tauglich, und spurtet mir auf unserem Weg durch den Alpsee erneut davon.

Das Wasser ist durchsichtig wie die Kristallkugel von Frau Schlotterbeck in »Neues vom Räuber Hotzenplotz«, und fast ärgere ich mich, dass ich dieses landschaftliche Kleinod heute zum ersten Mal beschwimme – kaum zu fassen, nachdem ich doch fast zwei Jahrzehnte in der Nähe gewohnt habe. Am Grund bestaune ich verwitternde abgeknickte Baumriesen, die irgendein Orkan in den See geweht haben muss, über allen Ufern recken sich formschöne Voralpengipfel, saftig bewaldet, und über uns perlt ein Himmel ohne Wolken, im glamourösesten Yves-Klein-Blau.

Kleine Irritation am anderen Ufer, als der sächselnde Bademeister jener eingefriedeten Liegewiese, an der wir landen, unsere Tickets kontrollieren möchte. Kurz verengen sich unsere Münder zu schmalen Strichen, dann klärt sich der Sachverhalt: Es war nur ein Witz.

Mag sein, dass es uns heute an Ironiefähigkeit gebricht, zu sehr sind wir nach Schwanen- und Alpsee auf die Reize reiner Idylle getrimmt, jener Schönheit von Farbe und Form, die dem Betrachter völlig ungebrochen entgegentritt.

Wieder zuzeln wir unsere Laufklamotten aus den Schwimmbojen und traben weiter. An den Füßen trage ich »Mountain Goats«-Laufsandalen, in denen ich schon mehrfach Marathon gelaufen bin und die sinnigerweise auch als Badeschuhe taugen.

Wir durchtrippeln Schwangau zum Ortsteil Brunnen und preisen uns bereits jetzt, nachdem wir erst zwei Seen hinter uns haben, für unsere vortreffliche Idee. Wilde Hunde sind wir bzw., um unserer amphibischen Tagesbeschäftigung gerecht zu werden, muntere Molche, zwei gesetzte Herren auf Krötenwanderung!

Am Ufer des Forggensees ziehen wir uns erneut um. Winziger Wermutstropfen im Meer der Freude: die zeitraubende Wechselei der Outfits. Ich rede mir diese schön, indem ich die gymnastischen Herausforderungen zelebriere und versuche, die Knie durchzustrecken, während ich die Laschen meiner Latschen löse. Es lebe das Wechselzonen-Stretching!

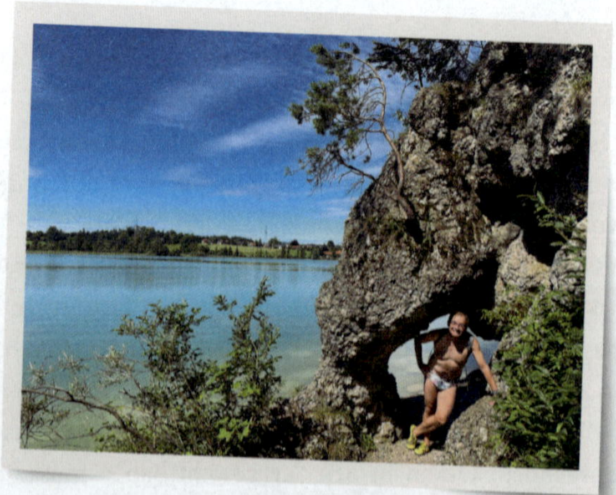

In der Nähe von Füssen gibt es das Tor zur Wasserwelt.

Im Gegensatz zu Schwan- und Alpsee ist mir der Forggensee als Badegewässer bekannt. Meine großen Söhne Cyprian und Leander sind in Bernbeuren am Auerberg groß geworden, und mindestens eine Forggenseedurchquerung stand in jedem Sommer auf der To-do-Liste, zumeist mit dem Badestrand in Dietringen als Zielpunkt, wo wir uns Jahr für Jahr von einem tiefrotgesichtigen Herrn – es war über die Jahre immer derselbe – Bratwürste schwarzbraun braten ließen.

Mit dem Forggensee tauche ich in meine eigene Vergangenheit ein, in ein früheres Leben, und die Bilder meiner lieben, agilen, pfiffigen Söhne kehren zurück, als sie noch nicht zu den sogenannten Erwachsenen zählten.

Den Forggensee gibt es erst seit 1954, als man nämlich zwecks Stromerzeugung den Lech aufstaute und die Ortschaft Forggen in den Fluten versank. Und so künstlich der See, so surreal kitschig das Panorama an diesem Prachttag, mit Blick auf die Königsschlösser, den von uns Dutzende Male bestiegenen Tegelberg und Säuling, den erhabenen »Wächter des Ostallgäus« – ganz und gar flitterwochentauglich.

1,3 Kilometer, 44 Minuten lang sind wir auf dieser Etappe unterwegs, lassen unterwegs einen Ausflugsdampfer passieren (rechts vor links), ehe wir zwischen Musical-Theater und Kläranlage wieder an Land gehen und am Kiesstrand von einem leibhaftigen Schwalbenschwanz begrüßt werden.

Ich sehe den Schmetterling erst zum zweiten Mal in meinem Leben – nun gut, so oft habe ich ja auch noch nicht geheiratet, und es kommt mir so vor, als würde heute der Bund fürs Leben besiegelt werden. Nein, nicht mit Hannes, der hat ja schon seine Geli, sondern zwischen mir und dem Wasser.

Hannes und der Schwalbenschwanz sind meine Trauzeugen, und auf die Frage, ob ich fortan täglich schwimmen wolle, in guten wie in schlechten Zeiten, schmettere ich ein beherztes »Ja, ich will!« (Oh Gott, hoffentlich liest meine Teresa niemals dieses Buch. Nicht, dass sie da irgendwas falsch versteht…)

Wo ist der nächste Pfuhl? Hin, aber hurtig! Jagdfiebrig stechen wir in den moorig-warmen Hopfensee, den wir diagonal traversieren, um anschließend an der »Allgäuer Riviera« zu tafeln: Pizza mit Apfelschorle und anbei ein großer Cappuccino.

Hurra, das Leben ist schön!

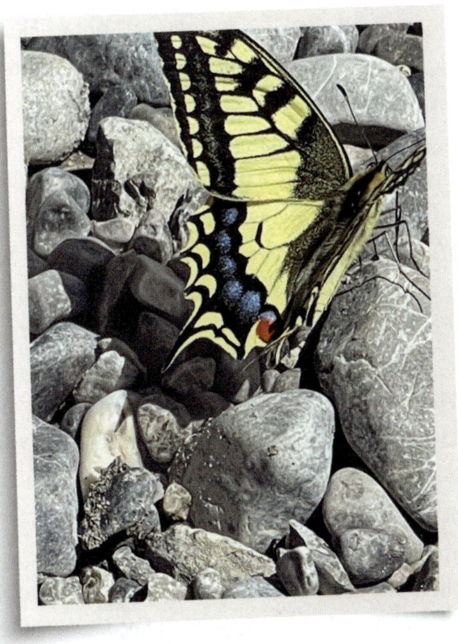

***Papilio machaon* ist ein Ritterfalter, dessen Raupen die Vogelkotmimese beherrschen (off-topic).**

Alle Zweifel am Bund der Ehe sind in der warmen Sommersonne verdampft, und der unausweichliche Winter fern, verdrängt und ausgeblendet.

Es folgt ein etwas längerer Lauftransfer zum Weißensee durch die Mittagshitze. Hannes und ich kriegen beide leichte Kreislaufprobleme – das kann damit zusammenhängen, dass wir auf die Mitnahme von Trinkflaschen verzichtet haben, weil, wie ich mutmaßte, man ja unterwegs eh genug zu trinken bekäme, und sei es unfreiwillig.

Nein, das ist Unsinn, korrigiere ich mich wankend. Machen wir beim nächsten Mal anders.

Nach kurzer Rast (Beine hochlegen!) ist der Weißensee flugs durchquert, und wir bewältigen die notwendigen Höhenmeter hinauf zum Alatsee, der in meiner persönlichen Historie Gewicht hat, nicht zuletzt, weil meine Eltern an seinem Ufer ihre goldene Hochzeit feierten. Der Alatsee sticht unter vergleichbaren Landschaftspreziosen durch mehrere Besonderheiten hervor: In 15 bis 18 Metern Tiefe beherbergt er eine seltene Purpur-Schwefelbakterien-Population, unterhalb derer der See »meromiktisch«, also fast sauerstofflos ist. Überdies gibt es feuerrote Burgunderblutalgen (eigentlich Cyanobakterien), deren giftige Stoffwechselprodukte, so sagt man, bisweilen unvermittelt als Gasblasen aufsteigen und schon in alten Zeiten junge Mädchen verschwinden ließen.

Und als sei dies nicht genug, wurden hier im Zweiten Weltkrieg Aerodynamik-Experimente mit der Focke-Wulf Ta 154 durchgeführt, einem Schnellbomber mit Schulterdeckbauweise.

Im See befinden sich noch heute die für diese Versuche genutzten Eisengerüste.

Weniger belegt ist das Vorhandensein eines Goldschatzes der SS, der im Alatsee versenkt worden sein soll und nach dem vor allem in den Fünfziger- und Sechzigerjahren zahlreiche Taucher suchten. Kurzum: Seit Urzeiten gilt der Alatsee als mystischer, gefährlicher Ort, und so wurden seine Ufer niemals besiedelt – bis heute.

Und da sollen wir jetzt rüber, nachdem unsere Kreisläufe eh schon streiken? Ist dieses Vorhaben schlau? Na klar, feuere ich mich an, einer geht noch! Die Braut muss schließlich entführt werden (ich rede bereits wirres Zeug, sonneneinstrahlungsbedingt)!

Und als wir in den verrufenen, verzauberten See einsteigen, ist mir denn auch, als sähe ich Einhörner mit Nixenschwänzen in der flirrenden Sommerhitze – die sich prompt aus dem Staub machen, als ich ein paar kühle Meter hinter mich gebracht habe. Für glutheiße Sommer, so lernen wir heute, ist »Swim & Run«, wie die Insider es nennen, genau die richtige Fortbewegungsmethode, zumal, wenn es sich bei den Gewässern um kalte Bergseen handelt.

Auf dem Weg runter ins Städtchen passieren wir noch drei Teiche, nämlich Ober-, Mitter- und Untersee. Den Mittersee gönnen wir uns gleichsam als Zugabe, damit wir auf eine Gesamtzahl von sieben Gewässern kommen und die Kapitelüberschrift, wenn sie denn schon mit der wortspielerischen Brechstange gedrechselt ist, wenigstens den Fakten entspricht. Dann laufen wir hinunter zu Hannes' Fahrradgeschäft, nehmen uns vor, beizeiten neue Duathlon-Varianten auszuprobieren (Swim & Bike? Swim & Ski?), und verabschieden uns aufs Herzlichste. Die Tagesausbeute: fünf Schwimm- und 37 Laufkilometer. À la bonheur!

Verschwommen im Ammersee

Seit der amphibischen Füssen-Besichtigung steht also fest: Ich werde ein Jahr lang durchschwimmen, draußen, jeden Tag. So fest, wie so etwas eben stehen kann.

Alle Mulmigkeit ist einer gleißenden Abenteuerlust gewichen – ich will schwimmen, wohin mich mein Lebensweg auch führen mag. Jeden Morgen schlüpfe ich in meine Badehose, zittrig vor Reisefieber und Vorfreude. Werde ich auch heute den Weg ans Ufer schaffen – und wieder zurück an Land?

Neben dem Starnberger See habe ich inzwischen auch die anderen Gewässer des »Fünf-Seen-Landes« durchquert, nur der Ammersee fehlt noch, um auch den berühmten Sack zuzumachen.

Keine Frage, wer mich bei diesem Unterfangen begleiten darf, soll, ja muss: mein lieber Schwiegervater Gerhard, mit dem ich die Idee schon letztes Jahr hegte und erst im letzten Moment wegen angekündigter Gewitter verwarf.

Damals kamen wir nur bis zum Ende der Herrschinger Bucht, genossen die Fernblicke nach Nord und Süd und kehrten zurück – etwas frustriert, aber immerhin im Gefühl, uns im hellen Licht der Vernunft sonnen zu dürfen.

Dass die Blitze dann ausblieben, frustete umso mehr, stärkte aber gleichzeitig die Motivation, im nächsten, also diesem Jahr endlich Butter bei die Fische zu geben – womit wir auch schon bei entscheidenden Proviantfragen wären. Ich packe eine Notfallbanane für uns beide in meinen Schwimmbojen-Oldtimer und überlasse Gerhard ein eigens für diesen Zweck erworbenes, größeres Exemplar in Prinzessinnen-Pink.

Im Gegensatz zu mir, von Hause aus Landratte, ist Gerhard mit dem Wasser auf du und du, hüpft lebenslang in alle verfügbaren Pfützen und hat sich auch schon als tollkühner Klippenspringer bewährt. Den Ammersee hat er jedoch noch nie durchquert, ebenso wenig wie ich.

Welch heißer, windstiller Tag. Auf schmalen Pfaden schlagen wir uns ans Wasser und versuchen am gegenüberliegenden Ufer einen Zielpunkt festzulegen. Durch die flimmernde Luft meine ich in der Ferne eine Villa zu erkennen – das müsste doch das Künstlerhaus in Holzhausen sein, oder?

Links davon befindet sich der Dampfersteg dieses Ortes – laut Karte die kürzeste Route übern See. Mein ortskundigerer Schwiegervater hat keine Einwände, und los geht's. Praktisch: Die Flaute lässt die Segler fluchen – und uns frohlocken. Kein Katamaran, kein Piratenschiff in Sicht, freie Brust für freie Bürger durch kräusselloses Wasser.

Dessen oberste Schicht ist badewannenwarm, aber bereits in dreißig Zentimeter Tiefe warten wohlklimatisierte Wasserlinsen darauf, den erhitzten Sportler zu erfrischen. Man kann somit die Wasserlage einsetzen wie einen Schieberegler in der Kfz-Standheizung. In der Horizontalen wird aufgebrüht, in der Vertikalen abgekühlt. Im Norden gondelt ein Zeppelin überm See und wirbt für Fuji-Film oder König Pilsener – für die ganz feinen Details ist meine 16-Euro-Schwimmbrille nicht präzise genug.

So, wie ich Hannes letzte Woche hinterherhetzte, so strebe ich heute voran, bzw. eben nicht! Ich achte tunlichst darauf, meinen Schwiegervater nicht weiträumig abzuhängen. Regelmäßig lege ich Pausen ein, nicht nur, um den Familienfrieden zu sichern, sondern auch, um mich, die Schwimmboje wie ein Kuscheltier umklammernd, genusssüchtig auf den Rücken zu legen.

So geht Arkadien: unter wolkenlosem Himmel im Hochsommer auf der Mitte von Deutschlands siebtgrößtem See treiben wie ein Stück Treibholz, bei vollkommener Stille (vom herannahenden Glucksen des Schwiegervaters einmal abgesehen).

Ab und zu nehme ich einen herzhaften Schluck Seewasser, zwischendurch plaudern wir einträchtig, und einmal begegnen wir dann doch einem müde dümpelnden Segelboot – mehr passiert nicht.

Wir versinken für ganze Viertelstunden in Bewegungsmeditationen, driften ab, womöglich sogar buchstäblich. Denn nach zweieinhalb Stunden erspähen wir immer deutlicher einen mehrstöckigen Holzturm. Wie seltsam – der sieht aus wie der Zehnmetersprungturm am Strandbad in Utting, der es aber gar nicht sein kann, weil wir ja Kurs auf Holzhausen genommen haben. Seit wann haben die Holzhauser denn auch einen Sprungturm?

Einige Kraulschläge später fällt der Groschen: Wir haben uns verschwommen und irrtümlicherweise nicht Holzhausen, sondern Utting anvisiert.

Da schau her!

Schon belebt sich das Wasser: Stand-up-Paddler kreuzen unseren Weg, und ein Raddampfer tutet elefantös, um seine Anlegeabsicht mitzuteilen. Wir warten respektvoll, genießen das quirlige Treiben der Kinder am Ufer und registrieren, dass das Wasser mit zunehmender Ufernähe kälter wird – könnte an Kitten- und Mühlbach liegen, die hier in den See münden. Schließlich ertasten meine Füße den Grund, ich wate die letzten Meter und setze nach 2:56 Stunden und 5,24 Kilometern meinen Fuß an trockenes Land, mit Christoph-Kolumbüssischem Stolz.

Auch mein Schwiegervater ist beglückt. Er reckt seine Schwimmboje empor wie Bumm-Bumm-Boris den Wimbledon-Pokal, damals mit 17, als blondester Leimener aller Zeiten.

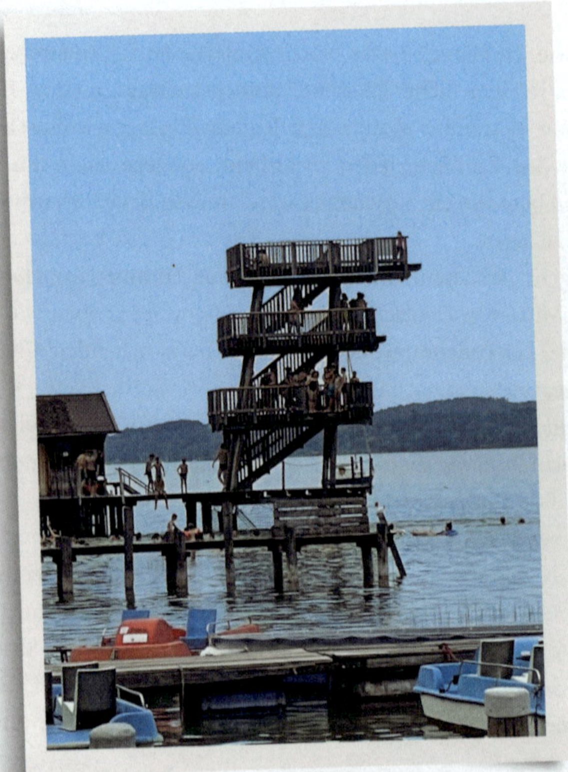

Der schiefe Turm von Utting

Zur Belohnung nehmen wir in der Badeanstaltsgastronomie zu Füßen des Sprungturms Platz und vertilgen bestgelaunt eine Currywurst mit Pommes – wie es sich in Freibädern gehört.

Für den Rückweg bequemen wir uns an Bord des Raddampfers »Herrsching«, der für unsere Strecke lediglich ein halbes Stündchen benötigt. Wir bestaunen die weiterhin spiegelglatte Wasseroberfläche, das violette Abendlicht und nicht zuletzt uns selbst.

Apropos Licht. In anderen Lebensaltern hätte mir ein so üppiger Sommertag einen deftigen Sonnenbrand beschert – zumal, wenn man auf Sonnenschutzmittel so radikal verzichtet wie ich in diesem Sommer.

Allein: Es besteht kein Bedarf. Indem ich bei bedecktem Himmel im Frühsommer brutzelfrei eifrig Kilometer gesammelt habe, besteche ich mittlerweile durch eine Hautfarbe, die an einen klassischen Herrenhalbschuh erinnert. Der Dermatologe spricht von der sogenannten Lichtschwiele, einer Verdickung der Hornhaut. Sie ist Folge einer beschleunigten Zellteilung in der Basalzellenschicht, die im Herrenhalbschuh-Stadium UV-B-Licht absorbiert wie geübte bayerische Oktoberfestgäste den Inhalt ihrer Maßkrüge.

Sie ist, so erlaube ich mir zu behaupten, jeder handelsüblichen Sonnenmilch haushoch überlegen – ganz abgesehen davon, dass die beschwommenen Gewässer von schädlichen Nano-Partikeln verschont bleiben. Die Lichtschwiele, so lese ich bei Wikipedia im Glücksgefühl des komplett Durchgebackenen, ist nach ca. drei Wochen Sonnenbaden voll ausgeprägt und entspricht in etwa ...Moment ... was steht da? Sonnenschutzfaktor 5. Ähem, ja. Etwas perplex scrolle ich den Artikel nach unten. Ist da womöglich eine Null verloren gegangen? Sonnenschutzfaktor 50 – so ungefähr stellte ich mir die Lichtschwiele vor, jetzt, nachdem ich mich bereits seit Monaten uneingecremt der Sonne darbiete. Doch nur fünf? Nun gut. Zurück zum Text, in die Flitterwochen.

Als erster Mensch im Regenrückhaltebecken hinterm Tower

Weiterhin durchmesse ich täglich die Herrschinger Bucht und lerne den Ammersee immer besser kennen. Wenn ich z.B. vorm Löwen starte und einen weißen Sonnenschirm ins Visier nehme, der sich in 800 Metern Entfernung auf einem Steg befindet, habe ich nach einem Viertel der Strecke gute Chancen, ein von Algen und Muscheln überwuchertes Kinderfahrrad zu erblicken, das am Grund liegt. Bei jeder Begegnung freue ich mich, bedeutet dies doch, dass ich auf gerader Linie unterwegs bin. Eines Tages, so nehme ich mir vor, werde ich das

Velo bergen und als Trophäe im Wohnzimmer aufhängen. Aber erst mal schwimmen! Trophäen jibbet erst, wenn ich den Winter hinter mich gebracht habe – frühestens.

Apropos Rad: Immer längere Strecken verbringe ich auf dem Rücken – zum einen, um den kapriziösen Kalkschulterkopf allseitig abzuschmirgeln, zum anderen auch, um mich an den Wolkenbildern zu weiden. Unerhört, was man im himmlischen Wasserdampf alles entdecken kann, wenn man nur will! Die altbekannten Schäfchen gibt es da zu sehen, klar, aber auch Linsensuppen, Kraken, ganze Geschirrschränke und Sicheln, die Märchenschlösser zerschneiden, außerdem Rolltreppen, Roulettetische und Sumoringer, die in Zeitlupe Purzelbäume schlagen.

Einmal meine ich auch den völlig zu Unrecht verstorbenen Kollegen Karl Dall im Profil zu erkennen, inklusive Haarkranz und Hängeauge! Ich winke ihm fröhlich zu und rufe seinen Namen – aber die Wolke antwortet nicht.

Eine weitere Bereicherung meines schwimmerischen Alltags ist ein kleines, aufblasbares Gummiboot der Marke Nortik Trekraft, in dem ich meine Kinder Theodor und Mathilda hinter mir herziehe.

Zu diesem Zweck schlinge ich mir eine Leine um die Taille, knote das andere Ende ans Boot und dann: Hauruck!

Die Kinder genießen den Taxiservice, und wenn Theo seine stilechte Kinderkapitänsmütze trägt und lautstarke Kommandos gibt, gelingt es mir spielend, mich wie ein waschechter Front-Außenbordmotor zu fühlen. Diese Familienausflüge messen zumeist runde 500 Meter, vom Herrschinger Steg 1 bis zum Dampfersteg. Dort gibt es Erdbeereis für alle, dann schunkeln wir zurück, und alle sind zufrieden: der Nachwuchs, der Papa, der Streak.

Die geschilderten Flitterwochen lassen annehmen, dass ich in dieser Phase nicht gerade über Zeitnot klage. Es stimmt, in den vergangenen Monaten konnte ich mich vornehmlich Freizeit und Familie widmen und meine Liaison mit dem Wasser völlig unbeeinflusst von den leidigen Rahmenbedingungen des schnöden Broterwerbs entwickeln.

Aber, ach, auch die längsten Ferien kommen irgendwann an ihr Ende. Vorboten des postsommerlichen Malochens sind zwei Veranstaltungen, bei denen ich viel lerne.

Die erste ist die Fernsehsendung »Grill den Henssler«, die im ausgedörrten Magdeburg aufgezeichnet wird, auf einer Freilichtbühne am Ufer eines Parkweihers.

Mein Beitrag ist ein indisches Linsengericht plus Hühnerbeine, die in einem Tandoori-Ofen aus zwei Blumenkübeln gegart werden. In der Showküche ist es heiß, und ich liebäugle mehr als einmal damit, in den Weiher zu hüpfen, um mich zu erfrischen (ist aber offenbar verboten).

Das Hotel ist im Rotehornpark gelegen, direkt an der Alten Elbe. Nach gelungener Sendungsaufzeichnung und geruhsamer Nacht entsteige ich extra früh dem Hotelbett und spaziere hinab zum Wasser. Am Steg eines Kanuverleihs lege ich die Schwimmbrille an, dann steige ich in die Fluten. Fluten? Kaum bis zum Knie reicht mir die brühwarme Plempe. Egal, ich bin ja noch am Ufer. Also begebe ich mich in die Horizontale und beginne zu brüsteln, heißt in diesem Fall: das Elbgrund-Sediment fuderweise hinter mich zu schieben.

Überraschung: Je mehr ich mich der Flussmitte nähere, desto flacher wird das Wasser. Schon setze ich mit dem Bauchnabel auf, schon hobelt die meinem Rumpf vorgelagerte Waschbrett-Karosserie den Gewässergrund.

Die Hitzewelle der letzten Wochen hat offenbar ganze Arbeit geleistet, der Wasserstand nähert sich Null. Zunächst weigere ich mich, meine Schwimmversuche aufzugeben. Missmutig werfe ich einen Blick auf meine Sportuhr. Kaum 50 Meter habe ich zurückgelegt – eigentlich habe ich mir ein Sommerpensum von mindestens 1000, besser 2000 Metern Tagessoll verordnet. Kurzer Kontrollblick: Nein, niemand ist da, der mir zuschauen und mich verpetzen könnte (wäre ja auch völlig unklar, bei wem).

Also erhebe ich Schlingel mich unschuldig flötend und gehe, mit den Armen Schwimmbewegungen andeutend, die Alte Elbe entlang, flussaufwärts. Als sich vor mir allerdings eine staubtrockene Kiesbank erstreckt und nur noch ein handbreites Rinnsal an deren Rand den ehemals großen Strom verrät, kommt mir mein Betrugsversuch gar zu lächerlich vor.

Ich kehre um, begebe mich leicht frustriert zum Frühstück ins Hotel und belasse es an diesem Tag bei den erwähnten 50 Schwimmmetern. Hauptsache geschwommen! Eine Distanzuntergrenze habe ich wohlweislich nicht festgelegt, und dennoch nehme ich mir vor, in Zukunft lieber von »Badetagen in Folge« zu sprechen, um leidigen Diskussionen bei

Facebook und Konsorten vorzubeugen. Derer nämlich habe ich eh schon genug, nachdem ich unvorsichtigerweise ein Schwimmfoto von mir gepostet habe, auf dem ich ohne Schwimmboje unterwegs bin. Ob ich mir denn nicht meiner Vorbildfunktion bewusst sei? Kleinlaut berichte ich vom Wasserstand der Alten Elbe und dass ich auf meiner Hausstrecke im Ammersee auch größtenteils in nichtschwimmertauglichen Tiefen unterwegs sei – eine Argumentation, die die Sicherheitsexperten im Internet nur leidlich überzeugt.

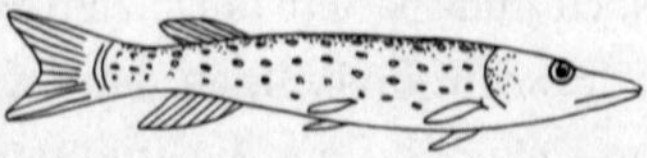

Ein anderer Job führt mich zum Flughafen Hannover. Dort gibt es eine vorzügliche Veranstaltungsreihe namens »Erleben und Erlesen«: Schriftsteller tragen aus ihren Büchern vor und werden anschließend von einer Moderatorin und dem Publikum befragt.

Vorab hatte meine Managerin den Veranstaltern bereits angekündigt, dass ich unbedingt ein Gewässer zum Schwimmen brauche, irgendwann im Laufe des Tages. Ob die Flughafenleitung einen Tipp habe? Allerdings! Hinterm Tower, jenseits des Parkhauses, gäbe es ein Regenrückhaltebecken. Da sei noch nie jemand reingestiegen. Ob ich Interesse habe? Aber hallo!

Und so reise ich nach Hannover, checke im Flughafenhotel ein und lasse mir von zwei Mitarbeitern des Airports den Kunsttümpel zeigen. Er sieht weit weniger technisch aus als vermutet, ist naturnah bepflanzt. In einer Ecke sorgt eine Fontäne für Belüftung. Ungeduldig, fast gierig besteige ich das Reservoir und schwimme los, erfüllt vom angenehmen Gefühl, womöglich tatsächlich der erste Mensch in diesem Wasser zu sein, der Neil Armstrong unter den Omabrustschwimmern in Hannover. Leichter Grusel erfüllt mich, weil mein Bauch immer wieder schwabbeligen Morast touchiert. Dennoch reihe ich selig Runde an Runde, sehe über und schräg hinter mir die Flugzeuge starten und preise die Tatsache, dass ich ohne meinen Job sicher niemals in das Regenrückhaltebecken eingestiegen wäre.

Wie sagt man? Manch einer lebt, um zu arbeiten – ich arbeite, um an speziellen Orten zu schwimmen.

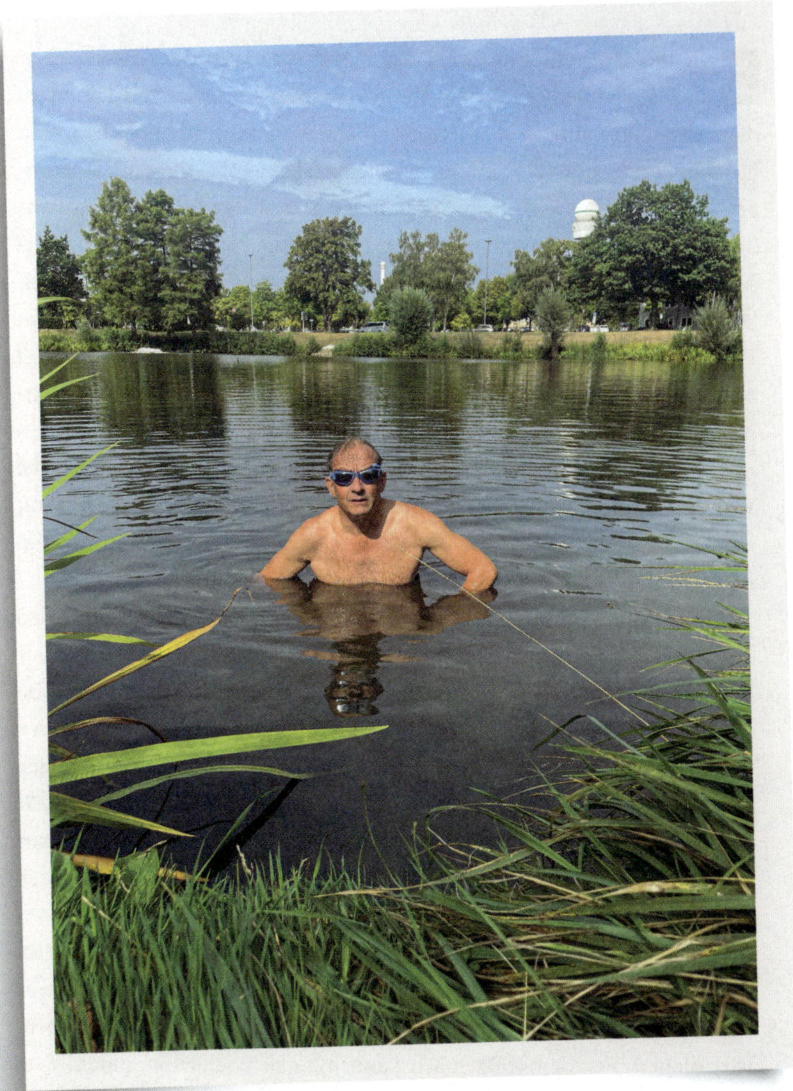

Mein strenger Blick verrät den Entdeckergeist des Pioniers. Merke: Wo ein Wille ist, ist auch ein Gewässer.

Lass jucken, Kumpel!

•••••••••

Ende des Honeymoons. Das Wasser und ich haben die Flitterwochen gut überstanden, wenn wir mal die Schnittwunden außen vorlassen, die sich meine Füße in den letzten Wochen zugezogen haben. Es waren gleich mehrere, und ich kann nicht sagen, ob es sich bei diesen Verletzungen um eine typische Begleiterscheinung des täglichen Schwimmens handelt – vielleicht ist die Häufung auch reiner Zufall oder hängt damit zusammen, dass ich ein blutiger Anfänger bin. Der tiefste Schnitt ereilte mich kurz vorm Kruzifix am Nordrand der Herrschinger Bucht, in hüfttiefem Wasser. Könnte eine kaputte Bierflasche gewesen sein, ein Stachelrochen oder, ganz profan, ein spitzer Stein. Ich klebte den Schnitt mit einem Heftpflaster zu und musste in den Folgetagen zur Kenntnis nehmen, dass Pflaster und Schorfkrusten im See weniger gut haften als an Land und die Wundheilung deutlich länger dauert. Die Hausapotheke wurde bald mit wasserfesten Spezialpflastern aufgefüllt, aber auch der hydrophilste Spezialverband ist nach ein paar Tagen mürbe gewässert und fällt ab.

Eine weitere Fußverletzung geht auf eine Zerkarie zurück. Zerkarien sind eigentlich Parasiten von Entenvögeln, die ab und zu Menschen für Enten halten und in deren Haut eindringen (darum spricht man auch von »Enten-Bilharziose«). Auf halbem Wege bemerkt das Würmchen seinen Irrtum, stottert panisch »Huch, hier bin ich falsch!«, aber dann ist es auch schon zu spät: Die Zerkarie verendet und bleibt auf halbem Wege stecken. Das Bohrloch entzündet sich, juckt nicht zu knapp, und der Fehlwirt flucht und kratzt – was die Entzündung nur noch schlimmer macht. Nach ein paar Tagen heilt die Wunde komplikationslos aus.

In kurz: Zerkarien sind harmlos, aber lästig. Man begegnet ihnen vornehmlich in sehr warmen Gewässern, im verkrauteten Uferbereich, weil sich dort jene Wasserschnecken befinden, die dem Parasit als Zwischenwirt dienen. Vor dem Ungemach kann man sich schützen, indem man sich nach dem Schwimmen gründlich mit dem Handtuch abrubbelt, oder man trägt vor dem Badegang eine Schutzschicht aus fetter Creme auf, z. B. Vaseline oder Hirschtalg.

Dass ich mich im Jahr 2023 nur über ein einziges Bohrloch an meinem Körper ärgern darf, ist eine merkwürdige Laune der Natur, fast schon eine Frechheit. Jeden Tag steige ich ins Wasser, mitunter durchstreife ich dichteste Urwälder in diesem wärmsten aller Sommer, und was passiert? Nur eine einzige Zerkarie erbarmt sich meiner! Was stimmt nicht mit mir? Bin ich den Biestern zu schnell, zu wenig enten-esk, oder hat sich unter ihnen herumgesprochen, dass der Herr Boning jeden Tag baden geht, der mit der depperten Badekappe, der ist Teil des Inventars – nicht anbohren oder sonst wie kaputt machen?

Im letzten Jahr, als mein Schwerpunkt eigentlich auf dem Laufen lag, war ich den ganzen Sommer über unterhalb meiner Knie bohrlochverziert.

Denkbar ist, dass ich mir irgendeine Form von Resistenz erworben habe. Wenn schon keine Schwimmhäute zwischen den Fingern, dann doch – analog zur Lichtschwiele – einen Parasitenschutz durch extra schwer durchbohrbare, weil mit mikroskopischen Eisenpartikeln verdickte Lederhaut.

Diesen Zeilen lässt sich ein gewisses Vertrauen in meinen reifen Körper entnehmen, was auch damit zu tun haben kann, dass mein Schulterschmerz in der Zwischenzeit völlig verschwunden ist. Ganz offenbar habe ich mich selbst kuriert, habe als mein eigener Badearzt Großes geleistet. Oder täuscht der Eindruck, und unter der momentan knirschfreien Fassade wartet die Bestie darauf, mich erneut zu piesacken, womöglich sogar schlimmer als je zuvor?

Tabum incognitum

Noch juckt der Fuß, als ich den Rucksack für eine Fernreise packe, nämlich nach Thailand. Mit Verona Pooth soll ich dort für Pro 7 »Local Hero« drehen.

Idee: Promis treten im Wettkampf miteinander um die Gunst der lokalen Bevölkerung an. Es gilt, ortsübliche Herausforderungen zu bestehen, etwa eine gute Figur als Tempeltänzer zu machen oder in einem gebräuchlichen Holzboot, das mit einem getunten Lkw-Motor zum höllisch röhrenden Speedboat umgebaut ist, bei Tempo 100 Quizfragen zu beantworten – auf TikTok eine ganz große Nummer.

Zu Thailand habe ich ein besonderes Verhältnis, weil die Show »Clever« vor 15 Jahren synchronisiert im thailändischen Fernsehen lief, samstags um 20:15, und mich gefühlt jeder Thailänder auf der Straße erkannte. Diese Zeiten, so stelle ich nach meiner Ankunft in Bangkok erleichtert fest, sind jedoch vorbei, und ich kann mich völlig unbelastet auf meine Dreharbeiten konzentrieren – und aufs tägliche Schwimmen. Ein kurzer Spaziergang durchs Viertel rund ums Hotel lässt mich von der Idee Abstand nehmen, in einen der vielen Kanäle einzutauchen, die vom Chao Praya abzweigen – sie sind gar zu verdreckt.

Der Fluss selbst, den ich von meinem Hotelbalkon im 24. Stock weiträumig überblicke, ist vielleicht 400 Meter breit, der Gedanke einer Überquerung drängt sich auf.

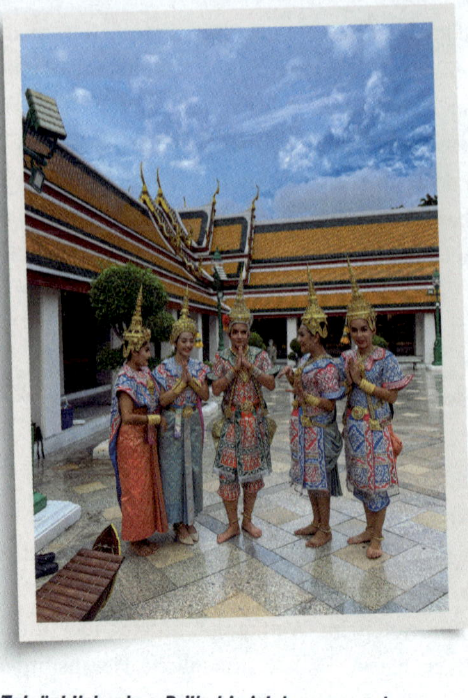

Tatsächlich, ohne Brille bin ich kaum zu erkennen.

Dagegen spricht, dass die dunkelbraune Brühe zügig fließt und allerlei spannendes Treibgut mit sich führt, etwa tropische Wassernüsse oder -kastanien, Schwimmpflanzen, die in großen Horsten dem Indischen Ozean entgegentreiben.

Einschüchternd ist auch der rege Schiffsverkehr. Dschunken, Fähren, Ausflugsdampfer sausen mehrspurig über das Wasser, außerdem Schubverbände von antriebslosen Leichtern. Unklar, ob die Kapitäne auf mich Rücksicht nehmen würden, wenn sie mich denn überhaupt erspähten.

Nein, hier kann man nicht schwimmen. Aber es gibt einen vortrefflichen Hotelpool, geöffnet von 6 bis 22 Uhr, draußen, ohne Dach. Prima, mehr brauche ich nicht. Wir drehen neun Tage hintereinander weg, ohne Off-Day, und ich sammele – zumeist am frühen Morgen – gute 23 Kilometer Brust, Kraul und Rücken. Der Pool hat internationales Flair mit illustrem Publikum, oft teile ich ihn mit mehrschichtig gekleideten Touristen. Manche tragen nur den klassischen Burkini – könnte mit Schamgefühl zu tun haben oder Religion oder Sonnenschutz.

Den Burkini mit Badeschuhen und einem Baumwoll-Hoodie zu vervollständigen, wie es hier tagtäglich zu beobachten ist – das wirft Fragen auf. Leider fehlt den Mehrfachvermummten und mir eine gemeinsame Umgangssprache, mit deren Hilfe ich mich informieren könnte.

Eines Tages schwimme ich neben einer Frau, die offenkundig Mandarin spricht, also aus China angereist sein dürfte, und ihren Zwiebellook mit Schlapphut und einer FFP2-Maske komplettiert – was die Konzentration auf den Omabruststil nachgerade erzwingt. Die Anregung nehme ich dankbar mit in den Drehtag; Hauptsache gesund!

Ein Drehtag findet außerhalb von Bangkok statt, in einer Kokosnussbaumplantage am Rande des Dschungels, wo Verona und ich uns als Erntehelfer bewähren sollen. Traditionell werden die Nüsse mit einer langen Astsäge vom Baum getrennt, woraufhin sie in einen schmalen Transportkanal fallen, auf dessen Wasser schwimmend sie anschließend zum Sammelplatz geschoben werden.

Die hierbei eingesetzten Fachkräfte sind ähnlich bekleidet wie die Chinesin im Hotelpool und stehen bis zur Brust im Wasser. Die Transportmethode ist kraftsparend, aber nicht ganz ungefährlich, etwa wegen giftiger Wasserschlangen oder höchst eigentümlicher Spezial-Parasiten, mit denen verglichen unsere heimische Zerkarie ein sympathischer Philanthrop ist.

Und so ist die Nuss-auf-Kanal-Schiebe-Methode denn auch nicht mehr im Gebrauch, die Gräben mit vornehmlich vegetabilen Abfällen gefüllt, woraufhin eine herzzerreißend stinkende Jauche entstanden ist. Dschungel, Wasserschlangen, Jauchegrube: Fürs Fernsehen wird die Sache spätestens jetzt besonders interessant.

Verona weigert sich – völlig zu Recht – in die Jauche zu steigen, aber ich lasse mich nicht lumpen, halte den Atem an, und absolviere, von Brechreiz geschüttelt, einige Schwimmzüge – um sagen zu können: Nur die Harten kommen in den Garten, und ich stehe mittendrin!

Spätestens hier stellt sich jedem einigermaßen vernünftigen Betrachter die Frage: Warum? Warum überhaupt schwimmen, wenn man sich doch erklärtermaßen für eine Landratte hält? Nun gut, diese Frage ließe sich noch einigermaßen plausibel mit meiner Schulterproblematik beantworten.

Aber warum in obskuren Regenrückhaltebecken hinterm Tower oder gar in einer Jauchegrube am Rande des Dschungels? Gute Frage! Vielleicht zieht mich die Fremdheit des Mediums an. Ich komme z. B. aus Oldenburg, ganz im Norden, flaches Land. Und was hat mich bereits als Kind, als Jugendlicher fasziniert? Das Hochgebirge! Vielleicht ist es der Drang, das Leben, die Welt umfänglich kennenzulernen – geht ja nur, wenn man sich ganz bewusst in Terra incognita aufmacht bzw. Aqua. »Jauche« heißt auf Lateinisch »Tabes« bzw. »Tabum«. Was genau ich im Tabum incognitum an neuen Details über das Leben, das Universum und den ganzen Rest kennengelernt habe, werde ich wohl erst mit einem gewissen Abstand in Worte fassen können, wenn der Geruch endgültig aus meinen Haaren und meiner Nase verschwunden ist. Dauert aber noch.

Als Zwischenfazit kann ich schon mal konstatieren, dass ich von keinerlei giftigen Wasserschlangen belästigt wurde. Wie sagt der Volksmund? »Wer sich in Gefahr begibt, kommt darin um.« Stimmt nicht immer, uff.

An einem anderen Drehtag geht's in einen windigen Badeort, in dem Verona und ich kunstfertig mit Fackeln hantieren sollen – vielleicht kennt der eine oder andere bereits siamesische Pyroshows aus dem Pantoffelkino.

Nach dem technischen Aufbau und allerlei Vordrehs warten wir auf die Dunkelheit – Zeit für ein Bad im Golf von Thailand!

Eine steife Brise türmt stattliche Wellen auf, die in der Brandung zu wilder Gischt werden. An geordnetes Sportschwimmen ist nicht zu denken, eher an eine Waschmaschine im Schleudergang. Das halbe Team turnt um sein Leben und schreit spitz, während die andere Teamhälfte zuschaut und nicht nur den Atem anhält, sondern auch zahlreiche technische Aufbauten, die weggeweht zu werden drohen.

Der anschließende Dreh verläuft denkwürdig: Während meiner Performance vor einem lokalen Publikum wird die steife Brise immer steifer, und große Regentropfen lassen die Fackeln zischen und erlischen.

Tja, ein Thailand-Dreh mitten in der Regenzeit ist so' ne Sache.

Wenige Augenblicke später ist die Brise zum Taifun geworden. Zeltplanen fliegen davon, Scheinwerfer kippen um, eine Kamera geht kaputt. Das Publikum sucht das Weite. Erst viel später können wir Veronas

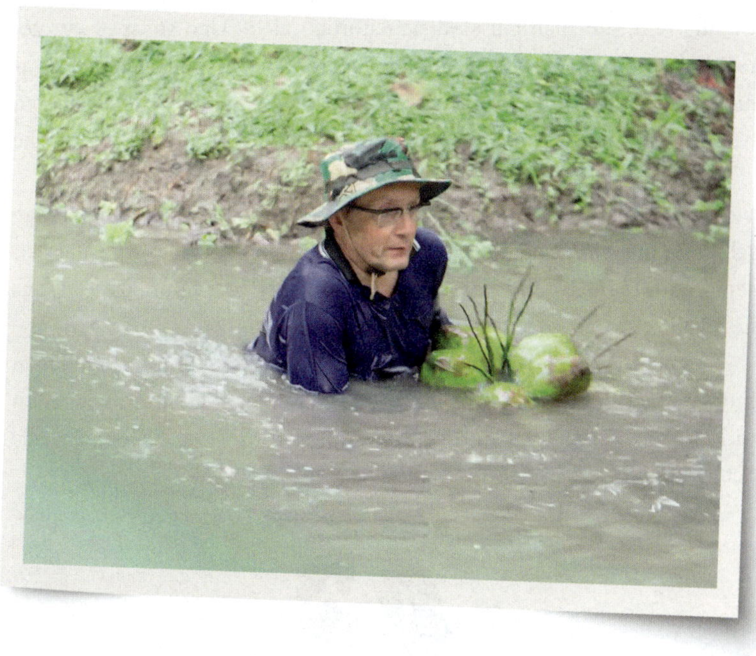

Knapp außerhalb der Bildkante wartet eine drei Meter lange Seeschlange darauf, mich als Zwischenmahlzeit zu verzehren.

Fackelperformance drehen, mit neuem Publikum, erst viel, viel später treten wir unseren Rückweg nach Bangkok an, und im Wagen, neben der bereits schlummernden Verona, erwäge ich, mir einen Globus mit aufgeklebten Kork-Kontinenten zu basteln, auf welche ich mit Stecknadeln meine weltweiten Schwimmabenteuer pinnen und dokumentieren kann: Omabrust internäschönäl.

Noch ein weiterer Thailand-Dreh ist für meine Schwimmkarriere relevant, wenngleich er in der Bangkoker Innenstadt stattfindet, ganz ohne Wasser. In einem Boxstall lassen Verona und ich uns in die Geheimnisse des Thaiboxens einführen, und zum Abschluss des Trainings dürfen wir in Sparringsrunden unsere Qualitäten als Kampfmaschinen demonstrieren. Mein Gegner ist ein junger Kampfsportprofi. Ich gebe alles, trete und haue, als ginge es um mein Leben, was mir auch deswegen leichtfällt, weil der Profi den Auftrag hat, sich nicht allzu sehr zu wehren, vor allem aber, mir nichts auf die Omme zu geben. So macht Boxen Spaß!

Für eine Fernsehshow mögen solch ungleiche Voraussetzungen notwendig sein, sportlich fair sind sie natürlich nicht. Und so ist es nur gerecht, dass unter der Wucht meiner rechten Haken und Geraden zwar nicht mein kichernder Gegner, wohl aber meine Schulter zu rebellieren beginnt: aua, aua, aua! »Das wird schon wieder!«, flüstere ich ihr zu, ehe ich nach dem Fight zum Local Hero erklärt werde.

Nun gut, ich gebe zu, dass Boxen, ob mit oder ohne Thai, nicht zu den schulteraffinsten Aktivitäten gehört. »Wellness-Boxen« hat sich unter den seniorenfreundlichsten Freizeitaktivitäten bisher nicht durchgesetzt, aus nachvollziehbaren Gründen.

Jedenfalls brennt und zwickt die Schulter in den kommenden Tagen immer ärger, im Hotelpool gebe ich jedoch weiter Gummi, wie wenn nichts wäre, gerne auch im Kraulstil. Soll sich nicht so haben, der olle Schleimbeutel …

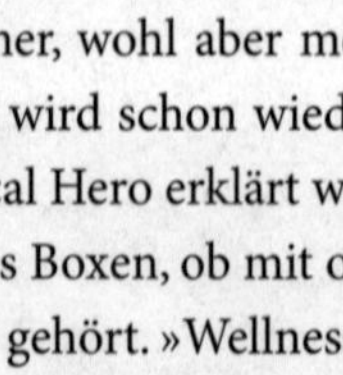

Stichlinge und andere Menschenfresser

Nach unserem Heimflug geht es direkt weiter nach Österreich, zum Mondsee im Salzkammergut. Wie in jedem Jahr verbringen wir einige Tage im Hotel Weiße Taube, meine Gattin singt in der Basilika Mozart und Bach, und ich hüte derweil die Kinder.

Das neue Gummiboot kommt reichlich zum Einsatz, und die Ein-Kilometer-Route zwischen Hotel und Mondseer Dampfersteg wird meine Standardstrecke.

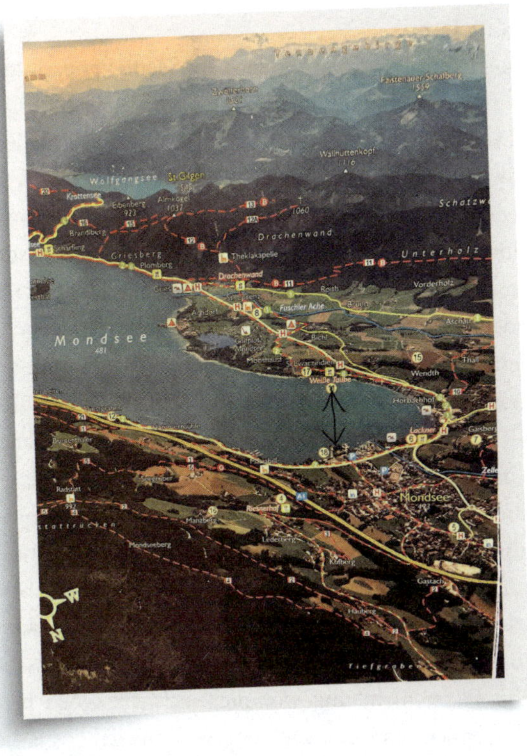

Der Doppelpfeil markiert meine liebste Pendelstrecke.

Das warme Wasser, die gleißende Sommersonne, an den Ufern Drachenwand und Schafberg: Im Salzkammergut, da kann man gut lustig sein! So denken allerdings auch manche Motorbootfahrer, die jauchzend und mit Prosecco anstoßend auf die Tube drücken und querbeet über den See driften, dass es eine Freude ist – allerdings weniger für schüchterne Omabrüstler.

Schiffschraubenmassage gehört bekanntlich zu den hautunfreundlicheren Anwendungen, und so unternehme ich alles, um meine Sichtbarkeit zu erhöhen: Neben der orangenen Schwimmboje habe ich eine kanariengelbe Damenbadekappe im Einsatz, ferner achte ich auf einen extra hoch gereckten Kopf, aus dem in unregelmäßigen Abständen flehende Abstandsbitten und zeternde Flüche entweichen. Kraulen kommt nicht infrage, ich wäre viel zu unsichtbar. In meiner Fantasie kommt es zu mehreren Fast-Kollisionen, in der Realität bleibt mein Schwimmkörper fabrikneu, gottlob.

Einmal geht Teresa mit den Kindern am Seeufer entlang zur Probe, ich schwimme, und wir sehen uns dann am Uferspielplatz im Ort. Kann ich meine Wechselkleidung ins untere Fach des Kinderwagens legen? Danke, bis gleich! Wie genau es passierte, lässt sich im Nachhinein nicht rekonstruieren, jedenfalls geht meine Wechselkleidung unterwegs verloren.

Nach einer tropfnassen Phase verlegener Heiterkeit besuche ich, nur mit Badehose und Damenbadekappe bekleidet, einen Herrenausstatter und gewande mich neu. Meine Frau bezahlt!

Nach dem Mondseekonzert geht es weiter nach Hamburg, wo ich mich gemeinsam mit meinem alten Freund und Kupferstecher Olli Dittrich auf die Show »RTL Samstag Nacht – das Wiedersehen« vorbereite.

Direkt nach meiner Ankunft, noch vor unserem ersten Treffen, besuche ich die Naturbadeanstalt im Hamburger Stadtpark. Seit 1937 trennt eine Spundwand den großzügigen Badebereich vom Stadtparksee – hier lässt sich aufs vortrefflichste der Sommer in der Stadt genießen. Ich mache mich auf, zwei Kilometer zu erkraulen, und schon bald traue ich meinen Augen kaum: Unter mir im Kraut stehen ein paar Weißfische, Rotaugen und Barsche. Es ist nicht ungewöhnlich, echtem Leben in einer Badeanstalt zu begegnen, von unseren Artgenossen mal abgesehen: Gewisse Einzeller und Fußpilze sind z. B. Usus!

Aber Wirbeltiere? Dies jedenfalls sind die ersten Fische, denen ich während meiner Schwimmerei in diesem Jahr begegne – an Streaktag 47!

Eine Runde weiter fällt mir die Kinnlade vollends grundwärts (und läuft mit Wasser voll): Schräg vor mir steht – Achtung Trommelwirbel! – ein Hecht. Mit dem Wort »kapital« möchte ich vorsichtshalber nicht hantieren, aber als langjähriger Inhaber eines Angelscheins darf ich konstatieren, dass der geschmeidige Räuber nicht gerade klein ist – satt über Mindestmaß! Nun ist es so: Esox lucius tut keinem Menschen (übrigens auch keiner Fliege) was zuleide, seine Ernährung besteht ausschließlich aus kleineren Fischen, mitunter auch Fröschen und Entenküken. Das martialisch zahnreiche Gebiss, die schnappfreudigen Klappkiefer jedoch flößen Respekt ein, nicht nur mir, sondern wahrscheinlich jedem Menschen.

Andächtig überhole ich den pfeilschnellen Räuber, dann eile ich davon, mir geht die Düse, und es ist unklar, ob meine Gänsehaut auf die Wolken zurückgeht, die sich soeben vor die Sonne schieben, oder auf die Urangst vor der überlegenen Kreatur.

Der Hecht ist nicht der einzige Fisch, der kleinlaute Schwimmer potenziell ängstigt: Auch dem Wels gelingt dieses Kunststück regelmäßig, obwohl er noch nicht einmal über ein draculisches Gebiss verfügt – bei ihm ist es eher die Größe, die einschüchtert.

Fische wachsen lebenslang, abhängig vom Nahrungsangebot, und so fällt es schwer, klare Obergrenzen der Körperlänge zu definieren. 2008 soll laut Zeitungsberichten im Berliner Schlachtensee ein Wels eine badende Dame angegriffen haben, zurück blieb eine Schürfwunde.

2022 wurde, wie ich derselben Zeitung entnehme, aus dem Tegeler See ein 1,70 Meter langer toter Wels geborgen. Überhaupt ist der Wels in der Boulevard-Berichterstattung ein bewährter Plot: Im April 1979 tauchte erstmals der berühmte Monster-Wels aus dem Zwischenahner Meer auf und gründelte sich in die Schlagzeilen der internationalen Presse. Das Gruseltier soll laut Augenzeugen eine Länge von 3,50 Metern gehabt und u. a. einen Hund bei lebendigem Leibe verschluckt haben, der sich allerdings später als Ente entpuppte.

Tatsächlich können natürlich nicht nur weit kleinere Raubfische, sondern auch zahnlose Friedfische einen Dachschaden haben und übermächtige Gegner attackieren, vom Bade-Boning bis zum verrosteten Schiffswrack.

Persönlichkeitsstörungen sind kein Privileg des Menschen, und so wie sich ein psychiatrischer Patient für Napoleon halten kann, kann auch ein kaum fingerlanges Fischkind glauben, es sei ein ausgewachsener Hammerhai – so habe ich es mal im flachen Uferbereich des Forggensees erlebt, als mein Sohn Cyprian, damals ebenfalls noch Kind, von einem Winzling attackiert wurde – und ich als aufgeregter Vater stand ratlos daneben.

Der Versuch einer Gesprächstherapie brachte gar nichts, und so verließen wir irritiert das Badegewässer.

Zurück nach Hamburg. Olli Dittrich und ich basteln Arrangements für denkbare Doofenlieder und ersinnen einen »Zwei Stühle eine Meinung«-Talk mit dem Zuhälter Mike Hansen, der, in die Jahre gekommen, milde geworden ist und die Mitarbeiterinnen seines Ökobetriebes heutzutage gendern würde. »Ökobetrieb? Inwiefern?« – Das sind frei laufende Hühner bzw. Hühner*innen.

Bevor wir uns jedoch tagsüber mit der holden Kunst beschäftigen, geht's zum Schwimmen. Ich habe mich extra in ein Hotel in Alsternähe einquartiert, von dem aus ich allmorgendlich fußläufig die Grünfläche am Schwanenwik ansteuere. Hier in der Nähe habe ich mal gewohnt, in Sankt Georg, in den Neunzigern – passenderweise just zu Zeiten von »RTL Samstag Nacht«. Schöne Jahre verbrachte ich in Hamburg, aber auf den Gedanken, in der Außenalster zu baden, bin ich nie gekommen. In der öffentlichen Wahrnehmung ist Baden dort sowieso verboten. Nach kleiner Recherche stellt man aber fest: ist es nicht! Es wird lediglich dringend davon abgeraten, zum einen wegen der Wasserqualität, zum anderen wegen Schutt und Scherben am Gewässergrund. Eine Rolle (persönliche Mutmaßung) könnte auch die Seglerlobby spielen, die nicht allzu erpicht darauf ist, das Revier mit irgendwelchen Schwimmern zu teilen.

Nun denn. Mit den Skippern werde ich morgens um halb sieben nicht in Clinch geraten. Lediglich einige Ruderboote sind beim Training zu erspähen. Ruderer sitzen bekanntlich mit dem Rücken zur Fahrtrichtung, was ihnen aber nicht generell als Rücksichtslosigkeit ausgelegt werden sollte – Miles Davis spielte seine Trompete ja auch am liebsten mit dem Rücken zum Publikum.

Aber gemach; erst mal rein ins Wasser. Tatsächlich liegen am Ufer die Reste einiger zerbrochener Bierflaschen, zwischen denen ich vorsichtig wasserwärts balanciere, die orangene Signalboje an der Hüfte befestigt. Wer das In-See-Stechen ohne Schnittverletzung hinter sich bringt, wird bald mit einem bestrickenden Perspektivwechsel belohnt: Rund um die Alster rauscht der Berufsverkehr, es knattert, röhrt und hupt, wie es eben einer Millionenstadt angemessen ist. Nähert man sich aber der Gewässermitte, weichen Krach und Hektik gediegener Beschaulichkeit.

In raumgreifenden Zügen zelebriere ich meine Bewegungsmeditation, versuche allerdings, alert genug zu bleiben, um nicht allzu viel Wasser zu schlucken – das soll ja laut Internet nicht sonderlich gesund sein. Gerade nach starken Regenfällen könne man mit erhöhter Keimbelastung rechnen.

Verblüffend, dass man ausgerechnet bei »Alsterwasser« nicht zuletzt an ein Lebensmittel denkt. Trotz aller Bemühungen nippe ich ein paar Schlückchen, bleibe jedoch, ich greife mal vor, die ganze Hamburg-Woche über pumperlg'sund.

Ganz rüber, zum Anleger an der Alten Rabenstraße, traue ich mich nicht, eben wegen der dort trainierenden Hochgeschwindigkeits-Ruderer. Ich studiere ein Weilchen das rasante Hin und Her, finde keine Lücke, die meinem Tempo angemessen ist, und kehre um.

Es ist mir völlig unverständlich, dass ich offenbar ganz allein auf diesem wunderbaren Gewässer schwimme. Dabei hat die Alster eine stolze Badetradition: Bereits 1793 wurde, angeregt von der Patriotischen Gesellschaft, auf der Binnenalster ein Floß mit zwölf Kabinen eingerichtet, eine der ersten Flussbadeanstalten in Deutschland! Auf der Außenalster fand das Badeleben in jenen Zeiten eher »wild« statt, nämlich auf einer Sandbank abseits des Ufers. Die »Vaterstädtischen Blätter« schrieben 1861, dass viele Badende die »in Booten fahrenden Frauen und Kinder durch unschickliches Benehmen erschreckten« – besagte Sandbank war nämlich ein Mekka der Nacktbader. Um dem sündigen Treiben ein Ende zu bereiten, richtete der Senat 1869 eine offizielle Badeanstalt ein, und zwar genau an meiner Einstiegsstelle, dem Schwanenwik.

Von Hamburg aus reise ich mit der Bahn weiter nach Cuxhaven, wo meine Eltern urlauben, betütert von meiner lieben Schwester Melani.

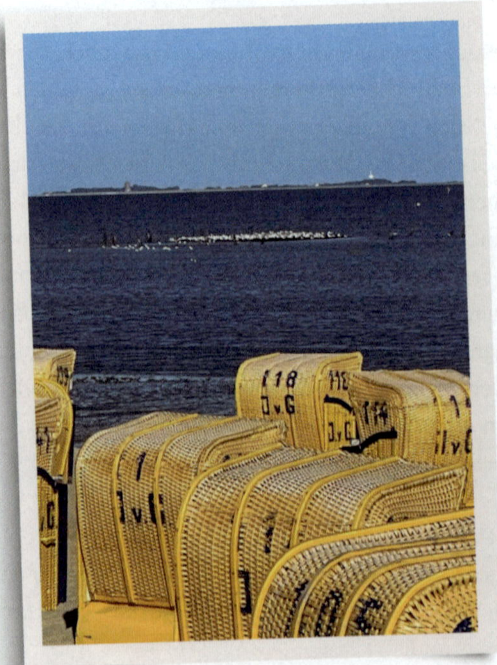

Bei Ebbe kann man per Pferdewagen von Cuxhaven bis zur Insel Neuwerk gelangen, bei Flut schaffe ich's schwimmend zum Möwen-Meeting. Ohne Pferd.

Mama und Papa ringen beide mit schweren Krankheiten und können die Erholung gut gebrauchen. Im Rollatoren-Duett schlurfen sie auf der Deichkrone entlang, und meine Schwester und ich sichern den Konvoi nach hinten ab. Pausiert wird in einer Strandgaststätte, hinter der sich das Freibad Steinmarne befindet, klassisches Rechteck, kein Schnickschnack. Wir kaffeesieren, scherzen, sind bestens aufgelegt, und schließlich gewähren uns die maladen Eltern Ausgang, den wir für einen Besuch im oldschooligen Fünfzigmeterbecken nutzen, gefüllt mit knackig-frischem Salzwasser.

Meine drei Jahre jüngere Schwester, wie bereits erwähnt seit Kleinkindtagen überzeugte Wasserratte, verfügt über eine versiertere Kraultechnik als ich, und so schaue ich mir beflissen ein paar Kleinigkeiten von ihr ab, und um mich zu revanchieren, weihe ich sie in die Geheimnisse der Rollwende ein.

Was auch immer aus meinem Täglich-Schwimmen wird: Dass ich mit meiner lieben Schwester hier so einträchtig gemeinsam sporteln kann und von ihr dabei etwas lerne, ist ein bemerkenswertes Highlight! Egal, was etwa aus der Schulter wird – hierfür hat sich der Streak schon gelohnt.

Nach zwei Kilometern (in diesen Wochen mein bewährtes Tagespensum) spazieren wir zurück zu unseren lieben Eltern und organisieren unterwegs Tabletts mit Mittagessen, das bei Kaiserwetter und Meerblick einträchtig verspeist wird.

Unter der Ägide des Tidenkalenders leiten meine Schwester und ich den nächsten Tag per Nordseebad ein. Im Ortsteil Duhnen muss man allerdings lange laufen, bis man in schwimmtaugliche Tiefen gelangt. Nach einigen Hundert Metern Kneippgang nutzen wir das Magdeburger Modell, legen uns also auf unsere Bäuche und gründeln wie die Schlammpeitzger Richtung Hochsee – stellen allerdings schnell fest, dass bei aller Flachheit die Strömung nicht zu vernachlässigen ist: Wer hier nicht aufpasst, landet eins-zwei-drei hinter den Azoren und kann dort sehen, wie er klarkommt.

Nach 600 Metern bangen Schlammschiebens stellen wir uns wieder auf unsere Füße und kehren zurück zum Ufer. Mittags beehren wir erneut das Freibad Steinmarne. Es ist Samstag, und uns erwartet ein ganz besonderes Spektakel: Am Beckenrand hat Gustav Ribbe seine Heimorgel aufgebaut.

Fachleute kennen ihn natürlich, allen anderen sei verraten: Gustav Ribbe, rüstiger Best-Ager, ist der »Traumschiff«-Pianist, arbeitete früher auf der »M.S. Deutschland« und ist in jeder Hinsicht etwas Besonderes. Lange lebte er in New York, war früher bekennender Frauenheld und wohl auch einmal mit der Gattin seines Freundes Silvio Berlusconi liiert. Insgesamt bringt Ribbe es auf fünf Ehen und »einen Stall von Kindern«, wie er sich ausdrückt.

Dass er seine Kunst in Amerika vervollkommnete, ist seinem Alleinunterhaltungskonzept anzumerken: Egal, ob Rock, Pop, Jazz oder Beethoven – immer spielt er mit äußerstem Einsatz, auch körperlich, rudert mit den Ellenbogen im Takt, singt, skandiert und shoutet »Yeah«, »Olé«, »Und jetzt alle!«

Zu »Oh Happy Day«, »Take the ›A‹ Train« und »An der Nordseeküste« sammeln meine Schwester und ich hingerissen Bahnen, singen

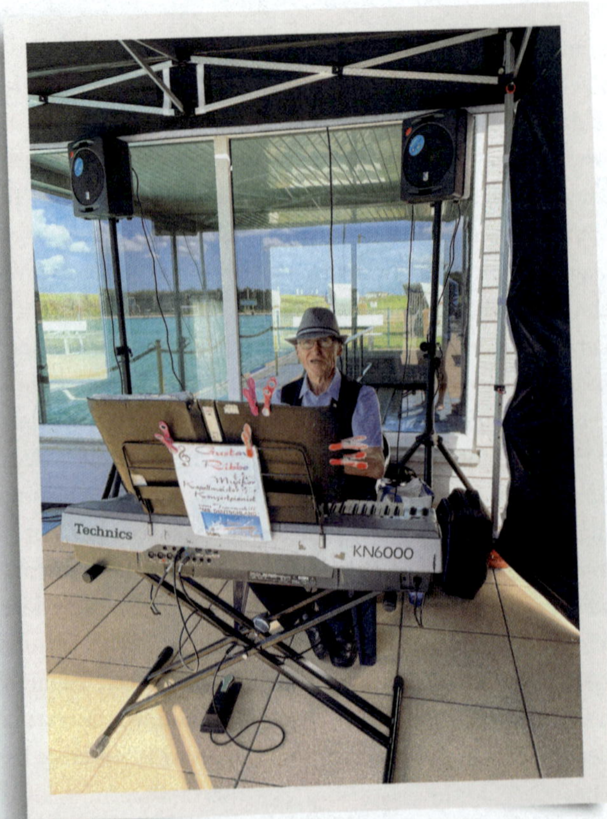

Ein Freibad ohne »Traumschiff«-Pianist Gustav Ribbe ist wie Bauernfrühstück ohne Senfgurkengarnitur.

mit, die Köpfe unter Wasser, und quietschen bei jeder Wende vor Vergnügen. Gustav Ribbe ist der Beste! Und wir fragen uns an diesem sonnigen Nachmittag, warum Livemusik im Schwimmbad nicht schon lange zum Standard geworden ist. Sollten wir jemals in den Besitz einer öffentlichen Badeanstalt gelangen, so beschließen wir, wird eine Hausband engagiert (sofern Gustav Ribbe sich vom Freibad Steinmarne nicht abwerben lässt). Umgekehrt gilt: Sollten wir je für ein Konzerthaus Verantwortung tragen, sagen wir mal für die Elbphilharmonie, so wird der Bau geflutet, Schwimmen erlaubt, und dann geht's los, vielleicht mit Händels »Wassermusik« oder »Die Moldau« von Friedrich Smetana.

Im Cortison-Rausch

••••••••••

Auf nach Köln zu »RTL Samstag Nacht – das Wiedersehen«. Zur Feier des Tages habe ich mir einen neuen Maßanzug spendiert, aus Kunstrasen. In den Neunzigern hatte ich bereits zwei Exemplare, die beide verschollen sind. Macht nichts, denn es wäre eh höchst unklar, ob ich in die Ur-Klamotten noch reinpassen würde – Anzuggröße 46 ist nicht mehr aktuell, unter anderem natürlich, weil ich mir ein wuchtiges Kreuz erschwommen habe, aber auch Speck und Schokolade haben ihren Anteil.

Nach der Anprobe lasse ich mich vom netten Produktionsfahrer zu einem namenlosen Baggersee am Höhenfelder Mauspfad fahren (ein Fahrrad lässt sich auf die Schnelle nicht auftreiben). Brummbräsig im Mercedes sitzend komme ich mir natürlich ein bisschen dekadent vor, wie ein spleeniger Industriekapitän oder Kultusminister von Württemberg-Hohenzollern oder Ludwig Erhard persönlich – fehlt nur noch die dicke Zigarre zwischen meinen Lippen. Der Fahrer findet mein Seeweh offenbar ganz putzig und wartet schmunzelnd.

Der Wasserspiegel des Baggersees liegt erstaunlich tief, fünf Stockwerke unter der sonstigen Landschaft, und man könnte ob der Farbe annehmen, dass man hier, am östlichen Stadtrand der Domstadt, in Blue Curaçao badet. An den Ufern schicken gedreadlockte Studenten süßliche Rauchschwaden übern Teich. Schade nur, dass meine rechte Schulter wieder knackt und pocht. Da stimmt doch wieder etwas nicht, verflixt. Spätfolge des Thaiboxens?

Am nächsten Morgen wache ich auf, und noch im Bett stelle ich fest: Arrividerci Roma, meine Schulter versagt ihren Dienst. Auch unter größter Anstrengung lässt sie sich nicht bewegen, schon gar nicht seitlich abspreizen – sie ist etwa so beweglich wie Ramses in seinem Sarkophag. »Frozen«, wie der Facharzt zu sagen pflegt. Das ist unter anderem deswegen doof, weil ich in der Show mit Olli Dittrich als »Die Doofen« auftrete und im Lied »Krokodile im Herbst« ein Querflötensolo zum Besten geben soll. Die Bedienung einer Querflöte ist allerdings ohne Schultereinsatz unmöglich – sofern man nicht den Kopf seitlich um 90 Grad abknicken kann, nach Art einer Eule, um in die lotrecht gehaltene Querflöte von der Seite einzupusten.

Nach kurzer Beratung mit der Produktionsfirma werde ich zu einem Spezialorthopäden geschickt, der unter anderem auch als Mannschaftsarzt der Basketball-Nationalmannschaft Furore gemacht hat. Ich bin bei der AOK, ist das ein Problem?

Klären wir später. Erst mal Anamnese. »Spreizen Sie die Schulter mal ab! Wie, das ist alles?« 90 % Unbeweglichkeit schreibt der Mediziner in seinen Bericht. Dann: Röntgen, MRT, Spritzen hier, Spritzen da, Hammer-Schmerzmittel, pinkes Tape und Cortison bis zum Abwinken – ach, wenn ich doch abwinken könnte! Geht aber nur ganz schlapp aus dem Ellenbogen, ebenso wie das Grüßen.

Die Hand kann ich schon mal nicht ausstrecken, nur in Nabelnähe zum Griff darbieten. Manch alter Weggefährte aus »RTL Samstag Nacht«-Zeiten (Tommy!) beachtet die Hand gar nicht erst, sondern klopft mir jovial auf die defekte Schulter, was ich mit James-Brown-artigen Aaaas und Uuuuhs quittiere.

Tommys Glück: Zurückhauen habe ich heute nicht drauf.

In der Mittagspause kutschiert mich Managerin Steffi zum bewährten Baggerloch am Höhenfelder Mauspfad, nur um die Kette der Badetage in Folge nicht abreißen zu lassen. Nach Art eines Cockerspaniels paddle ich ein paar Dutzend Meter und stelle verwundert fest, dass der Bewegungsradius im Wasser immerhin knappe 20 % beträgt.

Seufz; worauf habe ich mich bloß eingelassen? Hätte ich nicht trimmtraben können, radeln, Fußball spielen, irgendetwas, wofür die Schulter entbehrbarer ist? Was, wenn der Frozen-Zustand zum Dauerfrost wird, sich das Ding langfristig gar nicht mehr bewegen lässt? Will ich mein Badeprojekt dann weiter durchziehen, ärmellos, bis in alle Ewigkeit?

Gott sei Dank wird das Schulterdrama im Laufe der Produktion von anderen Herausforderungen überlagert. Das Ganze ist eine emotionale Achterbahnfahrt, die nicht nur mich stärker mitnimmt als erwartet. Es geht bereits nachmittags los, als die »Samstag Nacht Allstars« die Erkennungsmelodie proben: Neben mir steht Tommy, und ich sehe, wie seine Augen feucht werden und er ein Taschentuch aus der Tasche fingert. Per Schnäuztrompete veredelt er den Refrain, törö!

Natürlich schwebt der Geist des verstorbenen Mirco Nontschew über allem, ohne ihn ist »RTL Samstag Nacht« völlig undenkbar. Das finale Fallen meiner Tränendämme verursacht ein Blick ins Publikum, während der Show, als ich vertraute Gesichter erblicke: Mädchen, die in den Neunzigern in jeder Ausgabe im Publikum saßen, Olli und mir mitunter sogar hinterher reisten und nun, im reifen Damenalter, händchenhaltend unser und ihr eigenes Wiedersehen zelebrieren.

Mein Doofen-Flötensolo erledige ich dann gummimännisch verbogen, und nur Insider und versierte Fachärzte erahnen meinen Schmerz, alle anderen denken wahrscheinlich, ich böge mich aus künstlerischen Gründen und alles habe seine Richtigkeit.

Auf der Show-Couch, auf der uns Hugo Egon Balder interviewt, versagt mir während eines Rückblicks auf das Werk Mirco Nontschews die Stimme, meiner Kehle entfleucht nur noch ein zartes Piepsen.

Nach der Show sehe ich, wie Leander, einer meiner großen Söhne, Selfies mit den anderen anwesenden Kindern der »RTL Samstag Nacht«-Eltern knipst, und ich verstumme komplett.

Das ist alles zu viel für den geschundenen Wigald – der allerdings so oder so früh ins Bett muss, weil am nächsten Tag ein Festival-Auftritt in Wolfsburg wartet, gemeinsam mit Bernhard Hoëcker. »Gute Frage!«, heißt unser gemeinsames Programm: Das Publikum stellt uns Fragen aller Art, die wir spontan und nach Möglichkeit einigermaßen unterhaltsam beantworten.

Nach kurzer Nacht auf der linken Bauchseite gelingt mir im Zug Richtung Autostadt lediglich ein raues Zwitschern, und ich benachrichtige meine Managerin Steffi, dass der Auftritt wohl ausfallen müsse, wegen Stimmlosigkeit. Steffi hält Rücksprache mit dem Veranstalter, der mich darum bittet, erst einmal anzureisen – vor Ort werde dann entschieden, wie man verfahre.

Ich werde vorstellig, krächze so etwas Ähnliches wie »Guten Tag«, und der Veranstalter erklärt mich für auftrittstauglich. Bernhard und Tourmanagerin Renate sind auch schon da und schmunzeln verschmitzt. »Du musst gar nichts sagen und dich auch nicht bewegen«, schlägt Bernhard vor, »setz dich einfach in einen Ohrensessel, dann fragen die Leute, du flüsterst mir irgendeine Antwort ins Ohr (oder auch nicht), und ich übersetze dann dem Publikum. Du kannst dann noch mit dem gesunden Arm signalisieren, dass du mir etwas völlig anderes zugeflüstert hättest!« Ein genialer Plan.

Der nachmittägliche Auftritt findet Open-Air statt, auf einer Bühne vor dem VW-Werk, und interessanterweise wird meine Stimme umso kräftiger, je mehr die Leute applaudieren. Dies behaupte ich jedenfalls zu Beginn unseres Auftritts, und die Leute geizen folglich nicht mit Klatschern. Nach zwei Showstunden ist meine Stimme wieder ganz da – könnte eine Art selbsterfüllende Prophezeiung gewesen sein. Meine Schulter lahmt allerdings weiterhin, und so wird die nachfolgende Autogrammstunde ein wenig gekürzt.

Das Ritz-Carlton-Hotel, in dem ich anschließend einchecke, verfügt über einen edelstählernen Pool, der in einer Bucht des Mittellandkanals vertäut ist, mit grandiosem Blick auf die Schlote der Autofabrik. Das Wasser ist kuschelig warm, wird beheizt mit den Abgasen, äh, der Abwärme der Kraftfahrzeugproduktion.

Einerseits ein Jammer, dass ich nur zu ungeschmeidigem Reha-Schwimmen in der Lage bin, hundepaddelnd, den kaputten Arm im Anschlag wie weiland Kaiser Wilhelm II. (»Deutschlands Zukunft liegt auf dem Wasser«), dessen einer Arm infolge einer missglückten Zangengeburt nur wenig beweglicher war als meiner.

Andererseits: Der Blick auf den Käfer-Kreißsaal, Quelle des Golf-Stroms und Passat-Palast, lenkt beim Schwimmen vortrefflich ab vom Aua-Arm. Wo krank, wenn nicht hier, in Wolfsburg? Eben!

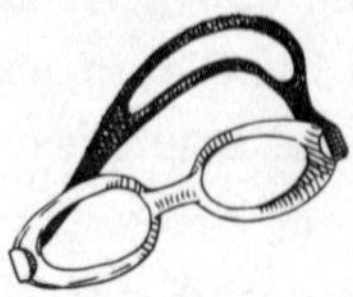

Plan B: Ich werde Meerjungfrau

•••••••••

Mein Herrschinger Heim-Orthopäde lacht sich kaputt, als ich ihm vom Thaiboxen in Bangkok erzähle. »Wie alt sind Sie eigentlich, Herr Boning? Drei?«

Es hilft alles nichts: Der Medikamentenberg wird um ein paar weitere Klippen aufgestockt und ein MRT vereinbart. Meinen Ansatz, die Schulter schwimmend zu kurieren, findet er gar nicht schlecht. »Brust dürfte sinnvoller sein als Kraul«, überlegt er laut, weil es die Schultern nach vorne öffne. Ansonsten solle ich brav die Cortison-Tabletten auffuttern, Schmerzmittel nach Bedarf. Ob die Kalknester am Schleimbeutel kleiner werden, vielleicht sogar durchs Schwimmen, könne man erst durch neues Röntgen im Januar feststellen. Ok, warten wir's ab.

Auf jeden Fall beschließe ich, mich auf das Ultra-Worst-Case-Szenario vorzubereiten, nämlich die langfristige, totale Unbeweglichkeit nicht nur der rechten, sondern beider Schultern.

Als Kind war ich im Mallorca-Urlaub viel schnorchelnd unterwegs, und wenn die Arme nicht gerade nach Seegurken griffen, dann trieben sie entspannt neben dem Körper her. So könnte man im Notfall den Streak gewiss durchführen, als tägliches Draußen-Dauerschnorcheln. Und testhalber besorge ich nicht nur ein paar normale Flossen, sondern außerdem: eine Monoflosse. Monoflossen, zumal solche mit integriertem Nixenschwanz, sind, wie ich finde, neben Süßkartoffeln und Tribal Tattoo typisch für unsere Epoche, in der jeder sein Heil, seine Personality aus globalisierten Zutaten remixen kann und darf (es sei denn, man ist Anhänger der Idee von Cultural Appropriation und findet, dass man marginalisierten Ethnien nichts wegnehmen darf – schon gar nicht den Meerjungfrauen ihre Fischschwänze).

Im Praxistest jedenfalls flutscht die Sache. Eigentlich, so entnehme ich einem Lehrbuch des Monoflossenschwimmens, reckt man die Arme in Schwimmrichtung, ähnlich wie Superman im Flug, und bewegt den

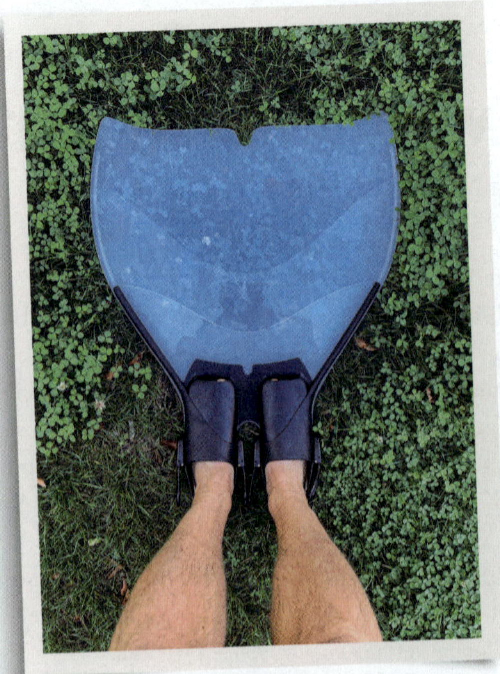

Obacht! Stecken die Füße in einer Monoflosse, steigt beim Einkaufen und in der Diskothek die Stolpergefahr beträchtlich.

Körper ungefähr so, als würde er von einer Welle durchflutet werden. Dies gelingt mit angelegten Armen nur noch halb, aber immer noch komme ich beflosst deutlich zügiger voran als ohne Hilfsmittel: 1000 Meter in 20 Minuten.

Für das Luftholen appliziere ich einen Spezialschnorchel mittig, mache mich gleichsam zu einer Kreuzung aus Meerjungfrau und Elefant. Ja, das ist von der Kunstfreiheit gedeckt.

Bevor ich mich vollends in diese Fortbewegungsart, ach was, Lebensweise verliebe (schon fantasiere ich mir originelle Designer-Fischschwänze von Gaultier oder Glööckler herbei), studiere ich noch einige Tage die Wirksamkeit des Cortisons (Markenname: Prednisolon). Jeden Tag lässt der Schmerz nach, die Beweglichkeit nimmt dafür zu, und eine wichtige Nebenwirkung passt durchaus zu meiner Schwimmerei: Im Gesicht werde ich aufgeschwemmt.

Nach zehn Tagen bin ich weitgehend wieder hergestellt und trage sogar erneut Schwimmbrille – weil mein Tempo dies erzwingt.

Eines Abends Anfang September verspreche ich meiner lieben Teresa, sie am nächsten Morgen um 7:30 Uhr zu wecken. Dies ist bei uns nicht ungewöhnlich, da meine Frau äußerst vielseitig begabt ist, frühes Aufstehen allerdings nicht zu ihren Talenten gehört.

Kaum ein handelsübliches Weckgeräusch wird ihrem verlässlichen Tiefschlaf gefährlich.

Die Installation eines Marschallturmes à la AC/DC mit Weckfunktion im Schlafzimmer wurde allerdings aus Platzgründen verworfen, und so liegt es weiterhin an mir, meine Gattin aus dem Schlaf zu rütteln.

Um sieben Uhr tunke ich beim Löwen in den Ammersee ein, plane zum Ende der Herrschinger Bucht und wieder zurückzuschwimmen, insgesamt 2,6 Kilometer. Meine Gedanken kreisen um das frisch genesene Schultergelenk, ich bin an diesem Spätsommermorgen bestens gelaunt, da schmerzfrei, und versinke in beglückender Bewegungsmeditation.

Fernab meines Klapprades, unweit jenes Leuchtfeuers, das am Ende der Bucht Segler vor Unwettern warnt, fällt mir siedend heiß meine Weckpflicht ein.

Panischer Uhrenblick: Es ist 7:25!

Grundgütiger, was nun!? Ich sprinte zum nächsten Ufer, kein Mark Spitz, kein Ian Thorpe käme hinterher, erklettere einen privaten Bootssteg und überwinde schwer keuchend die jägerzaunhafte Absperrung, nicht ohne im inneren Schenkelbereich gar scheußliche Schrammen davonzutragen. Ruck-zuck hetze ich in Badekleidung am Uferweg entlang, immer noch schwimmbebrillt, schnell wie Jesse Owens, nur eben mit Badekappe.

800 Meter misst die Strecke, auweia. Scharf schießt die Milchsäure in alle Winkel meines Körpers, und die Passanten blicken mir unsicher hinterher. Ist er auf der Flucht vor einem Säbelzahntiger? Müssen wir einen Facharzt verständigen, ihm ein Bein stellen? Oder ist dies lediglich eine besonders ambitionierte Form von Frühsport, ein neuer TikTok-Trend aus Ju-Es-Äi?

Um halb acht erreiche ich mein Klapprad. Kann ich Teresa per Handy erreichen? Tüt-tüt … natürlich nicht, weil sie schläft. Also, nass wie

Gott mich schuf, rauf aufs Rad und mit Volldampf nach Hause, sodass die Wechselklamotten aus dem Fahrradkorb fliegen. Egal, kann ich später einsammeln. Erst muss ich Teresa wach machen, denn heute geht es nach Vorarlberg – erste Probe als Königin der Nacht in Mozarts »Zauberflöte«. Da darf sie unmöglich zu spät kommen!

Als ich kurz darauf zu Hause eintreffe, sind Teresa und die Kinder bereits wach und wundern sich über meinen Aufzug. Und ich freue mich, dass meine Schulter diesen schnellsten aller Kurztriathlons, diese ultimative Härteprüfung gut überstanden hat.

Mit Helene Fischer im Meteoritenregen

Mit Anekdoten, in denen es um Geschwindigkeit geht, kann ich nur selten glänzen. Ich muss auch gar nicht glänzen, das erledigt für mich das Wasser. Wenn ich z. B. in diesen Spätsommertagen morgens um sieben zum Löwen komme, empfängt mich mitunter ein sanft wogendes, intensiv glänzendes Violett – die Spiegelung des Dämmerlichtes. Es handelt sich um eine simple Reflektion, ich weiß, aber das Bad in diesem satten Lila, das nach einer Weile Purpur- und Rosétönen weicht, kann auch beim emotional Hartgesottenen Unglaube auslösen, sodass er sich zwicken will. Umgekehrt aber auch: An diesem Ort braucht man nicht die berühmte rosa Brille, um die Schönheit der Welt für ein Mysterium zu halten und sich unwillkürlich in religiösen Kategorien hineinzugrübeln.

Sonnenauf- und -untergänge sind seine Spezialität, die hat er drauf, dieser bekannte Großkünstler, nennen wir ihn Gott. Klar, er ist ein Grenzgänger des Kitsches, man kann in der Stube hocken oder lebenslang ausschlafen, weil man seine Werke billig findet und auf ihren Anblick verzichtet – ich jedoch werde ganz andächtig, wenn ich dieses Violett sehe, bewege mich dann nicht mehr unbefangen, ich verlangsame und danke herzlich.

An anderen Tagen schimmert der See verchromt wie die Heliumballons von Jeff Koons, und jetzt, da der Herbst naht, schleicht auch immer häufiger feiner Nebel über die Wasseroberfläche – fast wie Trockeneis in einer Helene-Fischer-Show. Mein Lieblingsschwimmwetter ist jedoch Regen, am besten mit großen Tropfen, die in den See einschlagen wie kleine Meteoriten, dann zurück nach oben geworfen werden, wo sie Kugeln formen, die erneut hinabfallen. So entstehen eine Handbreit über der Wasseroberfläche dichte Wälder aus Wasserbäumen mit eben jenen Kugeln als Kronen – manchmal denke ich aber auch an eine Lavalampenproduktionsstraße oder ein Ballett, bestehend aus Tausenden Tänzern, die alles geben, auf die Bühne springen, eintauchen, wieder emporschnellen, Salto gehockt, ab in die Tiefe und wieder backstage, hintanstellen.

Regen, Nebel, Wellengang: Jeden Morgen steht ein anderes Stück auf dem Programm, und ich bin Besitzer des ganz großen Theater-Abos, für umme, juchhu!

Der Froschmann von Köpenick

Die letzten Sommertage mit klassischem Badewetter gehen zu Ende, und ich reise nach Berlin, um wieder einmal bei Johannes B. Kerners »Quizchampion« als Experte für Erdkunde zu brillieren (oder mich zu blamieren, ist auch schon vorgekommen). Meinem Hotelwunsch kam das ZDF gerne nach; nicht in der Berliner City wohne ich, sondern im Pentahotel in Köpenick, direkt am Ufer der Dahme. Ganz in der Nähe bin ich mal als Musiker aufgetreten, zu DDR-Zeiten, mit der Band KIXX im »Jugendklub Walter Kroh«. Für mich als West-Jüngling ein besonders spannendes Erlebnis, im Wohnzimmer einer ehemals bourgeoisen Villa, Mitte der Achtziger unter der Regie der FDJ. Und weil der Publikumszuspruch so groß war und nicht alle Musikfreunde ins Wohnzimmer passten, versammelte sich der Rest im Garten, und wir öffneten die Fenster zur Terrasse und spielten abwechselnd nach vorne und nach hinten, nach drinnen und draußen, und anschließend kam es zu einer feucht-fröhlichen Verbrüderung, ja, einer Vorwegnahme der Wiedervereinigung.

Und mit diesen wohligen Gefühlen gehe ich bald nach dem Einchecken im Hotelbademantel durch die Lobby zur Dahme, steige naserümpfend hinein und schwimme ein Stündchen am Ufer entlang. Eigentlich will ich rüber, zur Schlossinsel, aber es herrscht an diesem oberfreundlichen Samstagnachmittag gar zu viel Bootsverkehr.

Naserümpfend, weil: Es ist dies der erste Tag meiner Unternehmung, an dem ich Bekanntschaft mit Blaualgen mache. Cyanobakterien verursachen, je nach Gusto, fiese, etwas abgestanden müffelnde Schlieren und Teppiche, die mit ihren Toxinen laut »Apotheken Umschau« die Gesundheit beeinträchtigen können.

Ich allerdings habe gar keine Wahl, muss laut Tagesdisposition jetzt schwimmen und anschließend ins Fernsehstudio – für das Graben eines algenfreien Alternativkanals fehlt mir die Zeit.

Gott sei Dank wächst am Grund der Dahme ein buchstäblich erschreckend hartes, kratziges Kraut, und ich zucke jedes Mal zusammen, wenn mich das subaquatische Gestrüpp streift. Dieser Ur-Grusel, so unangenehm er auch ist, lenkt immerhin für Momente vom giftigen Blaualgensalat ab.

Am Sonntagmorgen in aller Frühe unternehme ich einen neuen Versuch, und zwar in einem »Shorty«, einem Neoprenanzug mit kurzen Ärmeln und Beinen, ohne Beratung und Anprobe erworben im Internet. Ach, hätte ich mich doch beraten lassen! Zunächst verläuft alles ganz launig: Ich überquere die um diese Uhrzeit bootslose Dahme und fädele in den Schloßgraben ein, der die gleichnamige Insel vom Luisenhain trennt. Seine Gewässerqualität muss erstaunlich gut sein, wenn ich die reichlich vorhandenen Teichmuscheln richtig deute. Allerdings ist er schmal wie eine mittelalterliche Gasse und so flach, dass sich in ihm schwerlich schwimmen lässt. Also steige ich – mal wieder – auf den Vierfüßlerbetrieb um, ganz vorsichtig, damit ich keine Muscheln zerdätsche. Auf der Rückseite des Köpenicker Schlosses geht es dann zurück, und meine Schulter ziept. Diesmal ist es allerdings vor allem die linke, und nur die Haut ist betroffen. Aber was heißt schon »nur«? Als ich wieder am Steg vorm

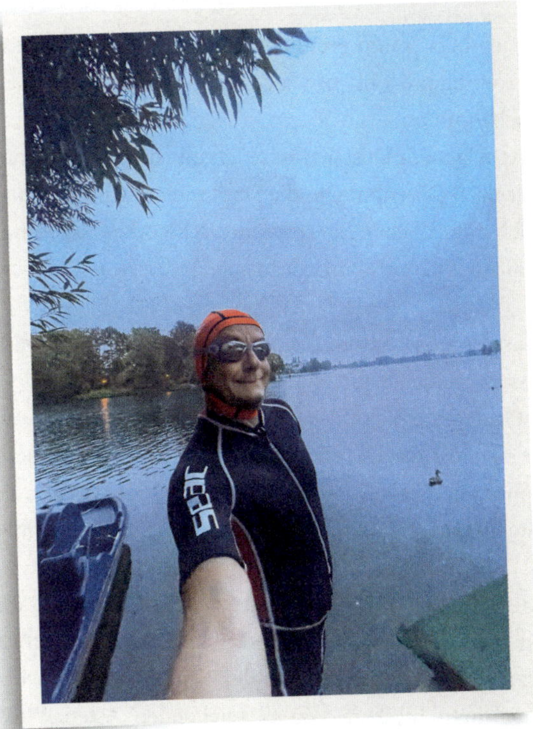

Auch im Neoprenanzug gilt: immer eine Armlänge Abstand.

Pentahotel ankomme und den Reißverschluss des Neos öffne, grinst mich das rohe Fleisch an, striemig enthäutet, und ich konstatiere, dass die Passform wohl nicht optimal ist. Im Kleingedruckten lese ich denn auch, dass der Shorty für Wassersportarten, Surfen und Schnorcheln geeignet ist – vom Langstreckenschwimmen steht da nichts.

Als ich im Internet mit meiner Inselumrundung prahle, werde ich ausgelacht. Der Köpenicker Schloßgraben sei doch ein Abwasserkanal, darin könne man unmöglich schwimmen! Ich zweifle kurz an meiner Teichmuschel-Bestimmungskompetenz und erinnere mich an Thailand, wo ich schon in ganz andere Consommés gestippt wurde, weil das Drehbuch es vorsah. Eine andere Facebook-Kommentatorin freut sich, dass ich auf meinem Belegbild eine Schwimmboje dabeihabe, findet es aber unverantwortlich, dass ich offenbar unbegleitet unterwegs bin – sicher sei das nicht!

Nun ja, ich habe kaum Freunde, die bereit wären, während der Blaualgenblüte sonntagmorgens um sechs mit mir durch Berliner Abwasserkanäle zu schwimmen.

Nach extra langem Duschen reise ich mit suppendem Torso anschließend weiter nach Oldenburg, in die Stadt meiner Kindheit und Jugend.

Bevor ich meine lieben Eltern beehre, schlendere ich vom Hauptbahnhof erst mal zur Alten Militärbadeanstalt an der Hunte und erledige mein Tagwerk.

Raus aus der Hose, rein in das moorige Braun, flussaufwärts, Richtung Wildeshausen, meine Geburtsstadt.

Erster Eindruck: Hui, ist das frisch! Wir schreiben den 8. September, es ist halb elf Uhr vormittags, und zum allerersten Mal auf meiner Heldenreise verspüre ich eine gewisse Kälte. Nichts Dramatisches, aber doch so, dass ich die Strecke mutwillig verkürze, nur eine halbe Stunde im Wasser bleibe.

Nicht nur die Frische imponiert, sondern auch das arkadische Landschaftsbild. An den Ufern verdecken Schilfgürtel die Infrastruktur der Deichwege, und auf der Hundsmühler Seite grüßen gravitätisch große Weiden mit ihren bis zum Wasser reichenden Ästen. Wie der servile Bückling eines Staatsbeamten beim Wiener Kongress sieht das aus, und ich grüße kleinlaut zurück.

Ich gleite durch mein Heimatgewässer wie ein Kahn auf den Kanälen in den alten Kommissar-Maigret-Filmen, und ein feiner Sprühregen wäscht alle Kolorierungen Richtung Weser, übrig bleibt nur grobes, kontrastreiches Schwarz-Weiß, und eine französische Musette dudelt chromatische Phrasen, ganz leise, im oberen Register.

Fröstelnd kehre ich um und nehme ganz ohne eigenes Zutun Fahrt auf. Sieh an, die Strömung, Freund aller Faulpelze!

Nach dem Abtrocknen spaziere ich zu meinen Eltern, die nicht weit weg wohnen.

»Wo warst du? In der Hunte? Ja, darf man denn da überhaupt schwimmen?« – die Frage meiner Mutter ist nicht unberechtigt – gerade wurde der in das Schwimmbad »Olantis« integrierte Huntearm für den Badebetrieb gesperrt, unter anderem wegen Pseudomonas, wie ich einem Artikel der »Nordwest-Zeitung« entnehme.

Pseudomonas? Nie gehört, Moment ... laut Wikipedia sind Pseudomonaden ubiquitär, also allgegenwärtig in der Umwelt, es handele sich daher um einen sogenannten »Pfützenkeim«. Als sogenannte »opportunistische Krankheitserreger« können sie die Tuberkelkrankheit beim Olivenbaum verursachen, sind mitverantwortlich für das Kastaniensterben, die Fleckenseuche bei Süßwasserfischen und, last but not least, sind sie eine Gefahr für Menschen mit geschwächtem Immunsystem.

Nun bin ich weder ein Oliven- oder Kastanienbaum, auch kein Karpfen, und ein geschwächtes Immunsystem sollte ich eigentlich auch nicht haben, da man ja gemeinhin annimmt, dass tägliches Schwimmen dieses stärke.

Ein Paar Wiki-Klicks weiter werden mir andere Keime vorgestellt, die Schwimmer krank machen, ja töten können, etwa *Leptospirosis icterohaemorrhagiae.*

Ja, allein schon das Lesen dieses langen Namens kann Schwindelanfälle auslösen, vor allem jedoch verursacht das Bakterium die berüchtigte, aber sehr seltene Weil'sche Krankheit, die Grippesymptome, Gelbsucht, Herz- und Nierenentzündung praktisch miteinander kombiniert. Na, Prost Mahlzeit!

Nach der Recherche bin ich etwas verunsichert. Dass ich in Hamburg mutwillig vom Alsterwasser nippte, war womöglich nicht der schlauesten Taten eine.

Ich nehme mir vor, bei zweifelhafter Wasserqualität wenigstens eine Grundregel zu beherzigen, die da lautet: Mund zu! Da ich Wasser vornehmlich beim Kraulen schlucke, habe ich ein weiteres Argument für betont umsichtiges Omabrüsteln.

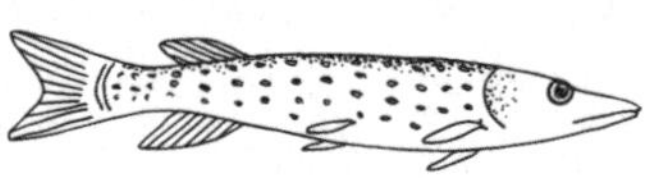

Wiener mit Flutschfinger

•••••••••

Das Highspeed-Potenzial des Flussschwimmens lerne ich ein paar Tage später noch einmal ganz neu kennen, und zwar in Bremen. Zunächst einmal: »Freund aller Faulpelze« stimmt natürlich nur dann, wenn man sich ausschließlich flussabwärts treiben lässt. Wie schon die heimatliche Hunte, beschwimme ich auch die Weser erst einmal flussaufwärts, in naturgemäß reduziertem Tempo.

Über derlei Unwichtigkeiten zerbreche ich mir aber an diesem Septembermorgen weniger den Kopf. Zunächst fürchte ich rätselhafterweise um meine Klamotten, die ich in einem Gestrüpp beim Yachthafen am Weserbogen ablege.

Der Gedanke, dass jemand während meiner Abwesenheit meine Habe plündert, war mir bisher nie gekommen, zum einen, weil meine Plünnen eh nur partiell dem Mehrheitsgeschmack entsprechen, zum anderen, weil ich die bodenlose Unverfrorenheit, einem klatschnassen älteren Herrn in Badehose Handtuch und Wechselkleidung zu verwehren, schlichtweg keinem meiner aktuell acht Milliarden Artgenossen zutrauen würde.

Dass sich ausgerechnet hier hinterm Osterdeich die Angst, nackt im Wind zu stehen, erstmals meiner bemächtigt, hat gewiss nichts mit irgendwelchen regionalen Besonderheiten der Stadt Bremen zu tun.

Im Gegenteil: Spätestens seit meinem Zivildienst im Ortsteil Walle trage ich die Bremerinnen und Bremer in einer plüschigen Kammer in meinem Herzen mit mir herum.

Und meine Wechselzone hat obendrein Blick aufs Weserstadion, die Heimstadt meines liebsten Fußballvereins! Das sollte mir Vertrauen einflößen, wenngleich nicht wenige Konkurrenzteams in den letzten Jahren reichlich Punkte aus dem Weserstadion mitgenommen haben – die Bremer Tore schienen bisweilen nicht besser gesichert als die Kleidung, die ich am Ufer zurücklasse.

Mein Herz schlägt höher, als ich im bemerkenswert warmen Wasser das Weserstadion passiere, und noch höher, als sich von hinten ein Binnenmotorschiff der 3000-Tonnen-Klasse nähert.

Nanu! Las ich nicht auf der Internetseite der Stadt Bremen, dass Baden in der Weser zwischen Sielwall-Fähre und Hemelingen erlaubt sei? Schwimmt man hier also in friedlicher Koexistenz mit den Berufsschiffern? Im Eiltempo räume ich die Fahrrinne und hocke mich auf einen Stein in Ufernähe.

Der Kapitän grüßt mit Zigarillo zwischen den Zähnen, ich grüße ohne Zigarillo zurück. Ganz nebenbei fällt mir ein, dass für alle Raucher, die ihrem Laster nicht beim Sporteln frönen wollen, Schwimmen ideal ist: Unter den Klippen ist Schluss mit den Kippen, in der Elbe wird kein Finger gelbe.

Nach einer guten halben Stunde trete ich den Rückweg Richtung Nordsee an, und es fühlt sich an, als habe jemand auf die »Fast forward«-Taste gedrückt.

Heißa, wie ein Hai zische ich durch die Hansestadt, und ich muss aufpassen, dass ich nicht meine Aussteigestelle am Klamottenberg hinterm Yachthafen verpasse und geradewegs bis Helgoland durchdüse. Jetzt hurtig nach rechts kraulen!

Erst hinterm Stadion wird mir der Grund für das Tempo klar: Wir haben ablaufend Wasser, und die letzten zehn Meter lege ich nicht schwimmend, sondern durch knietiefen, tabakbraunen Schlick staksend zurück.

Ich bin begeistert, zum einen, weil ich meinen Besitz ungeplündert wiederfinde, zum anderen, weil ich mir sogleich vornehme, den Geschwindigkeitsrausch zu wiederholen, spätestens nächstes Jahr, wenn der Winter vorüber ist.

Und der Winter wird kommen. Noch habe ich keine Ahnung, wie ich ihm begegne. Neopren? Nur in der Badehose und dafür kürzertreten? Oder flüchte ich mich nach Süden, dorthin, wo die Zitronen blühn?

Der Besuch von Schwimmbad-Außenbecken wird wahrscheinlich nicht möglich sein, jedenfalls nicht in städtischen Schwimmbädern: Der Krieg in der Ukraine macht Energiesparen notwendig, und die von mir ursprünglich anvisierten Bäder, etwa das Dantebad in München oder das Agrippabad in Köln, schließen zum 1. Oktober.

Meine persönliche Energiesparbilanz ist schon jetzt gar nicht übel: Ich dusche nur alle paar Tage. Mag sein, dass Hunte- und Weserbäder meinen Körper nicht ganz so gründlich säubern wie jedes noch so hastige Abseifen unter der Dusche, aber meistens fehlen mir Lust und Muße, mich zusätzlich zum täglichen Fluss- oder Tümpelbad auch noch ins Badezimmer zu bequemen, vom umständlichen Aus- und Anziehen ganz abgesehen, zumal der Sockenwechsel mit zunehmendem Alter sportlichen Charakter hat – und älter werde ich jeden Tag!

Und jetzt, wo ich gerade mal festen Grund unter den Füßen spüre: Wo stehe ich überhaupt mit meiner Schwimmerei? Ist's eine Liebesheirat oder eher eine Vernunftehe?

Puh, aktuell schwer zu sagen. Irgendwas dazwischen.

Wir schreiben den 16. September, und ich bin mit Kollege Bernhard Hoëcker nach Jena gereist, um bei der altehrwürdigen Fuchsturmgesellschaft unser »Gute Frage!«-Programm zum Besten zu geben. Es ist Mittag, und ich lungere am Schleichersee herum, die zur Badeanstalt umgerüstete Kiesgrube eines Bauunternehmens, das einem Herrn Schleicher gehörte, wie mir die nette Dame an der Kasse erklärt.

Der Kiosk »Strandschleicher« feiert just heute den letzten Tag der Badesaison, und die Vorräte sind aufgebraucht. Zum Mittagessen kann

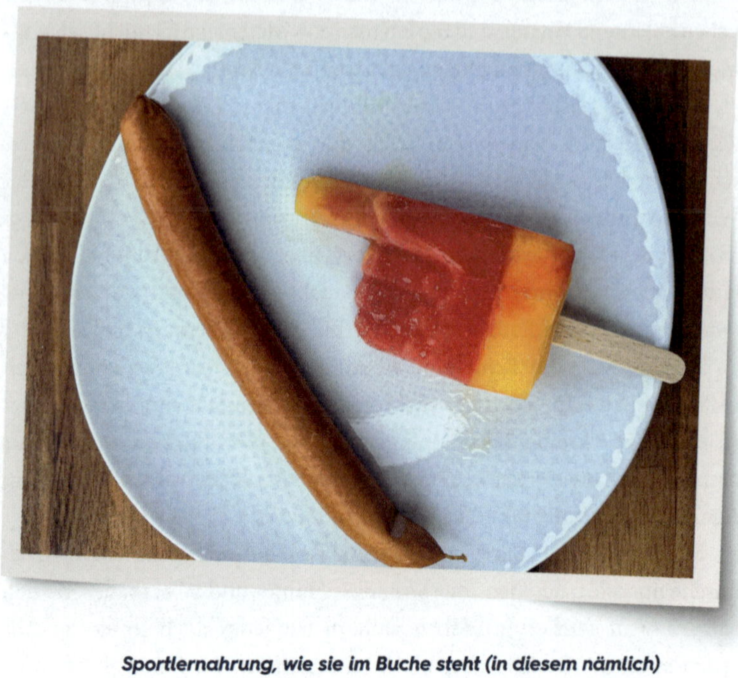

Sportlernahrung, wie sie im Buche steht (in diesem nämlich)

mir der Wirt nur noch Wiener Würstchen mit einem Flutschfinger als Sättigungsbeilage anbieten. Ich beiße beherzt in beides hinein und versuche mich an einer Saisonbilanz:

Stattliche 77 Badetage in Folge haben wir – das Wasser und ich – hinter uns gebracht und noch mehr spannende Erlebnisse gesammelt: die Sieben-Seen-Tour rund um Füssen, gemeinsam mit Sportfreund Hannes. Die unfreiwillig verlängerte Durchquerung des Ammersees, zusammen mit meinem lieben Schwiegervater. Quer durch den Starnberger See, ein Vorhaben, das glatte 20 Jahre auf meiner Bucket-List versanden musste, ehe ich Ernst machte – die Notiertinte war schon ganz ausgeblichen!

Ferner: die Umrundung der Köpenicker Schlossinsel, mit meiner Schwester beim »Traumschiff«-Pianisten, Hamburg aus der Alsterperspektive … und während ich dies, in meine Würstchen/Eis-Kombi beißend, notiere, juckt die Schulter, äußerlich und innerlich.

Bis die schorfigen Striemen restlos verschwunden sind, wird noch so mancher Herbststurm über den Ammersee ziehen, und ob die Kalknester unter der geschundenen Haut durchs Schwimmen verschwinden werden, weiß zur Stunde niemand. Womöglich markiert das Ende meines Streaks eine schnöde Schulteroperation, schluchz. Aber vielleicht passiert ja auch ein heilwässriges Wunder?

Der Unwägbarkeiten sind viele. Fest steht: Schon bald wird es kalt. Was wird dann wohl werden?

Jena Doodle Jump

Zweimal treten Bernhard Hoëcker und ich im Jenaer Fuchsturm auf, und am zweiten Tag wage ich mich vormittags in die Saale, trotz zweifelhafter Wasserqualität.

Nachdem es heuer bei einigen Teilnehmern gesundheitliche Probleme gab, hat der Verein Saaleschwimmer e.V. das große Saaleschwimmen nach 16 Austragungsjahren in den Heidesee verlegt – was den Vorteil hat, dass ich das hübsche Flüsschen ganz für mich allein habe.

Hübsch ist allerdings untertrieben, zumal die Gegend, in der ich mein Bad zu genießen beabsichtige, Paradies heißt.

Direkt am ehemaligen ICE-Bahnhof beginne ich das Ufer zu studieren und entscheide mich für den »Strand 22«, eine hippe, halb offene Gastwirtschaft. Ob ich meinen Rucksack schon mal am Tisch deponieren dürfe? Nach dem Bade werde ich zum Heißgetränk einkehren. Na klar! Der Wirt wirkt kompetent und gibt wertvolle Tipps: Ich solle bis über die Gewässermitte hinaus waten, dort werde es dann tief genug, um die Saale als Gegenstromanlage zu nutzen. So mache ich's, mit einem gewissen Respekt vor der Strömung auf der Gaststättenseite.

An der empfohlenen Gumpe fließt das Wasser in passendem Tempo, sodass ich a weng über mein normales Maß hinaus beschleunigen muss. Ich genieße die Frische des Wassers, den jetzt schon gelungenen Samstagvormittag und schließe die Augen, um mich feinsensorisch der Introspektion zu widmen.

Rumms! Aua, mein Kopf! Was war das? Verdatterter Augenaufschlag. Ein abgesägter Ast hat mich an Kinn und Nase getroffen. Ehe ich ertasten kann, ob's blutet, kommt auch schon der nächste und ich weiche nach steuerbord aus. Kaum hat dieser zweite Ast mich passiert, kommt ein Büschel Heckenschnitt, der mich nach Backbord zwingt, und so geht es eine ganze Weile weiter, wie bei Doodle Jump, der beliebten Handy-Daddelei.

Rechts ran, Füße auf den Grund zur Kinnkontrolle: nein, alles heil, weitermachen. Neue Gartenabfälle treiben heran, angereichert durch eine halbe Grapefruitschale.

Verstehe: Da hat jemand seinen Garten aufgeräumt und sich mit einer Pampelmuse gestärkt. Einerseits schüttle ich ob des kleinkriminellen Umweltvergehens den Kopf, andererseits erinnert mich die Grapefruitschale daran, dass jetzt durchaus Zeit für ein zweites Frühstück wäre. Und kaum ist das Hüngerchen erspürt und ein paar weiteren Buchsbaumbüscheln ausgewichen, treibt ein sonderbares Kleinwasserfahrzeug an mir vorüber, nämlich ein augenscheinlich frisch belegtes Pausenbrot, nur noch halb eingewickelt in seine Butterbrotpapierhülle. In der Roggenklappstulle meine ich eine Scheibe Edamer zu erkennen, garniert mit einer Tomatenscheibe. Zugreifen? Nein, lass es bleiben, sage ich mir, die Saaleschwimmer wechseln gewiss nicht umsonst in den Heidesee.

Nach einer halben Stunde Schwimmdaddeln krabbele ich aus der Saale, bestelle mir einen heißen Chai plus Kirschkuchen und zittere. Nicht nur ein bisschen, wie kürzlich in Oldenburg, sondern echtes, wildes Zittern, sodass beim Nippen am Tee Vorsicht vonnöten ist.

Oh, wie habe ich das vermisst! Lange her, dass ich so gefroren habe, das letzte Mal im Frühjahr 2014, als ich mich Ostern im Gardasee auf die Bodenseequerung vorbereitet habe, ein fast verschüttetes Gefühl.

Der ganze Körper verkrampft, macht sich vom Kontrollzentrum unabhängig, und der Steuermann schaut hilflos auf die zuckenden, konvulsiv rudernden Hände und darf selbige in den Schoß legen. Jetzt heißt es: Abwarten und Tee trinken.

Warum ist die Saale so kalt? Liegt die Quelle in Sibirien? Na ja, am Großen Waldstein im Fichtelgebirge – also so ähnlich. Offenbar reicht die Fließdauer von dort bis nach Jena für eine komforttaugliche Erwärmung nicht aus, oder die eingebrachten Gartenabfälle und Lebensmittel sind gekühlt – Thüringen, Hotspot der Tiefkühlkost-Verklappung? Hierüber sinniere ich, krampfhaft den heißen Teepott umklammernd.

Den netten Leuten vom »Strand 22« möchte ich an dieser Stelle ausdrücklich danken – ich verdanke auch ihrer Gastfreundschaft eine höchst angenehme Bibberpremiere in der mit diesem Tag beginnenden Herbstsaison.

Ab jetzt gilt es, jeden Sonnenstrahl, jede wohlig-warme Brühe, und sei sie noch so abgestanden, jeden dampfenden Pfuhl, jede einigermaßen laue Wasserlinse besonders bewusst zu genießen.

Nach fulminantem Auftritt fahren Bernhard und ich mit unserer Tourmanagerin Renate durch prasselnden Regen nach München, und ich studiere auf der Rückbank in der Komoot-App geeignete Pausengewässer. »Habt ihr Lust auf eine kleine Rast an der Bleilochtalsperre?« Meine Freunde sind sogleich begeistert (was sollen sie auch sonst sein – sie wissen um meine selbst auferlegte Schwimmpflicht) und wippen vergnügt im raschen Takt der Scheibenwischer. »Wenn ihr mögt, könnt ihr gerne ein paar Bilder von mir machen, bitte.«

Und ob sie mögen! Kurz vor der Wettera-Brücke ebbt der Regen ab, ich steige aus und wandere hinab zum Ufer, während meine Freunde in luftiger Höhe hinterm Brückengeländer ihre Fotoschießeisen entsichern.

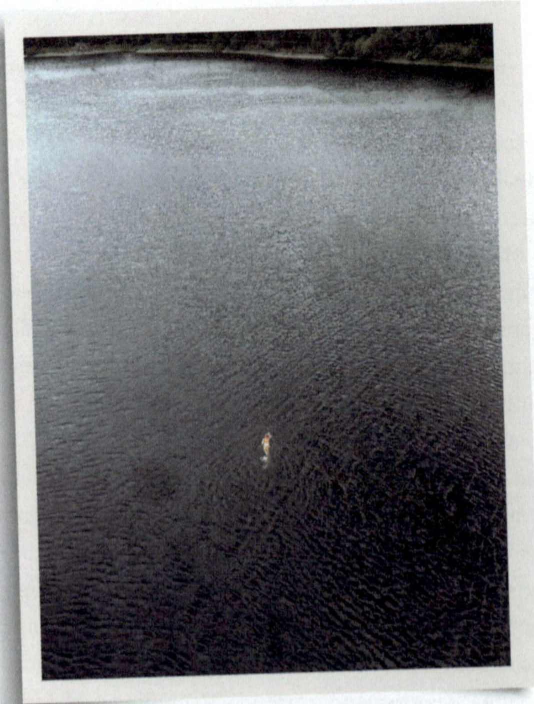

Wegen Überfüllung geschlossen wird die Bleilochtalsperre im Herbst eher selten.

Der Name dieser wasserreichsten aller deutschen Talsperren kommt von den Bleilöchern, in denen vor der Flutung das silbergraue Silvestermetall abgebaut wurde – und grau sind auch die Wolken und das Wasser, sogar die Fichten an den Uferhängen gucken bleiern.

Ich denke an die Bleirohre in Altbauten und hoffe, nach Ablauf meines Schwimmjahres nicht ähnlich sanierungsbedürftig zu sein wie diese.

Wenigstens, so freue ich mich beim Eintauchen, kommt mir das Wasser wärmer vor als gestern. Meine Freunde filmen von oben herab, und ich schwimme ein gleichschenkliges Dreieck zwischen Schmiedekuppe, Wetterberg und Mastengasse – in allen Lagen (außer Schmetterling), um die Bilderbeute zu veredeln.

Merke: Hohe Brücken ermöglichen prächtige Supertotalen, ohne die Verlustgefahr, die immer dann im Spiel ist, wenn man mit einer Drohne übern See fliegt. Manch Seeforelle hat schon nach ihnen geschnappt!

Überhaupt, die Sache mit den Fotos. Früher soll es Zeiten gegeben haben, in denen man die schönsten Bilder im Herzen trug – oder man pinselte rasch ein Aquarell, heute fast monochrom, mit viel Grau für oben, unten, vorne, hinten sowie ein bisschen Pink für das Treppengeländer.

Statt den Malkasten zu bemühen, knipse ich tagtäglich Bilder, die ich in der Athleten-App Strava und in der Insta-Story hochlade, jeweils versehen mit dem lütten Emoji-Schwimmer und der Kennzahl des vollendeten Badetages.

Zum Gebrauch der sozialen Netzwerke bin ich verdammt, schon von Berufs wegen, und da freue ich mich, wenn ich täglich nachlegen kann, ohne allzu viel nachdenken zu müssen. Grob formulierte Monatsbilanzen veröffentliche ich überdies im ach-so-toten Facebook, da ich hier, gleichsam in den tiefsten Tiefen des Internets, die Oma Marthas der Jetztzeit vermute.

Um mein Repertoire zu erweitern, lege ich mir nach vielen Jahren erstmals wieder wasserdichte Einwegfilme zu, so richtig auf Zelluloidbasis, und zum ersten Mal überhaupt einen Selfie-Stick.

Als ich zu einer Fotosafari ansetzte, bei der ich den – zusammengeschobenen – Stick nebst Kamera im Schritt meiner Badehose mitführe, sorge ich allerdings, noch am Ufer, für große Augen bei einem älteren Passantenpaar im Loden-Look. Pardon, war keine Absicht.

Auch eine unterwassertaugliche GoPro besorge ich mir bzw. »Wolfgang« – so heißt ein preiswerter Nachbau, nebst Kopfgurt –, ohne genau zu wissen, was ich damit in den kommenden Monaten anzustellen gedenke.

Die Schlechtwetterperiode hält an, starker Wind sorgt für Wellengang auf dem Ammersee, und so hole ich den bereitliegenden Langarm-Neoprenanzug aus dem Kleiderschrank – ein Triathlon-Modell und darum hoffentlich hautfreundlicher als das billige Schnorchelding. Meine offenen Schulterstellen sind verheilt, das Anziehen ist zwar langwierig, aber immerhin schmerzfrei.

Nun ist am rückwärtigen Reißverschluss ein Band befestigt, mit dessen Hilfe das Ironman-Kostüm in der Wechselzone selbsttätig zu öffnen ist, aber zunächst einmal muss der Reißverschluss im Nacken eingerastet werden – eine Übung, für die mir alle Fertigkeiten abgehen: Beweglichkeit, Motorik und Geduld.

Schon nach wenigen Fehlversuchen fluche ich herzhaft und bitte Teresa, mir zu helfen.

Sie ist gerade anderweitig beschäftigt, kocht, telefoniert, lädt gleichzeitig eine Insta-Story hoch und bindet unserer Tochter die Schuhe zu. Ich muss einige Momente warten.

Vielleicht habe ich einen schlechten Tag, vielleicht bekommt mir auch das strenge Erdölaroma nicht, das dem frisch geernteten Neopren entströmt. Jedenfalls versinke ich in Missmut und muss mich zwingen, mir die Montur nicht stante pede wieder vom Leib zu reißen. Als Teresa den Reißverschluss schließlich schließt, ist mein Urteil bereits gefällt: Etwaige Vorteile eines Neos können den Nachteil des Unabhängigkeits- und Zeitverlustes niemals aufwiegen.

Trotzdem radle ich im Anzug zum Löwen, stürze mich in die Gischt und stelle sogleich die veränderte Wasserlage fest: Man taucht weniger tief ein, auch die Beine, was beim Kraulen günstig ist, nicht jedoch beim Brustschwimmen – da wird das Kinn gleichsam unter Wasser gedrückt.

Also absolviere ich die Strecke halb kraulend, halb auf dem Rücken, lasse mich von den Wellen überspülen und schlucke reichlich Wasser. Ich suche mir einen Sündenbock und kapriziere mich auf den Neoprenanzug. »Du bist eine große Enttäuschung, Freundchen«, huste ich in durchweichtem Zorn und lege, da ich doch nun schon mal im Wasser bin, zweieinhalb Kilometer zurück, ganz ohne zu frieren. Mir schwant, dass der Neo, neben allen anderen Nachteilen, auch dem Training meiner Kälteresistenz schlecht bekommen dürfte, und ich beschließe fürs Erste, ihn nur dosiert einzusetzen.

Der Idealfall, so schwadroniere ich innerlich, wäre es, in Badehose den Winter durchzuschwimmen – für das An- und Ablegen des Neos bin ich schlichtweg zu faul.

Nun ja, ist ja noch ein Weilchen hin. Bis dahin kann man weitere Ausrüstungsgegenstände testen, etwa einen warmen, langen Mantel, den ich beim Oldenburgbesuch gemeinsam mit meiner Mama ausgesucht habe, qualitativ ein, nun ja, eher unauffälliges matschfarbenes Steppwerk aus reiner Kunstfaser im Takko Style. Dazu besorge ich mir hohe Stiefel mit Lammfellfutter. Diese Kombi über der Badekleidung sollte mutmaßlich ausreichen, um den Weg zum See und zurück zu absolvieren – bei jedem

Wetter. Der erste Test verläuft positiv, und ich komme mir vor wie ein gerissener Spezial-Couturier, der einen für Nicht-Eingeweihte unentzifferbaren Stil ersonnen hat, zumal, wenn ich ihn um meine Kosmonauten-Badekappe ergänze. In dieser Montur wäre ich auch im Nachtleben in Kreuzberg oder Soho ein Hingucker. Ob ich's beizeiten einmal ausprobieren werde?

Ich bin der Wendler

Seenot, weil ich nichts sehe. Der September geht zu Ende, das Wasser im Ammersee ist nur noch schlappe 13 Grad warm. Immerhin komme ich noch gut übers Kinderfahrrad-Wrack hinweg zum weißen Sonnenschirm und zurück, macht insgesamt 1,6 Kilometer, ehe ich daheim versuche, mich an der Teetasse zu wärmen, ohne ihren Inhalt auf meinen Schoß zu verzittern.

Heute jedoch habe ich ein Problem: Nebel suppt über den See und zwar nicht zu knapp. So dicht, dass ich nach einigen Hundert Metern komplett die Orientierung verliere. Kein schönes Gefühl, zumal ich mich noch nicht winterfit fühle – wenn man sich beim Joggen oder Radeln verirrt, wirft man einen Blick auf die Karte, steuert die nächste Tankstelle an und lässt sich beraten oder irrt einfach so lange kreuz und quer herum, bis man wieder weiß, wo's langgeht.

Auf dem See sieht die Sache völlig anders aus. Keine Karte, kein Handy, keine Tankstelle weit und breit, und die Verweildauer im See ist nicht unbegrenzt: Nach einer Zeitspanne X droht Hypothermie, also Unterkühlung. Erst schwindet das Gefühl aus den Extremitäten, Motorik und Wasserlage verschlechtern sich, später lässt auch die Fähigkeit zur kritischen Analyse nach, sodass der Betroffene auf die Frage, wie er heiße, auch schon mal mit »Butterbrot«, »Liegestuhl« oder »der Wendler« antwortet. So weit darf man es nicht kommen lassen! Allerspätestens wenn man meint, das Wasser sei gar nicht kalt, sondern wohlig warm, sollte man selbiges am besten bereits verlassen haben, rückwirkend, und zwar zack, zack!

Hm. Wo könnte das Ufer sein? Hinter mir? Steuerbord? Jetzt nur keine Panik. Ich versuche mit den Füßen den Grund zu ertasten, aber da ist keiner. Runtertauchen? Anhand der Tiefe könnte man abschätzen, wie weit man vom Ufer entfernt ist. Nein, Unsinn, darum geht's ja gar nicht. Ich muss wissen, wo der Ausgangspunkt ist oder, im zweitbesten Falle, irgendein Ufer für jenen Notfall, der in Bälde einzutreten droht. Praktikabel vielleicht auch: eine Spirale schwimmen, so ähnlich, wie es Kreuzfahrtschiffe nach dem Kommando »Man over board« handhaben. Allerdings ist hier niemand über Bord gegangen, zefix, ich will ja lediglich wissen, wo ich bin. Konzentriert starre ich in die Milchsuppe hinein, suche nach irgendwelchen Umrissen, am besten solchen von Bäumen oder anderem Festlandsinterieur.

Ganz langsam taucht ein gewisses Unwohlsein aus den Tiefen meiner Seele auf und wird zum Treibgut auf der seichten Pfütze meines Wohlbefindens. Dort schwappt es mal hier, mal dorthin und stößt an die Ankertaue meiner Gewissheiten, etwa jener, dass ich noch immer einen Ausweg gefunden habe.

»Hallo?«, rufe ich zaghaft, nachdem ich meine, irgendetwas gehört zu haben. Ein Irrtum, klar. Ob ich friere? Nicht wirklich. Ist das ein gutes oder ein schlechtes Zeichen?

Nein, ich bin weder Butterbrot noch Liegestuhl, auch nicht der Wendler, und wenn ich beim Brüsteln meine Handflächen zusammenführe, nehme ich die Berührung durchaus wahr.

Leichte Kurskorrektur: Ich versuche mein Glück weiter rechts. Schwimme einige Minuten, kehre entmutigt um, orientiere mich zur anderen Seite. Verflucht, was soll nur aus mir werden, aus meinen Kindern, den großen, den kleinen, dem ungeborenen? Ich schlucke und beginne Trübsal zu blasen.

Und just in jenem Moment, als die Gefühlslage vollends ins Unangenehme, auch Unkontrollierbare umkippt, taucht urplötzlich, wie aus dem weißen Nichts, ein türkises Motorboot auf, mit Abdeckplane und an einer Boje befestigt.

Ha! Das kenne ich, habe ich schon Dutzende Male bewundert! Eben noch unsichtbar, nun kaum fünf Meter vor mir. Ich atme hörbar auf, ich kenne den Parkplatz dieses Bootes aus dem Effeff.

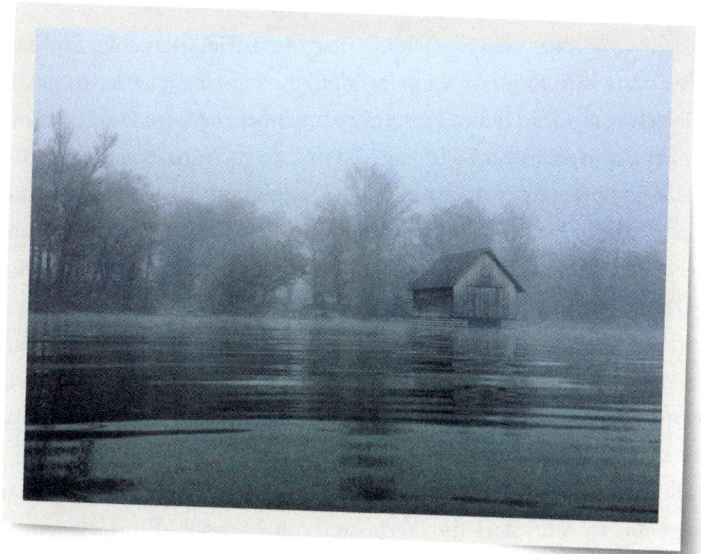

Wie in einem gruselig gefluteten Märchenwald. Gleich schwimmt Hans im Glück ins Bild oder Rumpelstilzchen – je nach Grad der Unterkühlung.

Schwer erleichtert trete ich den Rückweg an, allerdings mit Linksdrall, sodass ich nach einigen Minuten planmäßig die Baumreihe am Ufer erahnen kann. Frohgemut passiere ich die anderen, mir inzwischen wohlbekannten Boote, etwa die »Tender Orca«, die »Sun 2000« und schließlich die »Ellabätsch«.

Dann bin ich auch schon wieder im Nichtschwimmerbereich und danke Poseidon, dem Eigner des türkisenen Motorboots, und der Liegeplatzverwaltung für meine Rettung.

Raus hier, umziehen und ab ins Warme!

Ein Ritual nimmt Gestalt an: Nach dem Schwimmen koche ich mir eine Kanne Tee, begebe mich aufs Sofa im Wohnzimmer und gefalle mir als Dr. Bibber.

Ja, ich genieße das leidenschaftliche Zittern, ist dies doch eine Körperfunktion, die von uns heutigen Heizungsmenschen sonst nur selten am eigenen Leib studiert werden kann. Vor dem Zittern sind jedoch die braunen Fettzellen aktiv, entdeckt vom Naturforscher Conrad Gessner im Jahr 1551, von ihm erstmals beschrieben an Murmeltieren.

Jeder Säugling verfügt reichlich über diese Heizelemente, und lange dachte man, ihre Existenz sei beim Menschen auf Babys beschränkt. Für den Nachwuchs sind braune Fettzellen unentbehrlich, weil seine Muskeln nämlich gar nicht in der Lage sind, durch Zittern Wärme zu erzeugen.

Die Hypothese der braunzellulären Säuglingsexklusivität (selbst ausgedacht, dieser Fachbegriff) ist inzwischen revidiert, Erwachsene haben sie ebenfalls, vornehmlich in der Nähe der Schultern und Schlüsselbeine.

Durch regelmäßige Kälteexposition lässt sich die Anzahl der braunen Fettzellen erhöhen: Nach einer individuell unterschiedlich großen Anzahl Minuten im Kaltwasser sind die braunen Fettzellen mit der Wärmeregulation überfordert, und das Zentralheizungszepter wird ans Zittern übergeben.

Uff, genug der Wissenschaft für den Moment, denn Muskelzittern strengt an, so sehr, dass das Verfassen von Fachpublikationen zitternd kaum möglich ist, ebenso wie tippen, malen, Uhren reparieren oder auch nur mittelmäßig intensives Nachdenken. Der Körper arbeitet hart, und es ist gewiss legitim, die Zitterzeit zur Dauer der eigentlichen sportlichen Aktivität zu addieren.

Heiß duschen verkürzt den Aufwärmprozess übrigens nicht, kann aber zu Kreislaufproblemen führen – weil nämlich im Kaltwasser das warme Blut zur Sicherung der lebensnotwendigen Funktionen ins Körperinnere wandert und sich unter der heißen Dusche die Poren öffnen und sich das kalte Außen- allzu schnell mit dem warmen Innenblut vermischt.

Der Insider nennt den im Härtefall folgenden Kollaps lässig »Afterdrop«, und den will man nicht haben, daher: schön in Ruhe auszittern. Warme Kleidung ist gut, eine Tasse Tee wenigstens psychologisch günstig.

Eine halbe Stunde lang könnte man mir nach dem Aufenthalt im kalten Wasser ein »Außer Betrieb«-Schild umhängen, was ich gebührend feiere. Ich hab's mir aus eigenen Stücken so richtig besorgt, ganz archaisch. Wenn der Homo sapiens doch zum Zittern gemacht ist, sollten wir's auch tun!

Allerdings ist der Ammersee noch immer über zehn Grad warm, wir haben weiterhin September. Was wird im Hochwinter sein, wenn ich jetzt schon bibbere, nach einer läppischen halben Stunde?

Einige Tage später darf ich ein Amuse-Gueule genießen, einen Gruß aus der echten Winterküche, und zwar bei einem Besuch in unserer Hütte, hoch überm Zillertal. Gemeinsam mit Bernhard Hoëcker und seiner Familie sind wir seit einigen Jahren Hüttenpächter, und der Schwimmstreak wirft natürlich die Frage auf, wo man denn dort oben eintunken kann? Einerseits gibt es eine hölzerne Badewanne – in meiner persönlichen Auslegung des selbst gestrickten Reglements allerdings keine Traumlösung, zumal, wenn der Hot Tub mit jenem Heißwasser gefüllt ist, das zur Namensgebung des Tubs beitrug.

Besser ist da schon ein traumhafter Bergsee in 2100 Metern Höhe, den die Einheimischen die »Schafslacke« nennen, eine fantastische Badestelle mit genau einem Makel: Anfang Juni fällt sie erstaunlich zügig trocken. Meine Privattheorie: Der See wird von Schmelzwasser gespeist, und er hat einen unterirdischen Abfluss, der mit einem Eispfropf verstopft ist. Sobald dieser im Spätlenz den Aggregatzustand wechselt, ist Schicht mit Schwumm, und die vordem reichlich umhertollenden Molche müssen aufs Sozialamt und Stütze beantragen.

Gleich neben der Schafslacke gibt es jedoch noch einen kleinen moorigen Tümpel, hüfttief und mit Traumblick in die Kitzbüheler Alpen, der nicht nur ganzjährig Wasser führt, sondern sogar überquillt, quasi eine schlammgründig verpfützte Quelle. Ihr traue ich zu, mein Badebedürfnis zu stillen – sofern es mir im Hochwinter gelingt, die darüberliegende Schneeschicht abzutragen und das Eis aufzuhacken. Wie ich sodann eine Aktivität entfalte, die über das Baden hinaus geht und das Prädikat »Schwimmen« verdient – das sehen wir, wenn's so weit ist.

Das Einsteigen in Eislöcher, sagt mir der berühmte gesunde Menschenverstand, ist nicht frei von Risiken, und es kann nicht schaden, sich rechtzeitig mit den örtlichen Gegebenheiten vertraut zu machen. Also los: Bei trübem Herbstlicht schultere ich den Schwimmrucksack und wandere zum Loch meines Vertrauens. Der Bergsommer ist vorbei, und der erste nasse Neuschnee des Jahres flackt auf den welken Wiesen.

Noch ziert keine Eisschicht den Tümpel. Ich entledige mich meiner Kleidung, eine Badehose ist hier überflüssig, dann wage ich mich ins Wasser.

Schock. Ich hyperventiliere, zwinge mich mit der inneren Brechstange zum ruhigen Atmen. Alles in mir schreit um Gnade, bettelt um sofortigen Rückzug. Wie kalt mag das Wasser sein? Minus zehn? Minus zwanzig?

Nein, geht ja nicht, bei null Grad gibt's serienmäßig eine Deckelung. Realistisch irgendwas zwischen drei und sechs, was sich immerhin so anfühlt, als würde mir ein Krokodil die Hände abbeißen. Der Rest des Körpers ist sofort tot bzw. betäubt, wird erst wieder spürbar, als elektrische Ströme an den Unterseiten meiner Arme entlang kribbeln, vor allem, wenn ich die Arme strecke und meine Fingerspitzen rumpfwärts biege. Wahrscheinlich eine Nervenirritation – meinen Axonen sind derartige Verhältnisse bisher ebenso unbekannt wie meinem Rest-Ich.

Das neue Gefühl ist buchstäblich atemberaubend, aber auch einschüchternd. Gehe ich jetzt sofort kaputt? Wie ist das Kribbeln an den Armen zu deuten? Kann man sich auf diese Weise selbst einen ernsthaften Stromschaden zufügen? Was, wenn meine Hände tatsächlich abgebissen sind? – Wenn schon nicht von einem echten Nilkrokodil, dann doch von einer Kältetrugechse, mit gleichem Resultat: ab in die Notaufnahme.

So eingeschüchtert, brüstele ich kleinlaut ein paar Meter zum anderen Ufer, wende im verkrauteten Morast, schwimme zurück. Angestrengt horche ich in mich hinein. Im Sommer war ich mir sicher: Schwimmen ist gesund. Als die Badesaison endete und ich weitermachte, sagte ich mir: Schwimmen mag gesund sein, aber es kommt drauf an. Und jetzt, zwischen den Krokodilkiefern, die Bizeps zu Reizstromleitungen umgewandelt, fehlen mir die Worte. Ich bin innerlich überwältigt von eimerweise Hormonen, Adrenalin, Noradrenalin, Serotonin, Flugbenzin, und gleichzeitig stolz, dass ich nicht gleich rückwärts wieder rausgestolpert bin, ich Maschine.

Jetzt noch viermal hin und her, dann müsste ich 100, vielleicht sogar 200 Meter tapfer erkämpft haben. Wer streichelt mir denn da so anerkennend übers Haupt? Bis du's, Mama? Nein, es sind nur ein paar neugierige Schneeflocken, die wissen wollen, was der nackte Onkel dort im unsichtbaren Krokodilmaul verloren hat. Für einige Augenblicke (Minuten?) beruhige ich mich, genieße mein Eingeschüchtert-Sein. Ungefähr so mag sich die heilige Notburga gefühlt haben, nachdem sie ihre Sichel zum Himmel geworfen hatte und diese an einem Sonnenstrahl hängen blieb. Hier allerdings sind keine Sonnenstrahlen zu sehen, auch keine Sichel, nur zehn Meter kaltes Wasser vor mir, die normalste, langweiligste Flüssigkeit, die es gibt – müsste man meinen, und in mir herrscht allgemeiner Aufruhr,

Fassungslosigkeit, Düi-düi-düi schreien die Alarmsirenen. Irgendwer hat mir mal über Heroin erzählt, dass man nach dem »Schuss« von einer sanften Woge durchflossen wird, und alle Sorgen, alle Probleme weichen der Wärme. Hier, auf 2100 Metern Höhe, ist die Woge unsanft, ja brutal, und alle Sorgen, alle Probleme weichen der Kälte. Mein Tümpel ist sozusagen das Gegenteil von Heroin, vor allem ist er deutlich preiswerter. Aber das kalte Wasser, so viel lerne ich an diesem Tag, bannt alle Sinne: Es ist nicht möglich, über die Steuererklärung nachzudenken, die bevorstehende Silberhochzeit oder ob man die Kaffeemaschine hat laufen lassen, während einem das Krokodil die Hände abbeißt.

So. Noch eine Bahn, dann hätten wir's. Beim Verlassen des Tümpels erschrecke ich. Himbeerfarben ist meine Haut, wohl Folge des ins kärcherhafte beschleunigten Bluttransports. Die Panik weicht nunmehr unverdünnter Zufriedenheit. Das war sie, meine Feuertaufe, wenngleich das mit dem Feuer ein wenig abseitig erscheint.

Schlotternd stapfe ich zurück zur Hütte, noch eine ganze Weile berauscht von dem, was mir da widerfahren ist.

Daheim in Herrsching unternehme ich einen weiteren Versuch mit Neoprenanzug im kabbeligen Ammersee. Wieder werde ich überspült und schlucke reichlich Seewasser und mutmaße, dass das winterliche Schwimmen nicht zwangsläufig zum muckeligen Kaminabend wird, nur weil man einen Neo trägt. Vielmehr erinnert mich – und man verzeihe mir die aus mehreren Gründen völlig unangebrachte Bemerkung – das Schwimmen im Neoprenanzug an Sex mit Kondom.

Ich will das Wasser, die Kälte spüren, stehe womöglich noch immer unter dem frischen Eindruck meines Hüttenbesuchs, bin quasi angefixt, wenn nicht bereits auf kaltem Entzug. Damit ist die Sache fürs Erste entschieden, und der schwarze Einteiler wandert auf einen Kleiderbügel im Keller. Möge der Winter mich betäuben, schockfrosten, einfrieren, komm, du kaltes Krokodil, ich lege meine Hände freiwillig in deinen Rachen, guten Appetit mit mir! Sex mit Kondom, bei aller Liebe, kommt nicht infrage – immerhin sind wir verheiratet, das Wasser und ich, vertrauen einander – in guten und in schlechten Zeiten, in warmen wie in kalten.

Von Walrössern und Seekühen

»Draußen« schwimmen heißt auch im Herbst ohne Neo nicht unbedingt bibbern.

Am letzten Septembertag reise ich nach Bremen zur Traditionstalkshow »3 nach 9« und darf in einem exquisiten Hotel mit picobello Wellness residieren. Der Schuppen verfügt nicht zuletzt über ein feines Außenbecken.

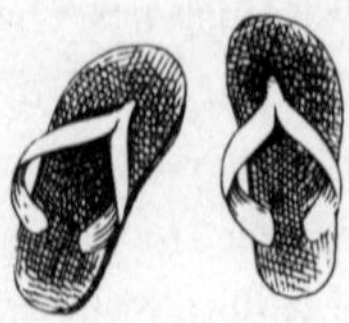

Vor Reiseantritt klingelte ich bei der Rezeption durch und fragte vorsichtshalber, ob denn dieses trotz der Energiekrise geöffnet sei? Der livrierte Herr am anderen Leitungsende tremolierte mit der Stimme eines Wagner-Baritons, dass sie allzeit 28 Grad offerierten, »völlig egal, was passiert«.

Vor Ort zweifle ich an meiner Sensorik. Hoppla, so fühlen sich 28 Grad an? Kommt mir bedeutend wärmer vor. In Zeitlupe gleite ich die Beckendiagonale hin und her, wie ein Walross mit knallgelben Zähnen, das seine besten Tage hinter sich hat. Führt die gesteigerte Kälteresistenz nebenbei zu ebensolcher Wärmeempfindlichkeit? Alle paar Bahnen halte ich ein, pausiere und warte auf den Tierpfleger mit dem Heringseimer. Es kommt aber keiner. Stattdessen finde ich am Beckenrand ein Thermometer zum Eintauchen, dessen Quersilbersäule deutlich die 36 Grad übersteigt: Klassische Badewannentemperatur – in diesem Wasser lässt sich nur mit Mühe ein einigermaßen sportlicher Bewegungsablauf bewerkstelligen.

Nach einigen Minuten des beschaulichen Verschnaufens steigt eine ältere Dame ins Becken, mit der ich sogleich ins Gespräch komme. Sie hat oldenburgische Wurzeln wie ich und sammelte einst in einer alternativen

Kabaretttruppe namens »Li(e)dschatten« Erfahrungen als Soubrette. Dass wir in diesem warmen Wasser planschen, beschließen wir niemandem zu erzählen, wollen uns keinem Heizneid aussetzen, nachdem Gazprom nicht mehr liefert.

Ein weiteres Walross, ich korrigiere, ein weiterer Senior (pensionierter Mitarbeiter der bremischen Liegenschaftsverwaltung) betritt das Becken und diagnostiziert sogleich einen Defekt: »So heiß wie heute ist es sonst nie, und ich komme jeden Tag!«

Mein Vorschlag, dem Bademeister Bescheid zu geben, wird von meinen Mitschwimmern mit gespielter Empörung abgelehnt – um Himmels Willen, das merkt er doch auch ohne uns früh genug! Und dann legen wir

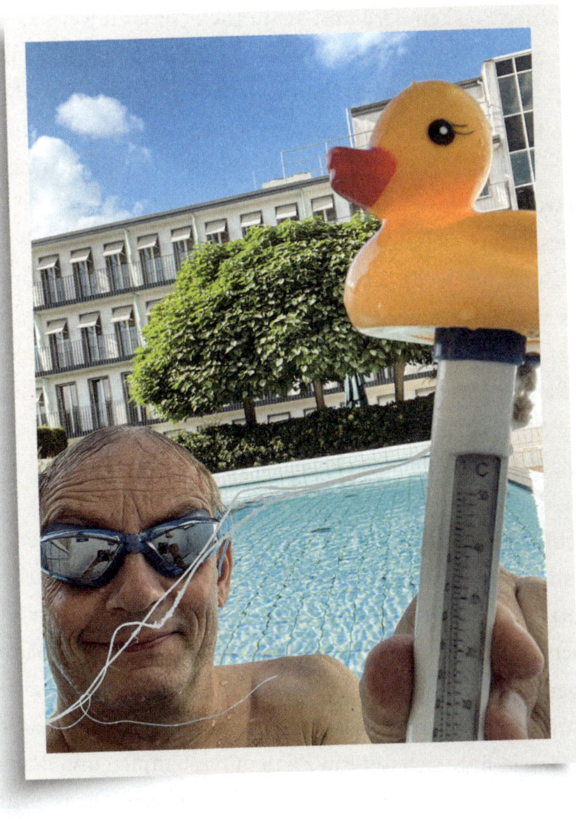

Quietscheente mit Beinprothese

drei uns bewegungslos auf den Rücken, brummeln vor Behaglichkeit und schubbern unsere Stoßzähne aneinander.

»Toter Mann« ist laut Reglement meiner Challenge selbstverständlich erlaubt – wenigstens wenn man abtreibt und Distanzen überwindet. Die Länge der Mindestdistanz ist wohlweislich nicht festgelegt, aber allein durch die Wasserbewegung der Filteranlage des Beckens kommen gewiss einige Dezimeter zusammen.

Als ich bei Radio Bremen eintreffe, hat sich mein tägliches Schwimmen offenbar herumgesprochen, und man liebäugelt mit dem Gedanken, mich kurzfristig zu filmen, wie ich in die Weser eintunke, die unweit des Studios verläuft. Die Idee wiederum verläuft im Sande, schon wegen Zeitnot, aber ich nehme zweierlei mit nach Hause: ein gewisses Interesse an meinem neuen Steckenpferd und die Einsicht, dass zu warmes Wasser für den Körper ebenso herausfordernd sein kann wie kaltes. Vielleicht eine zukünftige Challenge: Wie heiß kann ich baden? Arbeitstitel: »Nichts wird so heiß gekocht, wie es gegessen wird«. Nein, sorry, war andersherum. Aber nach 1,2 Kilometern im kaputten Bremer Pool bin ich gesotten und schreibe wirr.

Ein besonders vielseitiger Tag Ende September spielt sich im Rheinland ab. Zunächst weile ich in einer ehemaligen Kölner Kirche, deren Turm als luxuriöse Wohnstätte und Fotostudio genutzt wird. Ich treffe mich dort mit meiner »RTL Samstag Nacht«-Kollegin Esther Schweins zum großen »Stern«-Interview, nicht zuletzt, um der bevorstehenden Ausstrahlung der Wiedersehensshow quotentechnisch auf die Beine zu helfen. Meine Managerin Steffi ist auch da und passt auf, dass ich nicht gar zu viel Unsinn rede (klappt leidlich).

Anschließend muss ich in ein Fitnessstudio nach Aachen, das mich und Bernhard Hoëcker für einen »Gute Frage«-Auftritt gebucht hat. Steffi kutschiert mich, und das Schwimmen soll unterwegs in den Tagesablauf eingeflochten werden. Aber wo genau? Direkt an der Autobahn liegt der Lucherberger See. Abfahren in Lucherberg, Kreisverkehr, auf schmaler Straße zurück. Zäune, nichts als Zäune, dahinter schlammiges Grau, wenig Wasser. Man könnte sich unterm Zaun durchkämpfen und dann zur Restpfütze in der Seemitte stiefeln. Aber wie sagt man? »Drum prüfe, wer im Schlamm sich schindet, ob sich nicht doch was Besseres findet.«

Also Kommando zurück zum Kreisverkehr, ein Stückchen Retour Richtung Köln, in die Gemeinde Echtz. Klingt schon mal gut, nach Arbeit und Schinderei. Hier gibt's den Echtzer See mit dazugehörigem Campingplatz, ganz ohne Zaun. Wir parkieren vorschriftsmäßig, Steffi setzt sich ans Ufer und widmet sich der Büroarbeit, und ich steige in das opake, herbstmüde Gewässer. Betrieb ist auf dem Campingplatz offenbar keiner mehr, die Ufer sind leer, die Wolken anthrazitfarben und tief hängend.

Ich kraule zwei große Runden, und als ich mich wieder unserem Lagerplatz nähere und auszusteigen beginne, blubbert es hinter mir. Nanu, was ist denn hier los? Blubb-blubb. Schaumiges Aufstoßen in einem Rhythmus, der eher organisch wirkt als maschinell.

Zuerst denke ich an einen sehr großen Süßwassersäuger, etwa eine kapitale Seekuh, einen Amazonas-Flussdelfin oder einen pensionierten Mitarbeiter der bremischen Liegenschaftsverwaltung. Steffi und mich befällt ein leichtes Gruseln, zumal sich das Geblubber bis auf fünf Meter nähert. Ich bin so gebannt, dass ich nackert, die nasse Hose in der Hand, verharre und einen Stock ergreife, um mich und Steffi notfalls zu beschützen. Dann taucht des Rätsels Lösung auf, und zwar buchstäblich: Surreal garniert von hellem Scheinwerferlicht entsteigen zwei Taucher in vollem Froschmann-Ornat der trüben Plörre und glotzen uns an wie die besagten Seekühe.

Steffi, die ja eh gerade Büro macht, ergoogelt sogleich, dass der bis zu 18 Meter tiefe Echtzer See vom Dürener Unterwasserclub als Tauchgewässer genutzt wird und im Übrigen ein Überbleibsel des Braunkohletageabbaus Alfred ist, in dem von 1918 bis 1941 der beliebte Energieträger ausgeschabt wurde. Kurzes Kopfnicken und weg sind sie wieder, die beiden Seekühe.

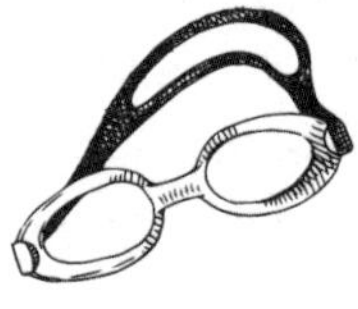

Die Grotte der Madame Butterfly

Teresa hat inzwischen die Schwangerschaftsmitte erreicht. Bisher verläuft alles komplikationslos, und wer nicht gerade Tomaten auf den Augen hat, kann bereits eine zarte Wölbung im mittleren Rumpf erkennen, der ich, mit wechselnd zittrigen Händen, regelmäßig Streicheleinheiten verabreiche. Jetzt ist die allerletzte Gelegenheit, sich in unschwangeren Rollen auf Opernbühnen zu tummeln, ohne die Kollegen vom Kostümbild vor unlösbare Aufgaben zu stellen. Planmäßig, dabei mit einem Schuss Tollkühnheit, bereitet sie sich auf die Premiere der »Zauberflöte« am Vorarlberger Musiktheater vor, und für die Generalprobe und Premiere reise auch ich per Bahn in das liebenswerte Städtchen Götzis. Auf der Fahrt komme ich durch Bregenz, erspähe vom Abteil aus den Bodensee und unterbreche die Reise spontan. Bahnhöfe mit Gewässeranschluss, so lege ich fest, wollen genutzt werden – diese Gelegenheit auszulassen wäre glatter Frevel!

Eine Stunde Zeit bis zum nächsten Zug. Garstig peitscht der Herbstregen über das Dreiländereck an diesem Samstagmittag. Touristen in Ölzeug bevölkern die Promenade an der Tribüne der Festspiele, die in den See hineingebaut ist. Heuer lief dort »Madame Butterfly«, und noch ist die inzwischen etwas abgetakelte Kulisse zu sehen: ein haushoch gewelltes weißes Blatt Papier, auf dem allerlei Projektionen sichtbar gemacht wurden (ich hab's im «heute journal« gesehen).

Kaum traue ich meinen Augen, und mein Herz beginnt Pirouetten zu drehen. Kann man tatsächlich vom Bodensee unter die eines Erstligastadions würdigen Tribünen schwimmen? Ich beginne zu zittern, aber diesmal nicht vor Kälte, sondern vor Aufregung.

Gemach, zunächst einmal muss ich ins Wasser, suche fahrig nach einem Zugang.

Hinter der Bühne ist Baustelle, alles abgesperrt. Also wieder zurück, im Laufschritt.

Es hilft nichts, ich muss über eine per Kette abgesperrte Treppe hinab, unter den Augen der zahlreichen tropfnassen Ausflügler. Mit den Worten »Entschuldigung, ich muss hier mal kurz in den See« drängle ich mich durch eine Gruppe von Radtouristen, reiße mir treppab gierig die Kleider vom Leib, deponiere sie am Treppenende und steige ins Wasser.

Ein Besucherpärchen knipst Bilder, und ich rufe lautstark meine Telefonnummer hinauf, auf dass man mir ein paar davon whatsAppe. »Wären Sie so freundlich? Danke schön!«

Erstmal schwimme ich ein Stück hinaus, die Lage sondieren. Nein, da ist kein Bademeister, kein Wasserschutzpolizist, der mich am Schlafittchen packen könnte. Auch die Touristen sind weitergezogen – also los.

Mit umsichtigem Pionierblick taste ich mich unter das Stahlgerüst, genieße das Halbdunkel. Hier bin ich sogar vor dem Regen geschützt, fast!

In Bielefeld bin ich mal auf eine Stadionführung eingeladen worden, auf die »Alm«, und da zeigte man mir so eine Art Ausnüchterungszelle der Polizei, die in einen der Eckpfeiler unter der Tribüne eingebaut war – bisher die spannendste Attraktion, die ich unter einem Zuschauerrang begutachten durfte. Die Bregenzer Festspiele schwimmend von unten – das ist allerdings eine deutliche Steigerung.

Notiz an mich selbst: Ich muss wiederkommen, wenn Vorstellung ist. Dafür kaufe ich auch gerne ein Ticket für den untersten Rang (Wasserspiegel).

Noch 50 Meter, dann wird mir die Sache suspekt, weil an der Baustelle ein großes Rohr mit Hochdruck dünnflüssigen Matsch in den See spült. Könnte gefährlich sein, sich in die Spülung und ihre Tochterstrudel zu begeben. Muss ich aber auch gar nicht hin, ich habe mein Ziel ja bereits erreicht: zweite echte Pioniertat nach dem Regenrückhaltebecken am Airport.

Auf dem Rückweg läuft ein Dampfer der Bodenseeflotte in Bregenz ein. Der Abstand ist groß, trotzdem kommen die Bugwellen bei mir an. Kein Problem, es schaukelt nur ein bisschen. Nichtsahnend sehe ich der Welle hinterher, die wenige Augenblicke später das Ufer erreicht und die unterste Stufe der Treppe überspült, auf der ich meinen Rucksack, meine Kleidung abgelegt habe. Einerseits schade, andererseits aber auch egal, weil der Regen meinen Ramsch eh durchnässt hätte. Und so grabe ich aus

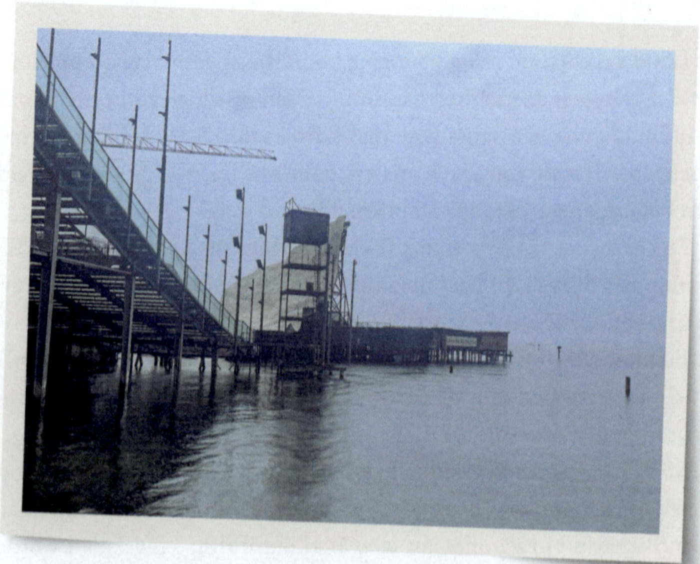

Festspielbühne Bregenz. Ob »Madame Butterfly« den gleichnamigen Schwimmstil beherrscht? Puccinis Oper verweigert hierüber jede Auskunft.

dem Innern meines havarierten Reisegepäcks das letzte einigermaßen trockene Hemd aus und trotte, schlimm schlotternd, zum Bahnhof. Was für ein großartiger Kurzhalt!

Götzis in Vorarlberg, Sonntagmorgen. Die Familie schnurchelt noch, als ich die Komoot-App konsultiere. Es lockt der Riebe-Wasserfall, gleich in der Nähe des Theater-Apartments. Ich stehle mich aus dem Haus und trotte am geschlossenen Freibad vorbei. Die Riebe ist ein mit trübem Wasser befüllter Wildbach, der allerdings vom Wanderweg aus nur mühsam erreicht werden kann. Die Sache ist nicht ohne Risiko: Rein käme man wohl, aber wieder hinaus? Egal, in der Ferne höre ich doch bereits den mehrstöckigen Wasserfall rauschen.

Sein Anblick betört mich einerseits, aber er schreckt auch ab. Nach dem gestrigen Dauerregen ist die Wassermenge groß und das Prasseln und Schäumen lauter als ein Raketentriebwerk. Ja, die Sturzgumpe wäre ein feines Waschbecken, aber was, wenn ich durch den Wasserdruck über die Abschlussmauer geschleudert werden würde? Dann landete ich ein Stockwerk tiefer in der unteren Gumpe – selbst mit Sturzhelm in wattierter Knautschkugel keine gute Idee. Minutenlang stehe ich davor, träume, sondiere – und verwerfe. Nein, ich bin des Lebens noch nicht müde. Vielleicht in ein paar Tagen, dann komme ich wieder. Einstweilen hoppele ich bergab, durchquere den Ort und bebrüstele die Kiesgrube am städtischen Bauhof. Absolut kein Badegewässer, aber immerhin mit Geisterbahn-Flair: die kratzigen Wasserpflanzen, die mir von unten um die Fesseln fassen, entlocken mir jene Laute, die man in dieser Intensität letztmalig vom Kinopublikum bei der Premiere von »Psycho« gehört hat.

Tags darauf besichtige ich eine noch heimtückischere Kiesgrube, nämlich den sogenannten »Karamaci-See«. So heißt sie jedenfalls in manchen Winkeln des Internets, worauf ich mir keinen Reim machen kann, außer, dass die Gegend wild und exotisch aussieht, wie ein Drehort für Karl-May-Filme. Ich schwimme einer hohen Felswand entgegen, vor der ein müder Milan kreist, und unwillkürlich sucht man in der kalten Tiefe nach dem Schatz im Silbersee. Alles, was ich jedoch aufspüre, ist scharfkantiger Bauschutt, und zwar mit dem Knie. Aua! – und ich Döspaddel hatte mich bereits gefragt, warum knapp neben der Unfallstelle dürre lange Äste aus dem Wasser ragen – sie sollen Gummibootkapitäne und eben Badegäste wie mich vor der Gefahrenquelle warnen. Man muss die Zeichen nur deuten können.

Wenn man mich zu diesem Zeitpunkt fragte, wie ich das Openwater-Potenzial in Götzis beurteile, würde ich wahrscheinlich »eher mittelmäßig« antworten – aber noch ist unser Aufenthalt ja nicht vorbei!

Mit frisch verpflastertem Knie kaufe ich mir in der Götziser Einkaufsstraße einen Tretroller. Ich besitze derer bereits einige, aber alle sind sie zu Hause in der Tiefgarage. Um die Möglichkeiten dieser kuscheligen Theaterstadt voll auszuschöpfen, muss ich meinen Radius erweitern, und dabei wird mir ein Kickscooter gewiss helfen. Das gute Stück verfügt sogar über ein Beleuchtungselement in der Lenksäule – der Schwimmwinter kann kommen, ich bin ab sofort auch auf Reisen mobil.

Via Strava und Instagram war ich in den letzten Tagen von den Kennern der Gegend auffallend häufig auf ein ganz spezielles Badegewässer hingewiesen worden, das ich nunmehr ansteuern kann, ohne durch überlange Absenz für Unmut zu sorgen, nämlich: den Altrhein, Grenzfluss zwischen Österreich und der Schweiz.

Also. Knappe fünf Kilometer tretrollere ich am nächsten Morgen durch die Dämmerung, tangiere den Ort Altach, unterquere die Autobahn A 14 und gelange an ein Maisfeld. Seltsam, laut Karte müsste hier ein Wanderweg sein, welcher mich ans Wasser führt … Ich verlasse die Teerstraße, vertraue mich ganz meinem Navi an, und tatsächlich: Da ist eine schmale, ausgetretene Schneise zwischen den goliathhohen Maispflanzen. Während ich die Plantage durchquere, wird der Himmel roséweinfarben. Mir ist, als

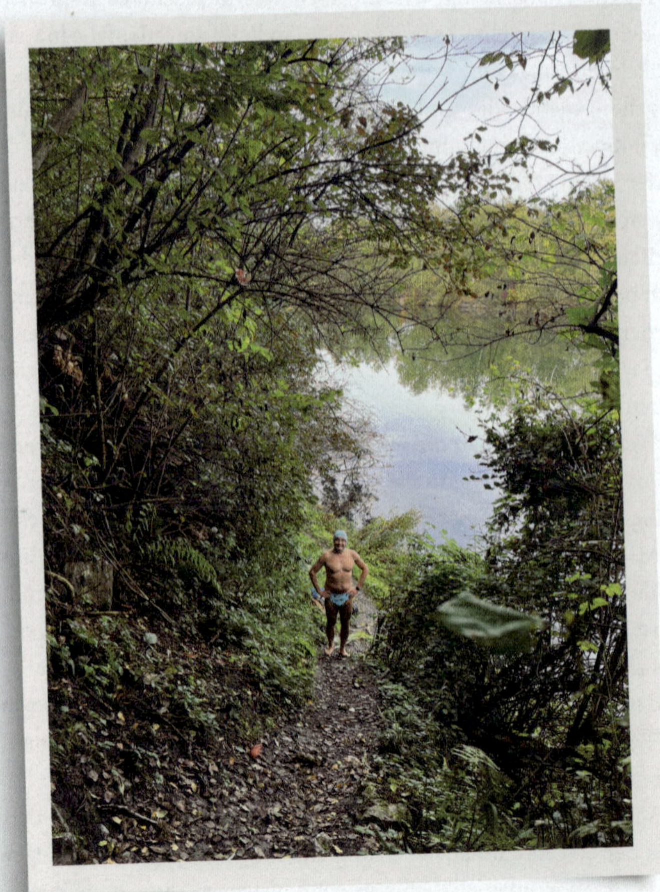

Manchmal sind die ausgetretenen Pfade genau die richtigen.

stünden die Pflanzen Spalier, wie beim Einmarsch eines Boxweltmeisters in die Arena. Standing Ovations mit Lightshow. Nach hundert Metern gelange ich an ein Hochufer und überblicke den alten, echten Strom, spiegelglatt und dampfend, und bin sogleich hingerissen. Ja, meine Verführerin, die holde Mistress of Ceremony H_2O, hat sich heut ganz besonders in Schale geworfen, begegnet mir als Vater Rhein.

In der einen Ferne die Berge, in der anderen ein Kieswerk, nebelumflort. Mittig ein schmaler Damm, über den ich bereits las, dass er der Sicherung der Schweizer Grenze während des Zweiten Weltkriegs diente. Flüchtlinge aus Deutschland konnten so leichter abgefangen werden.

Schwimmfieber erfüllt mich. Ich lege ab und steche in den Fluss. Wenn ich mich etwas Richtung Kieswerk halte, müsste ich bis ans andere Ufer kommen, weil der Damm dort erodiert ist und nur noch ein paar Fundamentstangen die Grenze markieren. Das Wasser ist angenehm kühl, die Sonne lässt mich zwinkern. Einige Meter schwimmt neben mir ein verträumter Biber her. Als der mich endlich wahrnimmt, erschrickt er und taucht geräuschvoll ab.

Nach 200 Metern bin ich am Damm, kann mit den Füßen die Fundamente berühren. Ich stelle mir vor, ein Flüchtender zu sein, der Hitler entfliehen will, ein Jude oder Sozialdemokrat. Gelingt nur schwer, weil die morgendliche Natur so ein paradiesisches Idyll ist, aber auch in den düstersten Zeiten wird es diese lichten Tage gegeben haben.

Jetzt ist es nicht mehr weit in die Schweiz. Kein Boot, kein Mensch weit und breit. Noch mal hundert Meter, dann setze ich den Fuß auf eidgenössisches Gebiet und unwillkürlich durchfährt mich Erleichterung, ja, Euphorie. Jetzt nur nicht in die Arme Schweizer Grenzbeamter laufen – ich habe keine Papiere dabei. Kurzer Rundumblick, dann zurück nach Felix Austria. 775 Meter in 18 Minuten.

Am nächsten Morgen bin ich wieder da, diesmal in Begleitung der Familie. Wir parken den Wagen auf dem Dammweg.

»Wie soll man denn hier ans Wasser kommen?«, fragt meine Frau skeptisch, »Ich sehe nur Mais!«

Stolz präsentiere ich meinen geheimen Pfad, und die Kinder genießen das kleine Abenteuer. Wieder schwimme ich in die Schweiz und zurück, und anschließend fahren wir zum Stadtbummel nach Dornbirn.

Würde ich hier wohnen, wären verwässerte Grenzübertritte mein Hobby. Wie oft würde man's an einem langen Hochsommertag hinkriegen? Siebenmal in zwei Stunden, also vielleicht siebzigmal in 20 Netto-Schwimmstunden, wenn das Wetter passt.

Am Abend bewundere ich mit den Kindern die Generalprobe der «Zauberflöte«. Besonders die noch keine drei Jahre alte Mathilda schaut gebannt zu, und erst kurz vor Ablauf der drei Aufführungsstunden erlahmt ihre Aufmerksamkeit. Mozarts Meisterwerk entführt das Publikum bekanntlich in einen Zauberwald mit Riesenschlange, auch ins Alte Ägypten, nicht schlecht. In einem Zauberwald war ich in den letzten beiden Tagen auch schon, mit kapitalem Biber. Ohne das Ägypten von Isis und Osiris, aber dafür entfloh ich in Gedanken einer anderen Diktatur, bis in die Schweiz, und kehrte zurück und brauchte hierfür keine drei Stunden, sondern nur 20 Minuten.

Zug um Zug zum Selbstbetrug

Ein Jubiläum naht: der 100. Badetag in Folge. Ich besuche meinen lieben Sohn Cyprian, der sein Tourismus-Studium beendet und in Innsbruck Arbeit gefunden hat, als Trainee bei der Tiroler Handelskammer. Es ist ein schöner Zufall, dass ich mit ihm und seinem WG-Mitbewohner zusammen in die Dreistelligkeit schwimmen werde. Hundert Badetage in Folge, das klingt doch angenehm stattlich, nach Leistung, Großtat, Heldentum – jedenfalls für mich –, Außenstehende können von mir aus gerne mit ihren Schultern zucken und die beliebte Grundfrage nach dem »Warum?« stellen.

Cyprians erster Wettkampfsport war das Schwimmen. Er war damals Grundschüler, und an den Wochenenden lungerten seine Eltern mit Vorliebe in irgendwelchen fernen, chlorgeschwängerten Hallenbädern herum, um die Daumen zu drücken – auch dann, wenn draußen die Sonne lachte.

Zur elterlichen Erleichterung sattelte er später auf Tennis und Fußball um, noch später auf Bergsport, aber ein gewisses erhöhtes Grundtempo im Wasser zeichnet ihn bis heute aus.

Wie angenehm, dass ich Cyprian keine Warum-Fragen beantworten muss. Er kennt mich, hat sich selbst schon sportlichen Herausforderungen gestellt, die der gemeinen Couch-Potato suspekt erscheinen mögen.

Innsbruck ist nicht gerade reich an einladenden Badegewässern. Mein Sohn muss daher nicht lange nachdenken: Da ist einerseits der Inn, kalt, schnell und gefährlich. Andererseits jedoch gäbe es im Osten der Innenstadt, gegenüber vom Olympiabad, eine kleine Flachwasser-Ausbuchtung, in die Cyprian schon manches Mal eingetunkt sei, vornehmlich im Hochsommer.

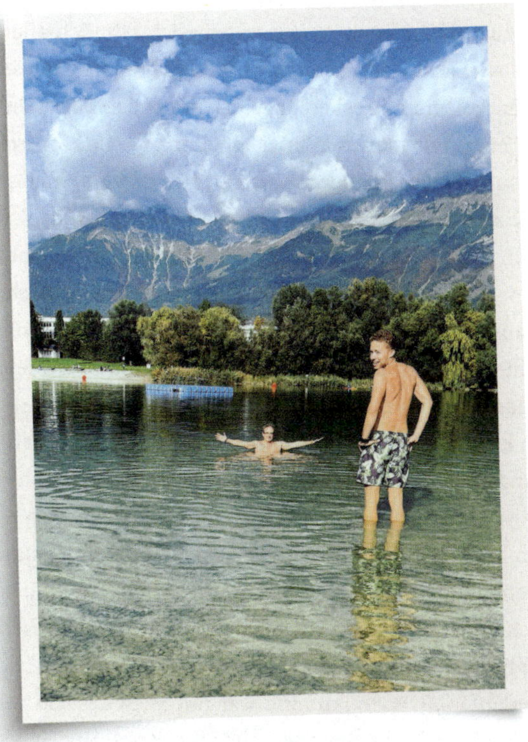

Fast wie Jesus auf dem Corcovado in Rio, nur mit nassen Füßen und einem staunenden Sohn anbei

Für unseren Zweck weit besser geeignet sei jedoch der Rossauer Badesee. Ok, Du kennst dich aus, bescheide ich ins Funktelefon, wir treffen uns in einer halben Stunde am Eingang. Eingang? Ja, der See wird als Naturbadeanstalt genutzt, die Saison ist allerdings auch in Tirol vorbei, die Kassenhäuschen sind unbesetzt. Betrieb herrscht jedoch in der Gastronomie, die mit »Törggelen am See« winkt. Törggelen – ist das nicht diese Südtiroler Herbstschlemmerei mit Maroni, Weißwein und Speck? Hurra, hier sind wir richtig!

Cyprian hat Schnupfen und belässt es bei einem kurzen Eintauchen, ebenso wie sein WG-Kumpel. Ich bringe es auf knappe 1100 Meter in 28 Minuten, zurückgelegt in 777 Zügen. Ja, auch die Züge werden von meiner Armbanduhr gezählt, ein Maß, das im kommenden Winter noch bedeutsam werden könnte.

In den zurückliegenden Monaten habe ich nämlich allerhand Fachliteratur gelesen und weiß daher, dass viele Winterschwimmer sich nicht an der zurückgelegten Streckenlänge orientieren, sondern an der Anzahl der (Arm-)Züge. Für manch Winterschwimmer, so las ich, seien 20 Züge ein Mindestmaß. Mir ist die Zählung der Züge von Anfang an sympathisch, weil sie sich keck und pfiffig dem Wettkampfgedanken versperrt. Ein Zug von, sagen wir mal, Ian Thorpe treibt den Olympialulatsch mehrere Meter voran, bei der späten Oma Martha dürfte es sich eher um Dezimeter gehandelt haben, und wenn man sich ein bisschen Mühe gibt, geht es vielleicht auch nur um Zentimeter. 20 besonders schlapp skizzierte Armzüge lassen sich womöglich sogar in einer Badewanne bewerkstelligen. Man kann also, böswillig betrachtet, das Zügezählen als Instrument der Leistungsvortäuschung anwenden, in jedem Fall jedoch dient sie der Individualisierung des Leistungsgedankens: Was ein Zug wert ist, entscheide ich höchstselbst, und wenn ich die Zugzahl als Leistungsnachweis heranziehen will, gelingt dies höchstens im Vergleich zu mir selbst.

Derlei Kunstgriffen stand ich schon immer aufgeschlossen gegenüber. Beim Hamburg-Marathon 2002 z. B. war ich Schnellster in der Kategorie »Krawattenläufer«. Dieser Triumph war mir auch deshalb vergönnt, weil ich im vielköpfigen Teilnehmerfeld offenbar der einzige Sportler war, der die Distanz mit umgebundenem Schlips absolvierte. Merke: Wer gerne einmal Erster sein möchte, der denke sich die sportliche Disziplin, in der er oder sie antritt, tunlichst selbst aus und sage niemandem Bescheid. So kann man es sogar zum Weltmeister bringen!

Mit 777 Zügen jedenfalls absolviere ich mein Soll an diesem wunderbaren 100. Badetag in Folge, und ich bin mit mir selbst uneins, wie groß die Glocke sein darf, an die ich das Jubiläum hänge. Einerseits soll man Feste feiern, wie sie fallen, andererseits schwant mir, dass die nächsten 100 Badetage ungleich kälter werden und damit auch ungleich schwerer. Oder doch nicht?

An diesem rotgoldenen 8. Oktober gelingt es mir, alle bangen Gedanken vom Tisch zu wischen wie ein Glas Pfefferminztee, eine Übung, die mir – großgestisch zitternd wie jene aufblasbaren Winkelemente, die am Eingang von billigen Kfz-Werkstätten der Kundenwerbung dienen – besonders leichtfällt.

Wer alt sein will, muss kränkeln

Daheim in Herrsching starte ich weiterhin am Löwen, von dem ich mittlerweile erfahren habe, dass es sich bei der Steinkatze in Wirklichkeit um einen Tiger handeln solle. Shir Khan aus dem »Dschungelbuch« sei die Vorlage, verrät mir ein Instagram-User, und der Informant macht einen durchaus kompetenten Eindruck. Fortan spreche ich in den sozialen Netzwerken vom Herrschinger Tiger, was mitunter Verwunderung, fast Protest auslöst. Nein, ich will die bayerische Geschichte nicht umschreiben, empfehle den Empörten lediglich, sich das Tier doch mal aus der Nähe anzuschauen.

Vom Tiger aus nehme ich weiterhin Kurs auf das türkise Motorboot und passiere dabei Segelboote wie die »Tender Orca« oder die »Ellabätsch«. Jeden Morgen liegt da ein Schiff weniger auf Reede, hat wahrscheinlich den Weg ins Winterquartier angetreten. Ich frage mich, ob auch meine Fitness alsbald eingemottet werden kann, denn allzu lange werde

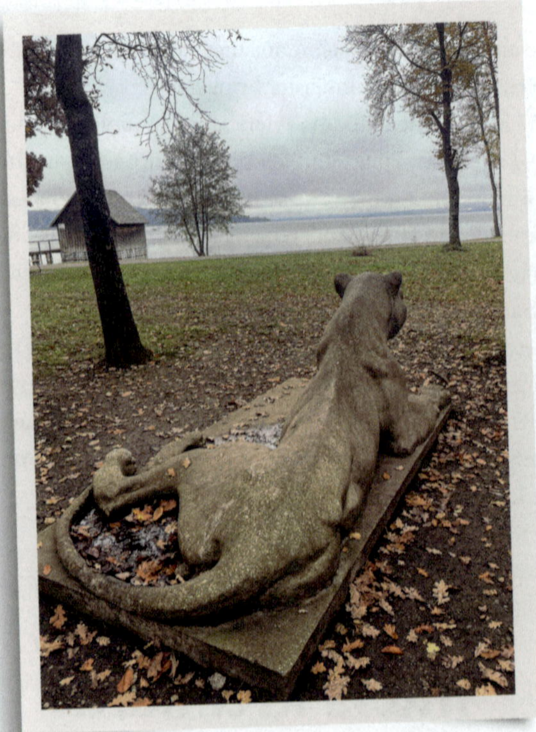

Nun erbarme sich doch endlich jemand dieses armen Tieres und hole es in die gute Stube an den Kamin!

ich die halbstündige 1000-Meter-Dosis nicht mehr ohne Weiteres absolvieren können.

Was passiert dann? Sollte man als Kaltwasserschwimmer zusätzlich laufen oder Radfahren gehen?

Oder verbraucht das Kältezittern im Anschluss ans Schwimmen ausreichend Energie, um nicht mittelfristig zu verfetten? Gewiss, man könnte parallel zur Streckenverkürzung auch die Kalorienzufuhr reduzieren. Darob jedoch würden sich der Tiger, der Löwe oder welche Katze auch immer, selber in den Schwanz beißen, denn: Für den Aufenthalt in kaltem Wasser ist eine solide Speckschicht hilfreich. Zwar habe ich mittlerweile in der Fachliteratur mehrfach gelesen, dass Muskeln noch besser isolieren als Fett, aber dies gilt offenbar nur für inaktive Muskeln – sobald sie z. B.

an Schwimmbewegungen beteiligt sind, taugen sie nüscht für die Kälteabwehr, und man fährt bzw. schwimmt besser mit Fett.

Es ist nicht selten, dass ich bei meiner Lektüre zur Vorbereitung des Winterschwimmens auf verschiedene, ja gegensätzliche Theorien stoße. Etwa die Frage, ob man besser aufgewärmt ins kalte Wasser steigt oder gerade nicht. Die Anhänger der ersten Theorie scheinen davon auszugehen, dass der aufgewärmte Kreislauf geschmeidiger auf den Temperatursturz reagiert, die Anhänger der zweiten Hypothese geben zu bedenken, dass der Temperaturunterschied zwischen kaltem Wasser und erhitztem Körper umso ausgeprägter sei, der Körper müsse also noch größere Anstrengungen unternehmen, um das Blut aus den Extremitäten ins Körperinnere umzuleiten.

Offenkundig ist hier längst noch nicht alles erforscht, nicht einmal die Idee der »Abhärtung« ist wissenschaftlich wasserdicht belegt. Seltsam, schon im alten Sparta warf man Kinder ins kalte Wasser, zum Zwecke der, äh, natürlichen Auslese, dann kam Nietzsches »Gelobt sei, was hart macht«, und unsereiner geht im Regelfall davon aus, dass Kälteexposition vor Husten, Schnupfen und Heiserkeit schützt. Jedenfalls wird diese Ansicht von führenden Saunaherstellern vertreten, wenn man sich aber die Fakten ansieht: na ja.

Es gab da mal eine Studie, die besagte, dass jene, die im Winter draußen schwimmen, weniger erkältet sind als ihre landrattigen Lebenspartner. Eine andere Studie fand dann allerdings heraus, dass man diesen Effekt ebenso als Hallenbadbesucher erzielt.

Womöglich hat also die Kälte mit der verbesserten Immunabwehr gar nichts zu tun, sondern, ich improvisiere mal: mit dem Wasser? Oder der Tatsache, dass man an einer Studie teilnimmt?

Belegt sind hingegen gewisse Spezialeffekte: Regelmäßiges Schwimmen in kaltem Wasser beugt Diabetes Typ 2 vor. Immerhin! Das ist doch schon mal was!

Nun denn, es ist nicht ausgeschlossen, dass meine Fitness im kommenden Winter leidet, aber immerhin bleibt mir Zuckerkrankheit erspart.

Und ich darf mich in dem Gefühl sonnen, Licht in unerforschtes Dunkel zu bringen. Wer weiß, vielleicht werde ich zum Galileo Galilei dieses alten, jungen Fachs? Vielleicht finde ich das Eis der Weisen, den Schlüssel zum ewigen Leben? Der Grönlandhai, ältestes Tier der Welt, bringt es auf mehrere Jahrhunderte Lebensdauer und schwimmt zeitlebens in kaltem Wasser. Womöglich werde ich durch mein Tun zum Überwinder des Todes, wenigstens des verfrühten, und kann mein Wissen weitergeben, um die Menschheit, wenn schon nicht besser, dann doch wenigstens langlebiger zu machen.

Wobei ich an dieser Stelle gleich einschieben möchte, dass ich dem heutzutage weitverbreiteten Wunsch nach dem ewigen bzw. überlangen Leben skeptisch gegenüberstehe.

Bevor meine Großmutter Gerda mit 94 Jahren starb, sagte sie mehrfach zu mir: »Jetzt reicht es auch!« Sie war im guten Sinne lebensmüde, hatte vieles er- und überlebt: Besuch des Kaisers in Wilhelmshaven (sie

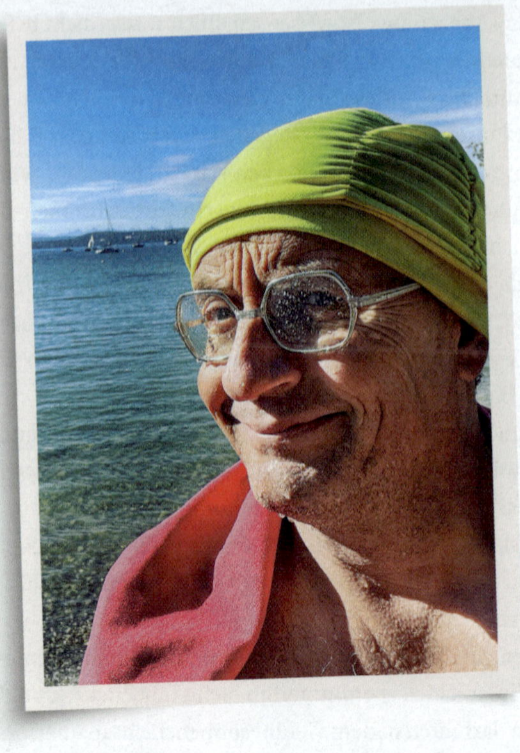

Sicherheit geht vor. Mit dieser Kanarien-Kappe wird man nachweislich seltener überfahren, vor allem, wenn man erhobenen Hauptes brüstelt.

winkte ihm höchstpersönlich zu), Inflation, ausgebombt, Kriegerwitwe, alleinerziehend mit zwei Töchtern, diverse Berufswechsel, Krebserkrankung im mittleren Lebensalter, Verkehrsunfall: ein Leben voller Hoch- und Tiefpunkte, das gewiss kein Einzelfall ist.

Hinzu kommt der Mahlstrom des Alltags, der auch den spitzesten Kristall irgendwann zum stumpfen Kiesel abschleift. Den Gedanken, z. B. 200 Jahre alt zu werden, hätte Gerda – wenigstens in ihrem letzten Lebensdrittel – nicht als attraktiv empfunden.

Geld, Tod, Liebe: Die denkbaren Inhalte eines Menschenlebens stehen nicht in beliebiger Anzahl zur Verfügung, und jede Wiederholung birgt die Gefahr des Gefühls, auf der Stelle zu treten.

Um die Lebensspanne eines Grönlandhais für Menschen erträglich werden zu lassen, müsste man das vorhandene Erlebnismaterial strecken, will sagen: Kindergarten bis zum zehnten Lebensjahr, dann 25 Jahre Schulpflicht. Erster Kuss mit 30, Familiengründung nicht vor den ersten grauen Haaren. Kein Urlaub sollte Quartalslänge unterschreiten, bestimmte Ziele wie der Ballermann überhaupt erst für über 70-Jährige. Midlife-Krise mit 100, Anschaffung einer Harley mit 110, Scheidung mit 120 usw. Ein Leben in Slow Motion.

Oft hört man auch den Satz: »Alt werden ist schön, solange man gesund bleibt!« Nun ja – das ist leichtfertig dahingesagt. Ganz ohne Krankheiten wird das überlange Leben noch fader, als es eh schon zu werden droht. Eine möglichst große Bandbreite kleinerer bis mittlerer Fehlfunktionen hält den Patienten wach! Mark Twain erinnerten Menschen, die nie schwer krank waren, an jene, die nie weit gereist waren. Auf beide Quellen der Kurzweil sollte der Dauergreis nicht verzichten müssen. Wichtig ist im Sinne meiner Zeitstreck-Idee, dass jede Krankheit möglichst lange anhält und zu neuen Erfahrungen inspiriert – ganz so wie etwa meine verkalkte Schulter, der ich jetzt schon für viele bezaubernde Badetage dankbar sein darf.

So schlüssig diese Argumentation auch sein mag: Bei ihrer Niederschrift wird mir angst und bange. Ich persönlich möchte mit dem Grönlandhai keinesfalls tauschen. Wenn aber ihr, liebe Leserinnen und Leser, die Sache anders seht: Bittschön, ich werde alles an Daten und Erkenntnissen zusammentragen, was eurer Methusalemisierung dient!

Say Käpt'n Say Water

•••••••••

An Bord des türkisenen Motorboots macht ein Mann die Schaluppe winterfest. Der erkennbar gut situierte Herr in seinen besten Jahren trägt einen gelben Genscher-Pulli über Button-down und schrubbt mit Manufactum-Bürste die Planken an Deck. Könnte, müsste der Besitzer sein.

Unter milder Herbstsonne nähere ich mich brüstelnd der Bootsflanke und öffne ihm sogleich mein Herz.

»Grüß Gott! Sie wissen sicher nicht – können ja gar nicht wissen –, wie wichtig mir in den vergangenen Monaten Ihr Motorboot war! Einerseits als Wendemarke auf meiner 1000-Meter-Strecke, als flottfarbiges Augenfutter und einmal sogar als Lebensretter: Als ich mich nämlich im Nebel verschwommen hatte und Ihr schönes Boot mir den Weg zurück an Land wies. Hierfür möchte ich mich ganz herzlich bei Ihnen bedanken!«

Der Bootseigner nimmt die Laudatio mit feinem Schmunzeln entgegen, dann jedoch deutet er auf sein Ohr und schüttelt den Kopf. Entweder es ist für verbale Kommunikation zu windig, oder die Batterien seines Hörgeräts sind alle.

Ich fühle mich zu schwach, alles zu wiederholen, zumal das Wasser herbstlich frisch ist.

In selbigem zucke ich mit den Schultern und werfe ihm noch ein »Schönes Wochenende« an Deck, dann drehe ich meinen Rumpf Richtung Löwe und tigere davon (oder umgekehrt).

Auf dem Rückweg vermisse ich auch die »Sun 2000« – der Mastenwald lichtet sich, übrig bleiben nur mit großem Edding beschriftete Bojen, an denen die Jachten befestigt waren.

Die Oktobermitte betört mit Traumwetter, meine täglichen Strecken werden wieder länger, fast bis an die 1500 Meter – immerhin die olympische Triathlon-Schwimmdistanz.

Als ich am Nachmittag des 17. Oktober nach dem Schwimmen Sohn Theo in den Kindersitz meines Klapptretrollers hieven möchte, verspüre ich im Lendenwirbelbereich ein mir mittlerweile wohlbekanntes

»Plopp!« – es ist dies der mich jährlich ereilende Hexenschuss. Die Leser von »Lauf, Wigald, lauf!« werden sich vielleicht daran erinnern, dass mich 2021 ein läppisches Bonbonpapier, nach dem ich mich ungelenk bückte, in den Missmut zwang. Nun ist der Grund immerhin ein 13 Kilo schwerer Beifahrer – das kann man für eine Verbesserung halten.

Als die Familie tags darauf zu einem Kurzurlaub in einem Allgäuer Familienhotel aufbricht, gehe ich jedenfalls einmal mehr mit der Flexibilität einer Stabheuschrecke durchs Leben, was sich aufs Schwimmprojekt insofern auswirkt, als dass ich mich nur noch unter besonderem Wehklagen an- und ausziehen kann. Um diesen Mangel zu kompensieren, bedarf es besonders attraktiver Badegewässer. Welch Glück, dass mich das Ungemach im schönen Allgäu peinigt!

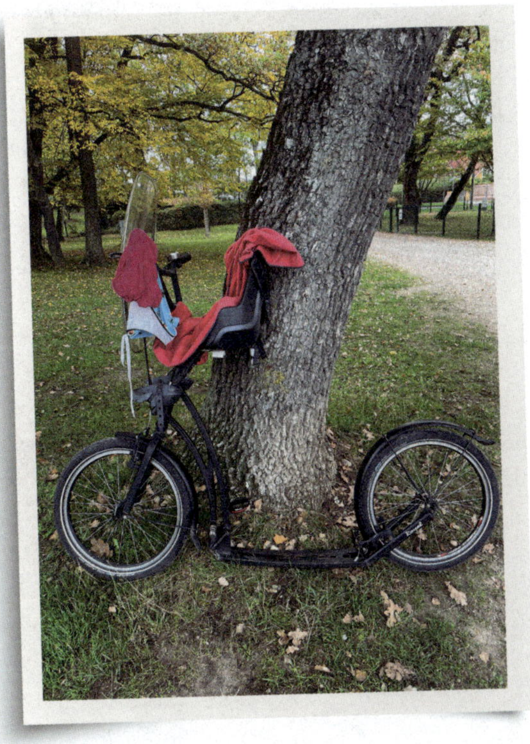

Mein Tretroller fährt so schnell, dass es mitunter so scheint, als würden die Straßenbäume schief stehen.

Die Gunzesrieder Ache fließt durch ein tief eingeschnittenes Bachtal drei Kilometer vom Hotel entfernt. Der morgendliche Spaziergang vom Familotel zum Tobel ist zunächst reine Pflichterfüllung, aber als ich die spektakuläre Kette von Wasserfällen erblicke, wird aller Schmerz von Euphorie erstickt. Hatte ich nicht mit dem Gewässertyp »Wasserfall« eh noch eine Rechnung offen? Hatte ich nicht neulich in Vorarlberg schnöde den Fischschwanz eingezogen, hatte die langweilige Götziser Kiesgrube vorgezogen, aus anfängerhafter Angst um meine billige Existenz?

Jetzt aber Margarine bei die Krustentiere, zumal die beduschte Gumpe sicherheitstechnisch risikoarm wirkt. Ich bereite eine Selbstauslöseraufnahme per Handykamera vor, ziehe mich tapfer aus und begebe mich in

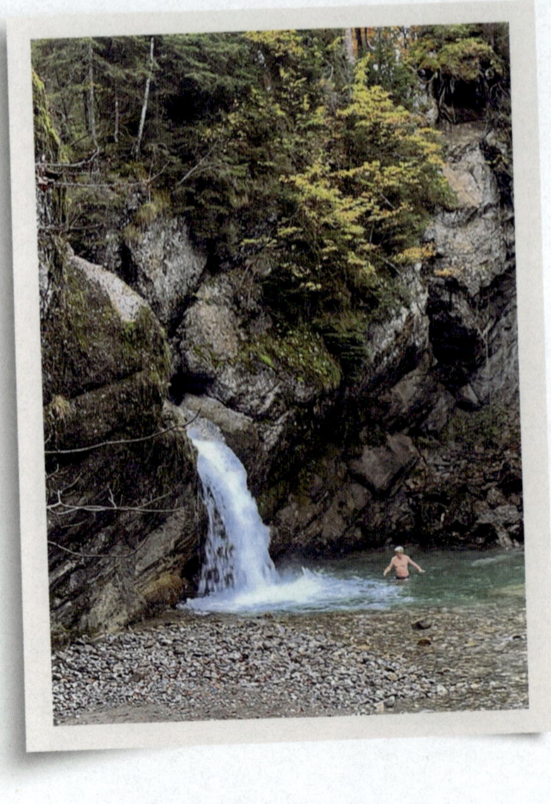

Funfact am Rande: Viele Leute, die sich über Wasserrohrbrüche ärgern, finden Wasserfälle schön.

die Aerosol-Aura dieses kleinen Schwesterleins der berühmteren Victoria und Niagara.

Welch erhabenes Gefühl, in der Kaskade zu stehen oder wenigstens ganz knapp daneben (die volle Dröhnung von oben erspare ich mir für heute). Eisvogel-, ach was, Ara-farbenes Wasser schäumt in diesem Whirlpool mit knapper Kühlschranktemperatur, und ich sitze mittendrin, mit einer kecken Kapitänsmütze auf dem Schädel.

Angestrengt sexy blicke ich hinauf in die Handylinse, hebe eine Augenbraue deutlich über Ohrwaschelniveau, senke das Gegenstück auf Schlafzimmerblickniveau hinab, dann blicke ich wieder weg von der Kamera, betont cool, wie ein James Dean aus Zickzackhausen am Stadtrand von Oldenburg. Ich bin der unerschrockenste Schrumpfgermane, den die Medienwelt zu bieten hat – jedenfalls in meiner Altersklasse unter den Angelscheinbesitzern mit Halbglatze und Hexenschuss.

Auf dem Nachhauseweg poste ich das Bild sogleich in allen verfügbaren Netzwerken, ärgere mich über das in den Bergen nicht untypische »3G«, verzweifle fast, als ein Instafame-fressender Bergtroll das Handynetz auf ein mickriges »E« reduziert.

Wie, zum Teufel, soll man denn hier zum Swimfluencer werden, Millionen Wasserflöhe zu Followern machen?

Immerhin tritt der Rückenschmerz hinter die Verzweiflung über das schwache Netz zurück und wird erst wieder peinigend, als ich in die Zivilisation mit ihren beruhigenden LTEs bzw. 5Gs gerate.

Zum Rückenschmerz gesellt sich ein kratzender Hals, und ich kann konstatieren, dass sich mit Selbstauslöseraufnahmen von Wasserfallbesuchen bei vorhandenem Netz durchaus Content providen lässt, nicht jedoch eine Linderung von Rücken- oder Halsschmerzen.

Am nächsten Tag bin ich vollends verrotzt und rumpfsteif, schaffe es nur in den Hotel-Außenpool und treibe dort 15 Minuten herum wie ein angeschossenes Blesshuhn.

Als wir aus dem Allgäu zurückkehren, ist das türkise Motorboot weg, wohl im Winterquartier. Zurück bleibt nur die Boje mit der Aufschrift »H84«.

Die Temperatur des Ammerseewassers beträgt auch in diesen letzten Oktobertagen 14 Grad, und ich muss an den Hotelpool denken, dessen

Inhalt im Vergleich wie eine lätscherte Lorke wirkt, einlullend und ungesund – nicht zuletzt auch wegen des Chloraromas.

Als ich mich wieder anziehe, begegnet mir der sympathische Besitzer des Kiosks am Spielplatz. Er empfiehlt mir die Seite »zebrafell.de«, mit einer Fülle von Statistiken zum Wettergeschehen rund um den Ammersee. Natürlich interessiert mich das, ebenso wie die Veränderung des Klimas.

Steht mein Schwimmen mit der Erderwärmung im Zusammenhang? Nun ja, bei meinem Baden handelt es sich um einen klimaneutralen Zeitvertreib – ich mache also schon mal nichts kaputt. Setzte ich meinen Streak über viele Jahre fort, würde ich über gewisse Veränderungen berichten können, etwa Dürren wie bei »Grill den Henssler« oder Hochwasser wie in Vorarlberg. Generell darf man mit einer Erhöhung der Wassertemperaturen rechnen, was im Sommer zu erhöhter Algenbelastung führen kann, dem außersaisonalen Badebetrieb aber durchaus förderlich sein dürfte.

Ich muss kein Prophet sein, um das Draußenschwimmen für zukunftsträchtig zu halten – vor allem im Winter. Wenn die Polkappen abschmelzen – hierauf kann man sich einigen –, wird es an Wasser schon mal nicht fehlen.

Vorerst denke ich aber nur fein dosiert über den Jahreswechsel hinaus. Sollte ich meinen Streak bis Silvester durchhalten, habe ich die Hälfte geschafft, und den Rest kriege ich dann auch weggebadet – sage ich im Brustschwimmerton der Überzeugung. Das habe ich bei meinen bisherigen Streakversuchen ja auch immer geglaubt – ehe mir auf der zweiten Hälfte die Luft ausging. Wird es diesmal klappen?

Unterkühlt in Oberursel

Ein neues Gravelbike steht im Stall, ich habe es von Fahrradhändler-Freund Hannes erworben. Die Jungfernfahrt führt von Herrsching aus um den Wörthsee herum, dann hinauf zum Kloster Andechs. Ganz in der Nähe des »heiligen Berges der Bayern« gibt es zwei schattige Waldseen, und der Name der Zufahrtsstraße deutet schon auf ein Kernmerkmal hin.

Sie heißt: »Am Eisweiher«. Ich lenke mein neues Gefährt zunächst zum kleineren der Teiche. Der Rücken ist wiederhergestellt, ich kann mich einigermaßen verwringungsfrei entkleiden, dann taste ich mich vorsichtig ins Wasser.

Diesmal plätschert es nicht, sondern: Es raschelt. Eine üppige Schicht Herbstlaub schwimmt auf dem Wasser, sodass dieses ganz und gar nicht zu sehen ist – ein Genuss der besonderen Art –, fast so gut wie das klassische Möbelhaus-Bällebad, nur weicher und mit echtem Wasser als Unterlage!

Es ist, als hätte meine Gattin heute ein raffiniertes Negligé angelegt, einen Schleier, der alles verhüllt, und zwar in Burkabraun. Nach einigen Zügen wiederum fühle ich mich wie eine Blindschleiche, die sich durch einen Laubhaufen schlängelt, im Unterschied zum Kriechtier fehlt mir jedoch die schlanke Körperform.

Ja, der Blick auf das beim Einstieg aufgenommene Selfie lässt mich nicht nur im Laub, sondern auch in gewissen Zweifeln versinken – Zweifel an meinem Körper. Irre ich, oder schwabbeln da mit jedem Armzug kleine Pölsterchen an der Gürtellinie, hinten?

Die waren doch noch nie da! Das Bild ist untersichtig aufgenommen, lässt mich also noch kompakter wirken. Aber trotzdem: Ich werde immer moppeliger! Und das noch vor Einsetzen des Couvade-Syndroms, für das ich erfahrungsgemäß anfällig bin: Wird die Frau während der Schwangerschaft kugelig, legt auch der Mann an Gewicht zu, gleichsam als Ausdruck positiver Identifikation.

Ich schüttele den Kopf, rüge mich: Was ärgerst du dich über ein Handyfoto, lass die Knipserei einfach weg und genieße das Laub, dieses einmalige Naturschauspiel! Noch nie hast du ein Laubbad genommen, bis zum 55. Lebensjahr musstest du darauf warten, jetzt ist der große Moment da, und was passiert? Du störst dich an einem elendigen Selfie, weil du dir dick vorkommst. Was bist du nur für ein Knilch! Bodyshaming in eigener Sache: Wie arm ist das denn? Gegen dich ist Heidi Klum ja noch Gold!

Ich ziehe mich an und lasse die innere Sturmböe verwehen. Dann analysiere ich betont sachlich: Offenkundig reicht eine halbe Stunde Omabrust pro Tag nicht aus, um mich in Form zu halten – trotz des anschließenden Kältezitterns. Wenn der Winter erst mal da ist, werde ich meine derzeitige tägliche halbe Stunde kaum absolvieren können.

Meine Optionen sind: 1. Das tägliche Nasswerden um zusätzlichen, »echten« Sport ergänzen. 2. Die Schwimmstrecken extremisieren. 3. Weniger essen. 4. 1.-3. miteinander kombinieren. 5. Den Streak ein Jahr lang durchziehen und dabei klaglos verfetten. Anschließend abnehmen – oder auch nicht.

Schließlich bleibt noch die Möglichkeit, den Blick vom mehr oder weniger hübschen Schwimmkörper wegzulenken zum Laub, zum Wasser, weg vom Ich, hin zur Umwelt, in die Natur. Wäre dies nicht auch eine feine Gelegenheit, die Egozentrik zu überwinden? Ist es nicht völlig egal, wie ich aussehe? Wen soll das interessieren? Da sind Milliarden Menschen auf der Welt, in allen Farben, Größen, Altersklassen – müssen Typen wie du denn immer und überall im Mittelpunkt stehen? Warum nicht diese anstrengende Spezies ausnahmsweise einmal konsequent ausblenden und sich auf die Teiche konzentrieren, das Wetter, die Schwäne und Algen? Schluss mit dieser unreifen Selbstbetrachtung. Sei Registrator, gefalle dir als Medium! Andererseits: Ein Selbstexperiment ohne Blick aufs Selbst ist ein bisschen wie Kartoffelsuppe ohne Kartoffeln, oder?

Eines steht fest: Meiner Gattin, dem Wasser, ist es egal, wie ich aussehe. Wegen ihr kann ich das alles halten wie ein Dachdecker. Sie nimmt mich so, wie ich bin.

Und mit diesen wilden Gedanken rase ich auf meinem neuen Rad hinab nach Herrsching. Alles wird sich finden. Ich bin gespannt, welcher Gedanke die Oberhand behält.

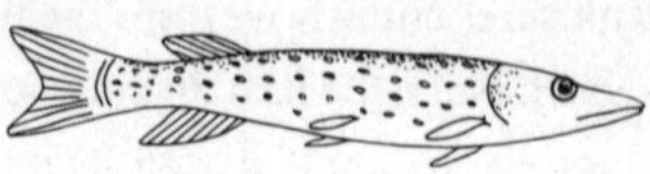

Buchmesse in Frankfurt. Ich bin eingeladen, am Stand meines Verlages vorbeizuschauen, und im Vorfeld beschäftige ich mich ausführlich mit den Schwimmmöglichkeiten im Main. Das Stadtgebiet, so lese ich allenthalben, sei für Schwimmer tabu, auch die Nidda völlig ungeeignet. Auf der Seite der Stadt Frankfurt erfahre ich, dass es in Frankfurt überhaupt keine »gemäß Badegewässerrichtlinie zugelassene Badestelle« gäbe, was sich – aus meiner Warte – so liest, als würde eine Stadt bekannt geben,

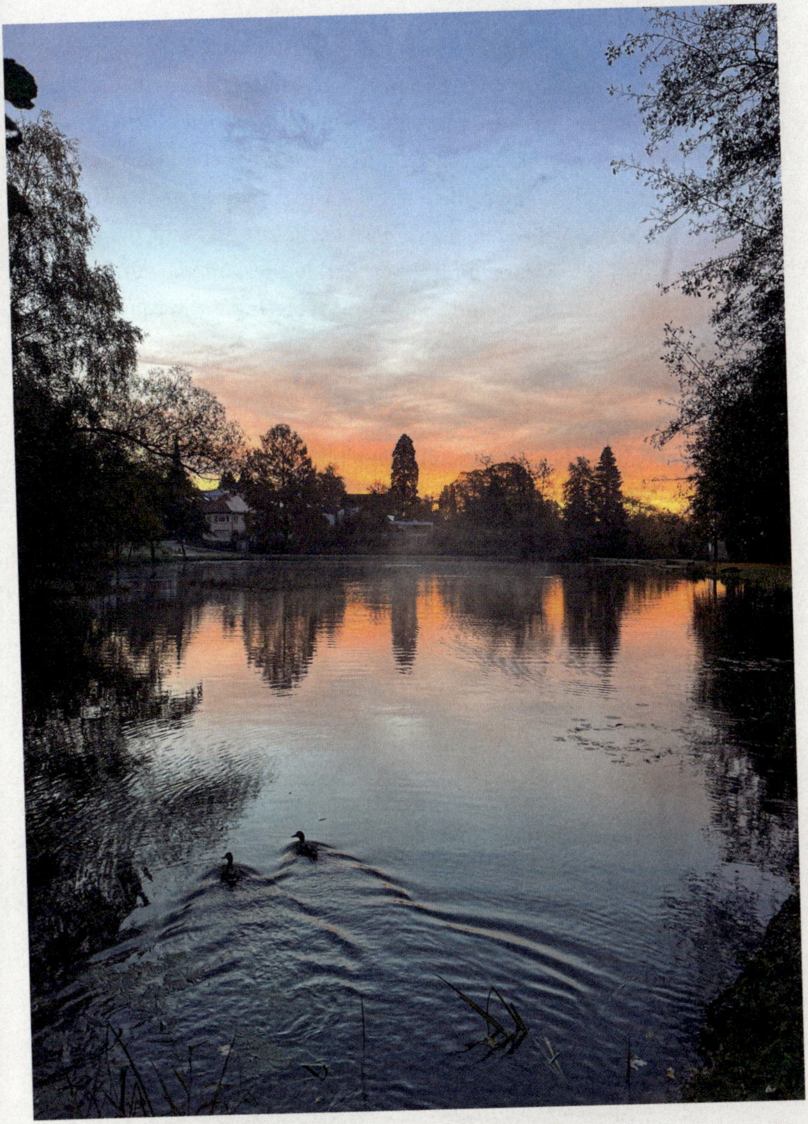

Nirgendwo sonst kann man so intensiv müllabfuhrfarbene Sonnenaufgänge erleben wie im Lomonossow-Park in Oberursel.

man könne in ihr nicht zu Fuß gehen oder übernachten oder essen: armutszeugnissimo liest sich das.

Zu unserem Glück sind die Hotels in dieser Metropole der Freiwasserverächter messebedingt ausgebucht, sodass Managerin Steffi und ich in Oberursel einquartiert werden. Wie es sich dort mit den offiziell zugelassenen Badestellen verhält, bringe ich lieber gar nicht erst in Erfahrung, sondern werfe lediglich einen Blick auf die Umgebungskarte des Hotels. Und siehe da: In der Nähe stehen zwei Parkteiche zur Auswahl, der Rushmoorweiher und der Maasgrundweiher. Parkteiche können mindestens zwei Nachteile haben: Mangelnde Tiefe und schlechte Wasserqualität infolge überreichlicher Entenfütterung – Letztere mag ja gut gemeint sein, ist aber ökologischer Unsinn, und für den Schwimmer kann sich das Bad zwischen aufgeweichten Toastresten, vermischt mit Geflügelkot, anfühlen wie das Laubbad neulich, nur eben bedeutend unfrischer.

Für den Notfall planen wir einen abendlichen Besuch in der Taunus Therme ein, aber am Morgen vor unserem Messebesuch gehen Steffi und ich sowieso joggen, und für den Fall, dass einer der Seen überzeugen sollte, nehme ich auch gleich ein Rucksäckchen mit Handtuch und Wechselhose mit.

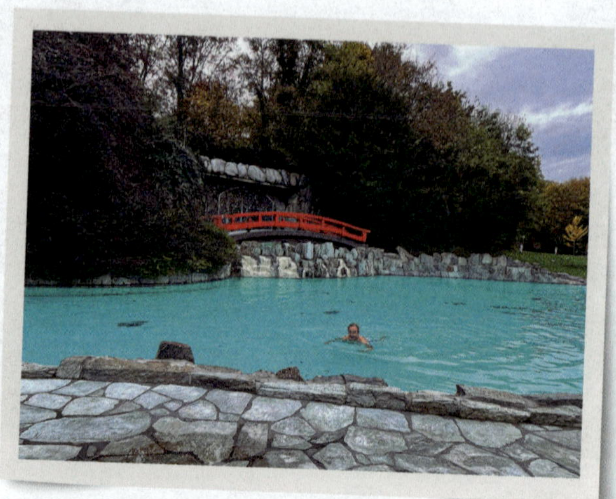

Im Außenbecken der Taunus Therme wurde übrigens auch die »Blaue Lagune« mit Brooke Shields gedreht. Glaube ich.

Den Zuschlag erhält der Maasgrundweiher in der Lomonossow-Anlage, der See wurde sogar unlängst saniert, und die Wasserqualität scheint in Ordnung – jedenfalls bleibe ich gesund. Am gegenüberliegenden Ufer wartet ein Angler auf Beute – der findet es nicht unbedingt sympathisch, dass ich sein Revier durchstreune, aber das unverdünnte Dämmerungsviolett macht alle Menschen milde, auch ihn. Während ich ihn entschuldigend grüße, läuft Steffi eine Extrarunde um den Teich herum.

Ja, vor einem Jahr konnte ich sie noch zum Marathonlaufen inspirieren, aber wenn ich in diesen Tagen frage, ob sie Lust auf einen gemeinsamen Badegang habe, kriege ich nur wegwerfende Handbewegungen zu sehen, vertont mit einem belustigten »In der Suppe? So weit kommt's noch …«

Nach dem Messeauftritt unternehmen Steffi und ich dann noch einen Feierabend-Bonus-Besuch in der Taunus Therme. Es ist Sonntagabend, und bereits an der Kassenschlange muss ich an die Rodgau Monotones denken, die sangen: »Erbarme, die Hesse komme!«

Alle Saunen sind proppenvoll, aber es gibt genau ein Becken, in dem man in Ruhe Runde an Runde reihen kann: das geräumige, ungeheizte Außenbecken mit chinesisch anmutender Zierbrücke. Nach einem Saunagang trage ich dort 17 Minuten Omabrust zusammen, und anschließend bin ich nicht nur ordnungsgemäß abgekühlt, sondern ich zittere wie Espenlaub. Also wieder rein in den 100-Grad-Schwitzraum.

Zu meinem Erstaunen legt sich das Zittern dort nicht schneller als daheim auf dem Canapé, es scheint sogar zuzunehmen. Auch das Schwitzen fällt aus, selbst nach 15 Minuten Aufenthalt sitze ich bibbernd und schranktrocken zwischen den sich mehr oder weniger wundernden Saunisten.

Die anschließende Recherche ergibt, dass der Mensch auf Kältereize zeitverzögert reagiert: Die Körpertemperatur nimmt auch dann weiter ab, wenn der Schwimmer das Gewässer bereits wieder verlassen hat. Woran liegt diese Trägheit? Lange Leitung? Nur net hudeln? Sind die Spätfrierer evolutionär im Vorteil? Und warum zum Teufel steht in der Taunus Therme diese chinesisch anmutende Zierbrücke herum?

Wie bereits bemerkt, scheint es sich bei der Badewelt um ziemlich unerforschtes Gebiet zu handeln, mit vielen offenen Fragen. Aber: Ich bin ja dran. Geduld.

Es schlägt die Glocke im Trockendock

•••••••••

Für das »Duell um die Welt« von Joko und Klaas soll ich nach Danzig reisen. Erst mal ist ein Arztbesuch angezeigt, denn ich benötige ein Tauchtauglichkeitsattest. Während der Mediziner mich untersucht, versucht er mich für das Tauchen zu begeistern. »Das ist eine ganz andere Welt, die müssen Sie erleben! Aber am besten gleich auf die Malediven, Rotes Meer etc., ja nicht in den Starnberger See und Konsorten – bei uns ist Tauchen unglaublich öde! Aber heutzutage habe man ja schon ein schlechtes Gewissen, wenn man nach Mallorca fliegt. Gab schon schönere Zeiten für Froschmänner!«

Ich wiegele ab; mir fehle grundsätzlich die Zeit für anstrengungsfreie Vergnügungen. Dann setze ich mich zum Belastungs-EKG aufs Rad. Der Taucharzt wertet aus und nickt ab.

Guter Nebeneffekt für meinen Streak: Nunmehr ist klar, dass ich nicht heimlich herzkrank bin – aus meiner Lektüre der Kaltwasser-Fachliteratur weiß ich, dass Eisbaden und Winterschwimmen sich mit Herzkrankheiten nicht sonderlich gut vertragen.

»Wofür brauchen Sie den Wisch überhaupt?«, fragt der Doktor, und ich referiere.

Als Mitglied des Klaas'schen Teams bestehe meine Aufgabe unter anderem darin, mir aus einem Getränkespender und ein paar Büroutensilien eine Taucherglocke zu bauen, mit der ich in einem gefluteten Trockendock eine halbe Stunde unter Wasser überlebe (mit diesem Dreh ist schon mal mein schwimmerisches Tagessoll erfüllt – wenn das mit dem Überleben nicht hinhauen sollte, habe ich in meinen letzten lichten Momenten wenigstens eine Sorge weniger). Der Mediziner kommentiert »Oha!« und wünscht gutes Gelingen.

Erst mal ankommen. Die Danziger Flughafentoilette ist sehr sehenswert – man pinkelt mit Blick auf eine Landkarte der Ostseeküste, und aus einem Lautsprecher quillt Meeresrauschen. Mütterlicherseits erfreue ich mich polnischer Vorfahren bzw. »preußischer Staatsbürger polnischer Zunge«, und einen Gutteil meiner besseren Eigenschaften schreibe ich diesem familiären Hintergrund zu.

Bisweilen neige ich zu überbordender Dramatisierung, so auch in diesem Moment, in dem ich »heimkehre« und ausgerechnet vorm Urinal eine Träne verdrücken muss.

Draußen wartet schon das nette Joko-und-Klaas-Team, und wir fahren zum Hotel. Rucksackwechsel, dann zu Fuß weiter zu einer alten preußischen Stauanlage am Südrand jenes Wehrgrabens, der die historische Altstadt umschließt.

Ich habe mich ausgiebig informiert und weiß, wo ich eintauchen möchte: bei den malerischen, aus dem Wasser ragenden Türmen hinter der Schleuse.

Es ist diesig, das Wasser entengrützig. Wenn ich das große Schild richtig deute, sind Schwimmen und ins Wasser Springen hier verboten, aber ich spreche kein Polnisch – mit dieser billigen Argumentation gedenke ich mich im Fall der Fälle aus der Bredouille reden zu können.

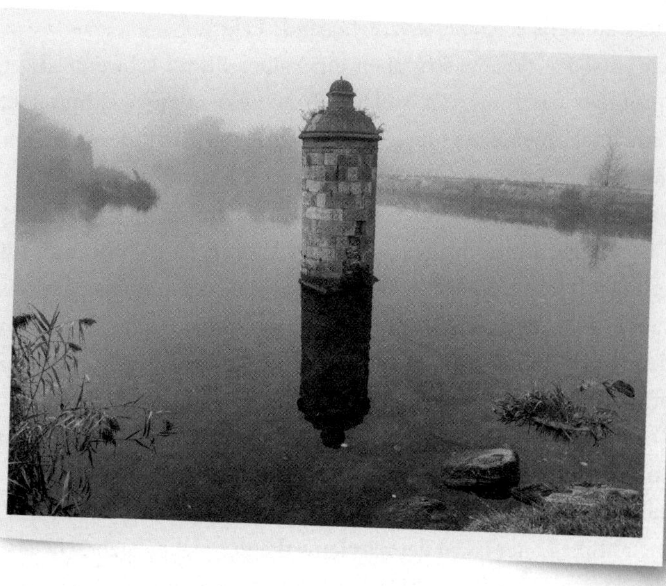

Eine Freizeitimmobilie, die nicht zuletzt für Stehschläfer interessant ist

Warum der Wehrgraben gefährlich ist, wird mir schon nach wenigen Metern klar, als ich knapp unter der Wasserkante an große Steinbrocken stoße, wahrscheinlich die Überreste weiterer Türmchen. Blöd nur, dass die Entengrütze den Blick ins Wasser behindert – so wird jeder Beinschlag zum potenziellen Schlag ans Bein, zur Knie-kaputt-Lotterie. Ansonsten ist das kurze Bad traumhaft, und ich fühle mich wie ein Ritter im Mittelalter, als das Schwimmen eine der angesehensten Kulturtechniken war.

Karl der Große etwa konnte weder lesen noch schreiben, aber schwimmen – das war sein Fachgebiet! Die Kaiserpfalz in Aachen, die Stadt der bedeutenden Warmwasserquellen, geht auf seinen Wunsch zurück, ganzjährig seiner Leidenschaft nachgehen zu können. Unter anderem ließ er sich dort ein Bassin mit gewaltigen Ausmaßen bauen, in dem er mit seiner kompletten Ritterschaft Kacheln zählte. Was man als Ritter wissen musste: Karl der Große schwamm immer voran. Niemals überholen!

Wer sich tiefer einlesen möchte, besorge sich bitte das Buch »Der schwimmende Souverän« von Horst Bredekamp. Karl der Große war der Erste einer Kette von Herrschern, die sich mit Vorliebe im Wasser dem Volk präsentierten. Unter anderem zählten Benito Mussolini und Mao Tse-tung zu Karls Nachahmern. Erhellende Lektüre!

Ich entsteige dem Wehrgraben ein halbes Pfund schwerer als zuvor und großteils frisch ergrünt, sodass ich den gesamten Nachmittag brauche, um mich, meine Kleidung, meinen Rucksack von der anhaftenden Entengrütze zu befreien.

Am nächsten Tag beginnen die Dreharbeiten, zunächst auf der Ostsee. Ein rostiger Kutter bringt uns an der Westerplatte vorbei aufs offene Meer, und ich löse ein paar leichtere Aufgaben, lasse mir etwa ein Nasenhaar auszupfen, indem dieses per Bindfaden mit einer Silvesterrakete verbunden wird. Nach Entzünden der Lunte geht alles recht schnell, es macht »Zupf!«, und ich muss niesen.

Am Nachmittag haben wir einen Motorschaden, und per Funk wird ein Kumpel des Bootseigners zu Hilfe gerufen – das dauert. Was tun in der Zwischenzeit? Ich muss nicht lange überlegen – rein in die Ostsee will ich! Aber wie? Eine Leiter ist an dem Seelenverkäufer nicht angebracht, aber es liegt ein kurzes Stück Tau an Deck, das ich kurzerhand als Ausstiegshilfe missbrauche und mir dabei auch noch schlau vorkomme.

Mit energischen Bewegungen entferne ich mich vom Havaristen und schwimme dem fernen Horizont entgegen, wo ein paar ganz dicke Pötte auf Reede liegen.

Hach, wie ich das Salzwasser genieße, die unendlichen Weiten des Meeres, »la grande Bleue« in alle Richtungen, und im inneren Ohr höre ich Freddy Quinn »Junge, komm bald wieder« schmachten.

Das Team macht emsig Fotos, und als ich meinen Hunger nach Meer gestillt habe, nähere ich mich wieder unserer Schaluppe, an deren Wand sich dann eine interessante Frage stellt: Wie komme ich jetzt wieder an Bord, so ganz ohne Leiter? Das Ausstiegstau, so stellt sich schnell heraus, ist für den Wiedereinstieg zu kurz oder ich zu doof, zu schwach oder was-weiß-ich. Gibt es mit diesem Plot nicht sogar einen Kinofilm? »Open Water« heißt der, gell?

Das innere Ohr, das sich soeben noch mit Freddy Quinn verwöhnen ließ, hört nun immer lauter werdende Alarmglocken, und vor dem inneren Auge sehe ich mich und das Boot auseinandertreiben, die Crew zuckt die Schultern und pustet mir Luftküsse zu, und am Abend treibe ich fröstelnd und ratlos in einen letzten, betörenden Sonnenuntergang hinein.

Gott sei Dank hat dieses Schreckensbild nichts mit der Realität zu tun, außer, dass der Sonnenuntergang tatsächlich recht hübsch zu werden verspricht.

Fieberhaft suchen wir alle nach der rettenden Idee – ich noch am wenigsten, verfüge ich im Wasser doch über das kleinste Arsenal an potenziellen Hilfsmitteln.

Schließlich ist es der vierschrötige, kettenrauchende Kapitän, der die Lösung findet: Aus dem Maschinenraum holt er zwei Tau-Schlaufen herauf, die er zu einer rudimentären Strickleiter verkordelt. Die untere Schlaufe befindet sich knapp über der Wasseroberfläche, und es ist an mir, schwimmend einen Fuß in die Schlaufe einzufädeln – ein echter Härtetest für meine Flexibilität. Sodann gilt es, mit den Händen die obere Schlaufe zu ergreifen – nach allen bekannten Naturgesetzen ein Ding der Unmöglichkeit.

Wie, weiß ich nicht mehr, aber das Kunststück gelingt mir dennoch, und unter lauten »hau ruck«-Rufen werde ich sodann vom inzwischen etwas blassen Team an Bord gehievt.

Wurde mir nicht neulich noch im Internet bescheinigt, dass ich mich in Gefahr brächte, wenn ich ohne Begleitpersonen, ohne Begleitboot schwämme? Der heutige Tag zeigt, dass auch ein vielköpfiges Team nebst 15-Meter-Jacht seine Tücken haben kann.

Am nächsten Tag drehen wir im Trockendock einer Danziger Werft den Taucherglocken-Stunt. Der Drehort ist schon mal ein Hingucker – rostiger Stahl, der unzählige Schiffe gebar, viele Stockwerke hoch. Mittig: eine stilisierte Bürolandschaft, Schreibtisch, Stuhl, Aktenregal, Wasserspender. Unter Zeitdruck muss ich zunächst mit einer Blechschere den transparenten Spender zurechtschneiden, Löcher hineinbohren, um Gewichte zu befestigen, dann den Schlauch einer Sauerstoffflasche applizieren.

Von Berufstauchern werde ich vorher gründlich gebrieft – was geht, was sollte ich lieber sein lassen? In meinem dicken Trocken-Tauchanzug werde ich keine Sekunde frieren, wird mir versichert. Schließlich installiert man unzählige GoPros, und dann geht's auch schon los: Wasser Marsch!

Ich verfolge die Flutung mit einer schweren Kette am Bein, die mich an das Dock fesselt. Theoretisch weiß ich zwar, wie man die Kette im Notfall öffnet, aber ein mulmiges Gefühl habe ich trotzdem, als ich nach und nach im Wasser versinke.

Dann öffne ich das Ventil der Sauerstoffflasche. Mit brachialer Lautstärke strömt das Gas von oben in meine Taucherglocke. Als unangenehm empfinde ich auch die Kälte, mit der die Luft auf meinen schütteren Mittelscheitel trifft. Um mich herum checken Taucher die Lage. Alles ok? Ich recke den Daumen empor. Nach ein paar Minuten bin ich ganz unter Wasser, das Licht schwindet, und es wird ungemütlich kalt. Haben die mir nicht gerade versprochen, ich würde eben nicht frieren? Neopren, das stelle ich an diesem Tag endgültig fest, hält nicht, was es verspricht – von der Komplexität notwendiger Toilettengänge mal ganz abgesehen.

Die Überraschung des Tages: ein Trupp fideler kleiner Quallen, die mich umtänzeln wie zarte Fabelwesen – hätte nicht damit gerechnet, in dieser industriellen Stahlwüste echtem Meeresleben zu begegnen.

Nach einer halben Stunde ist der Versuch vorbei, und ich lasse mich von den Werftarbeitern in ihren Blaumännern gebührend beklatschen. Unter uns: Es war gar nicht so schwer.

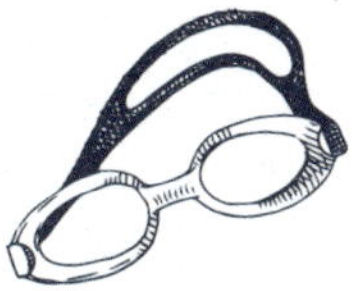

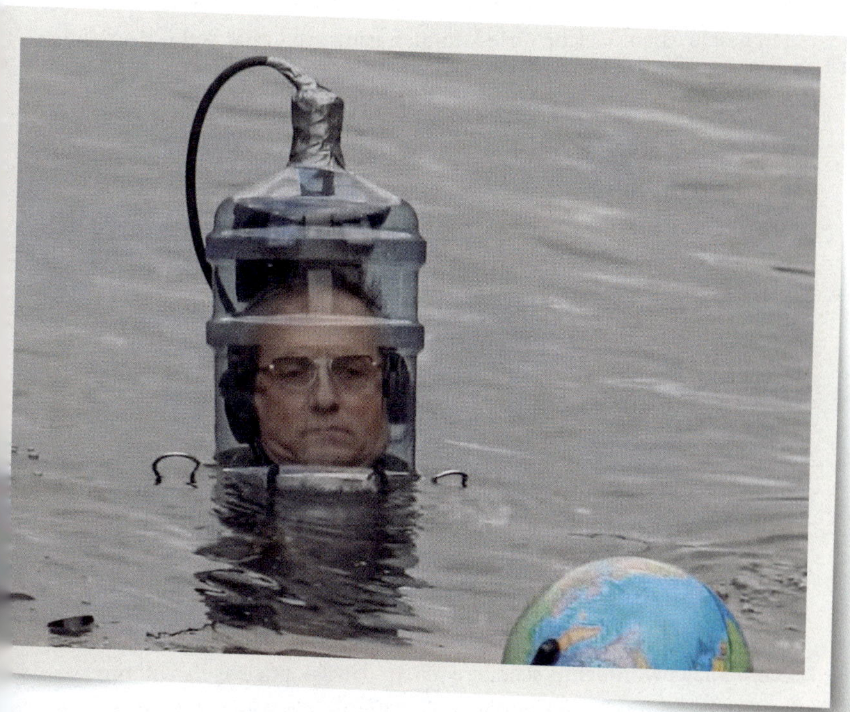

An einem seidenen Faden hing mein Leben nicht – es war ein Gummischlauch, angepappt mit reichlich Panzertape.

Das Knopfleisten-Kriterium

•••••••••

Mit Teresa und den Kindern geht's ein paar Tage auf die Hütte im Zillertal. Wieder steige ich in den moorigen Tümpel neben der Schafslacke und male mir aus, wie es hier wohl im Winter sein wird. Ob er bis zum Grund zufriert? In diesem Fall müsste ich den Hot Tub nützen – weiterhin eine regelkonforme, aber dabei unbefriedigende Notlösung. Auf dem Heimweg fahren wir am Achensee entlang, dem prächtigen, fjordartigen Gewässer oberhalb des Inntals. Mein Sohn Cyprian hat seine Bachelorarbeit über die Zukunftsfähigkeit von österreichischen Skigebieten geschrieben. Welche Orte kommen ganz groß raus, wenn der Schnee zur Seltenheit wird?

Die Studie in ganz kurz: Abgesehen von den sehr hoch gelegenen Skigebieten, die einen unerhörten Ansturm all jener erleben werden, die partout nicht aufs Skifahren verzichten wollen, kommen wanderbergige Destinationen mit See ganz groß raus, auch deshalb, weil es im Mittelmeerraum zum Urlauben langfristig zu warm werden könnte. Cyprians Fazit: Der Achensee ist das Malle der Zukunft!

Wir haben ein Stammlokal am Ostufer, das »Bergkristall«. Ich kenne nicht nur die Karte, sondern weiß auch, wie lange die Zubereitung der Speisen ungefähr dauert. Dieses Wissen mache ich mir zunutze, indem ich die Familie zur Einkehr schicke, selbst jedoch zunächst eine Zehn-Minuten-Runde im See drehe. Als ich, frisch abgetrocknet, den Schankraum betrete, steht die Forelle Müllerin à point zum Verzehr bereit.

Und damit beginnt der November, ich bin endgültig in der dunklen Jahreszeit angekommen. Als ich mir am ersten Tag des Monats nach einer halben Stunde und 1175 Metern im Ammersee mein bordeauxrotes Cordhemd anziehen möchte, scheitere ich an der Knopfleiste. Es will mir partout nicht gelingen, die Knöpfe in die dafür vorgesehenen Löcher zu bugsieren. Zum einen streikt die Sensorik meiner Fingerkuppen: Man könnte mir auch eine Bananenscheibe anreichen – ich würde sie blind für einen

Weisheitszahn halten, oder einen Knobelbecher oder ein Hörgerät. Und zum anderen verhindert das Zittern jede zielgerichtete Motorik. Nach einigen langen Minuten gebe ich auf, fahre mit offenem Hemd heim und unterscheide fürderhin zwischen Badegängen, nach denen ich Hemden zuknöpfen kann, und den anderen, »vollwertigen« Kaltwasserbädern.

Die Auswirkungen dieses Erlebnisses auf meinen Kleidungsstil sind nicht zu unterschätzen: Bis auf Weiteres verlasse ich das Haus vornehmlich in Rollkragenpullis, Polohemden oder extraflauschigen Hoodies, die ich mir, vorsichtshalber leicht oversized, für die gegenwärtige Lebensära anschaffe.

Zunehmend problematisch sind auch enge Socken und Kniestrümpfe, die ich durch weite Wollsocken ersetze. Was sich hingegen bewährt, ist der unlängst in Oldenburg erworbene Damenmantel. Sein einziges Manko: Ungelenk, wie ich nach dem Schwimmen bin, kommt das lange Ungetüm unweigerlich mit Matsch und Modder in Kontakt, und bald laufe ich herum wie der letzte Dreckspatz. Namentlich an Wald- und Wiesenufern sind auch Füße mit dreckerter Sohle typisch, für deren Reinigung im ausgekühlten Zustand Muße und Motorik fehlen. Also schlüpft man direkt in die Socken und trägt den Schmier-Batz pfundweise ins Haus.

Ja, während Schwimmen im Sommer ein sauberer Sport ist, kann man dies im November nicht mehr behaupten.

Nicht jeder See braucht einen Grund

Das schönste Kompliment des Jahres macht man mir in Walsrode, Ortsteil Hünzingen. Zusammen mit Managerin Steffi weile ich im schmucken Hotel Forellenhof, um dort auf Einladung der örtlichen Sparkasse verdienten Kunden aus meinem Buch »Lauf, Wigald, lauf!« vorzulesen und Fragen zu beantworten. Die Veranstaltung verläuft in trauter

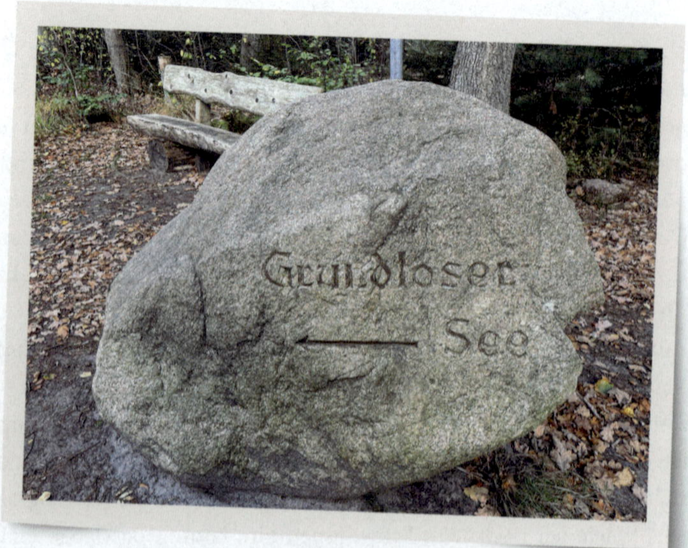

Die berühmte Frage nach dem »Warum?« erübrigt sich hier.

Eintracht und gegenseitiger Zugewandtheit, und zum Abschluss bescheinigt mir der Sparkassenchef: »Sie, Herr Boning, sind authentisch! Sie sind wie die Sparkasse!«

Am Morgen nach der Veranstaltung joggen Steffi und ich zum »Grundlosen See«, drei Kilometer vom Hotel entfernt. Seine Grundlosigkeit kompensiert der moorige See durch äußerste Beschaulichkeit und kopfstarke Vogelschwärme. Väterlicherseits waren die meisten meiner Vorfahren ärmliche Moorbauern, von denen viele mit 40 an Altersschwäche starben, und vielleicht begründet dies meine Schwäche, nämlich jene für das Moor, diese sperrige, schmierige, nur schwer unter die Knute menschlichen Gestaltungswillens zu zwingende Landschaft.

Ich kenne Leute, denen schon der Gang durch den Ufersumpf Angst macht, ich hingegen genieße es, wenn ich wie in einem Paternoster in den – nicht vorhandenen – Grund einsinke und sich das torfige Sediment blubbernd über den Füßen schließt – zumindest habe ich mir dieses Gefühl erfolgreich schöngeredet, wenn ich unbedingt *muss,* kann ich auch beim Gewässereinstieg über glatt geschliffene Marmorklippen oder feinsten Vogelsand Spaß haben.

Ich schwimme betulich zur Gewässermitte und veranlasse einen Massenstart mehrerer Hundert Wildgänse, während Steffi, weiterhin das Laufen bevorzugend, den See umrundet.

Beim anschließenden Frühstück erfahre ich von der Hotelköchin, dass der See ein Naturschutzgebiet ist und Schwimmen streng verboten. Oh, pardon, das wollte ich nicht. Aber wie hätte ich's erkennen können? Stehen da Schilder? Die Hotelköchin erzählt, dass sie bisweilen einen zweispännigen Planwagen mit Hotelgästen zum See lenkt – da werde dann schon mal gepicknickt, aber schwimmen wolle in der Regel eh niemand. Zu sumpfig, die Gegend.

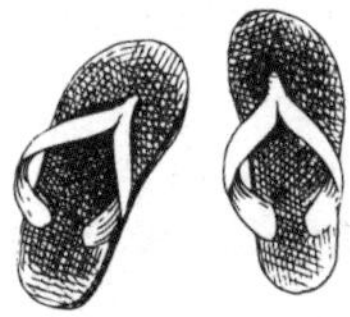

Weiter geht's zu »Wer weiß denn so was« nach Hamburg. Teresa und die Kinder warten bereits im Hotel Méridien, und während meine Sippschaft nebst Bernhard Hoëcker oben im Frühstücksraum das Büffet dezimieren, steige ich direkt vom Hotel weg in die Außenalster ein. Das Méridien ist für meine Zwecke außergewöhnlich gut gelegen: Ich überquere im Hotelbademantel die Straße vorm Hotel, okkupiere eine Parkbank neben der Segelschule von Käpt'n Prüsse und lege los. Für Bling-Bling-Badeurlauber, denen die Malediven zu weit weg sind, ist dies eine ernst zu nehmende Top-Destination: Eine Luxusherberge mitten in der Großstadt, die keine Wünsche offenlässt, und der Badeplatz direkt vor der Tür dürfte auch im Hochsommer kaum überlaufen sein. Auf meiner Parkbank jedenfalls sind Reservierungshandtücher eher unwahrscheinlich, jedoch eine Belegung durch Obdachlose nicht ausgeschlossen. Jetzt im November hat die Alster eine angenehme Frische, und man kann jederzeit der meinem Treiben am Fenster im neunten Stock beiwohnenden Kinder-, Kollegen- und Kurtisanenschar zuwinken.

Wäre mein Streak nicht noch abwechslungsreicher, wenn ich Tag für Tag ein neues Gewässer besuchte? Natürlich. Aber mein Leben würde durch diese Zusatzregel enorm kompliziert werden, und man kann trefflich darüber streiten, ob ich nicht gegebenenfalls auch ohne strikte Ortswechsel jeden Tag ein neues Gewässer kennenlerne.

»Panta rhei« – »Niemand kann zweimal in denselben Fluss steigen, denn alles fließt und nichts bleibt« – so lautet eines der berühmten »Flussfragmente« des Philosophen Heraklit.

Klar, man kann den Fluss als Metapher auf das Leben betrachten, man muss aber nicht. Heraklit jedenfalls litt unter Wassersucht (!), konnte sich aufgrund seines kryptischen Philosophenjargons den herkömmlichen Medizinern seiner Zeit nicht verständlich machen, und so versuchte er, sich selbst zu kurieren, indem er sich unter einen Misthaufen legte – ein Therapieansatz, der ihn angeblich das Leben kostete.

Spontan denke ich an den Besuch James Browns seinerzeit bei Stefan Raab, bei dem der große Soulsänger einen Dolmetscher dabeihatte, um seine höchstpersönlichen Lautäußerungen für Außenstehende wie Raab ins Englische zu übersetzen.

Hach, Heraklit, dieser antike Mix aus Naturheilkunde, Heidegger und James Brown, ist mein Lieblingsphilosoph, schon immer – wenn ihr versteht, was ich meine.

In Oldenburg besuchen Teresa, die Kinder und ich meine Eltern. Mit Papas Gesundheit geht es bergab, Metastasen in den Knochen machen ihm das Leben schwer. Sein Prostatakrebs ist, wie man so sagt »austherapiert«, und ich bewundere die gleichmütige Tapferkeit, mit der er sein Schicksal angenommen hat. Ich versuche mich nützlich zu machen und für gute Laune zu sorgen und genieße die Zeit mit meinen Eltern, und morgens nach dem Frühstück absentiere ich mich, um in die Hunte zu steigen. Der Fluss kam mir schon im Sommer frisch vor, und in der Zwischenzeit ist das Wasser nicht wärmer geworden. Wir notieren den 5. November – es ist dies der erste Tag mit Raureif auf den Wiesen.

Im Wasser konzentriere ich mich unweigerlich auf den Kältereiz und lerne, dass man währenddessen nicht den Bootsverkehr vergessen sollte.

Ein älterer Herr prescht auf seinem Ruder-Einer auf mich zu, und nur meiner knallpinken Bademütze und einem an seiner Brille applizierten Rückspiegel verdanke ich, dass er mich rechtzeitig bemerkt. Warum, zum Teufel, habe ich eigentlich keine Schwimmboje dabei? Ich Schussel, ich.

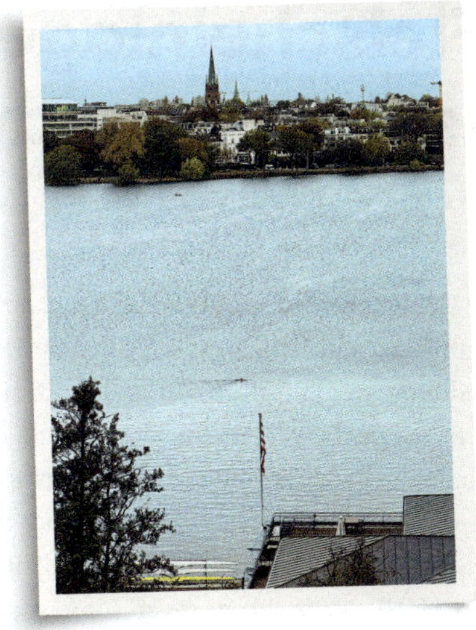

Nehmen Sie jetzt bitte Ihre Lupe zur Hand. Der Klecks links oberhalb der Fahnenstange – das bin ich.

Der Schwimmer verhält sich zum Boot ungefähr so wie der Fahrradfahrer zum Auto, und ich erwäge, mir einen Rückspiegel zuzulegen, der an der Badekappe befestigt ist. Gibt es so etwas überhaupt? Falls nicht, melde ich hiermit schon mal meine Erfindung zum Patent an, provisorisch. Danke.

Auf dem Rückweg flussabwärts begleitet mich zeitweilig erneut ein Biber – denke ich jedenfalls zunächst. Als ich später einen Film des Nagers bei Instagram poste, werde ich von einem Follower darüber belehrt, dass es sich wohl eher um eine Bisamratte handeln dürfte, weil man nämlich den Schwanz beim Schwimmen erkennen könne. Wieder was gelernt.

Die zweite Novemberwoche ziehe ich voll durch: Jeden Tag schwimme ich mindestens 1000 Meter – bei stetig abnehmender Wassertemperatur. Die anschließende Phase des Kältezitterns wird von Tag zu Tag länger und fordernder, und wenn ich versuche in dieser Zeit z. B. Texte ins Handy zu tippen, komnmerhv3g4uir Kaudgerweldc hsc dabei heraus. Im Gegenzug verzittere ich immer größere Teemengen – am vorletzten Tag der Woche verteilt sich fast die Hälfte des Tasseninhalts auf meinen Knien. Nur gut, dass ich keine elektrische Heizdecke im Einsatz habe!

Fleischeinlage im Eisplattensandwich

Ein besonderer Höhepunkt in dieser Woche ist eine hölzerne Parkbank, der ich im Ammersee auf halbem Wege zur Boje H84 begegne. Das gute Stück ist handwerklich fein verarbeitet und treibt ziellos schaukelnd durch die Herrschinger Bucht. Wie ist das Sitzmöbel in den See geraten? Vandalismus? Zeugnis eines Schiffsunglücks? Ich begutachte die Bank von allen Seiten, versuche, auf ihr Platz zu nehmen (klappt nicht), und überlasse sie anschließend ihrem Schicksal. In der Rangliste der größten im Wasser treibenden Möbelstücke thront sie ab sofort auf Platz eins – der bisher von einem Lederhocker, gesehen im Bremer Werdersee, besetzt war.

Zum Wochenabschluss treffe ich mich mit Sportfreund Hannes in Füssen, und wir besuchen den Alatsee – eines der Gewässer, in denen meine Partnerschaft mit dem nassen Element ihren Anfang nahm. Nachdem

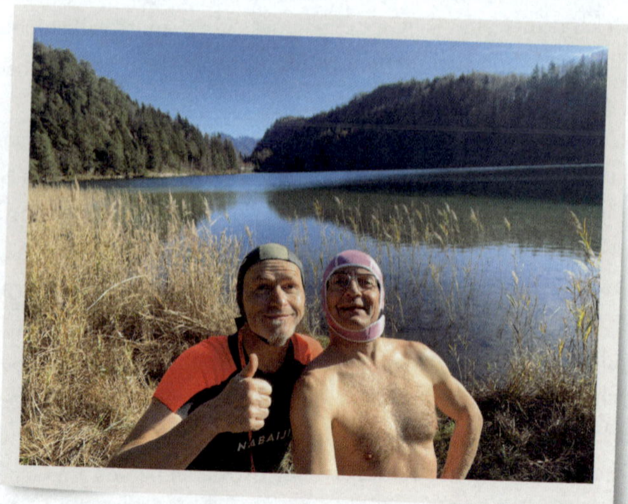

Im sagenumwobenen Alatsee ist manch Draufgänger spurlos verschwunde. Nur mühsam verstecken Hannes und ich unsere Urängste hinter konvulsivem Grinsen.

wir gründlich in unsere Lieblingslake einstippen, kann ich ihm vom Hafen der Ehe nur Gutes berichten: Auf die Gefühlssturmflut im Honeymoon, das emotionale Überschwappen im Golf von Thailand, das Entdecken unbekannter Seiten am Partner (Regenrückhaltebecken am Flughafen!) folgte ein zumeist stressfreier Alltag mit dem täglichen Weg zum türkisenen Motorboot und zurück.

Ob ich denn gar nichts am Laufen, am Radeln vermisse, fragt Hannes. Ich verneine ehrlich. Sicher, es werde in dieser Ehe unweigerlich immer kälter, aber es werde eines Tages auch wieder wärmer – das sei quasi ein Naturgesetz! Die frostigen Aussichten würden mich jedenfalls nicht zum Erzittern bringen – eher sei ich neugierig auf das, was da auf mich (und das Wasser) warte. Außerdem, füge ich hinzu, könne ich ja jederzeit laufen oder radeln, wenn mir danach ist. Aber mir sei nicht danach, Stand heute.

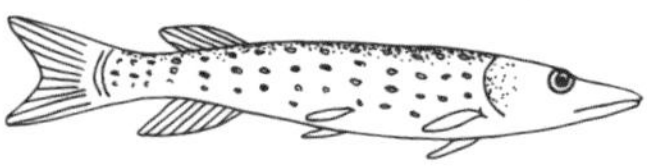

Wenn ich ganz in Ruhe, völlig ungestört von Freund und Feind, Texte zu Papier bringen möchte, bequeme ich mich gerne in die Berge, in unsere Hütte über dem Zillertal.

Als ich Mitte November dort eintreffe, liegt bereits eine solide Schneedecke über den Almen.

Eine gewisse Furcht erfüllt mich.

Was, wenn die Moorpfütze neben der Schafslacke bis zum Grund durchgefroren ist? Auf dem Heuboden des Kuhstalls befindet sich das Werkzeugarsenal unseres Verpächters, und ich begebe mich auf die Suche nach Hilfsmitteln für die Eislochbereitung. Viel hilft viel, sage ich mir, und so greife ich nach der größten und schwersten Kreuzhacke, die ich finde, und mache mich mit geschultertem Schwimmrucksack auf den Weg. Nachfolgenden Städtergenerationen mit Drang an den Busen der Natur kann ich schon nach wenigen Kilometern persönlichen Erlebens einen guten Rat mit auf den Weg geben: Handschuhe sind beim Transport großer Hacken vorteilhaft, zumal, wenn man sie, wie ich, als Wanderstock einsetzt. Als ich jedenfalls am eingeschneiten Gewässer ankomme, sehen beide Hände recht zerschunden aus. Und dabei hat das eigentliche Workout ja noch gar nicht angefangen!

Also, lasst die Spiele beginnen! Lampenfiebrig ziehe ich mich aus, taste mich barfuß zur Seemitte und beginne auf das Eis einzudreschen. Auch hier gibt's was zu lernen, nämlich: barfuß im Schnee – das ist keine gute Idee. Man kühlt gar zu schnell aus und ist durchgefroren, noch bevor man im Wasser sitzt. Und in diesem Fall geht es tatsächlich ums Sitzen. Denn zwar gelingt es mir mit einigen beherzten Schlägen, die Eisdecke zu zertrümmern, aber einen halben Meter tiefer befindet sich eine zweite Eisdecke. Nanu, wie kommt's?

Spontane Theorie: Der Wasserstand wechselt. Bei Niedrigwasser ist der Tümpel zugefroren, dann ist aus den moorigen Quellwiesen weiteres Wasser drübergeflossen, das erneut gefror. Wie auch immer – ich belasse es bei einem Sitzbad. Schon der Einstieg durch das selbst geklöppelte Loch ist spektakulär genug. Kurz liebäugele ich damit, mich mit geschlossenen Augen zwischen die beiden Eisschichten zu legen, quasi als Stullenfüllung eines Eissandwiches. Aber abgesehen davon, dass ich die Kälte am Kopf scheue, peinigen mich diffuse Sicherheitsbedenken. Was, wenn irgendetwas schief geht? Hier, in 2100 Metern Höhe, wird mich niemand hören, wenn ich um Hilfe rufe – wobei Rufe im Wasser zwischen zwei Eisdecken sowieso eher unverständlich ausfallen –, die Höhe über N.N. tut also gar nichts zur Sache.

Nur kurz währt mein Sitzbad, dann begebe ich mich hurtig zurück zum Klamottenstapel am vermuteten Ufer. Meine Füße schmerzen vor Kälte, und ich nehme mir vor, schnellstmöglich Badeschuhe anzuschaffen. Es ist dies der Tag, an dem mir endgültig klar wird, dass ich mein ursprüngliches Ziel, jeden Tag zu schwimmen, verfehlen werde – es sei denn, ich bin bereit, die Überwindung einer Horizontaldistanz durch Zurechtrücken des Sitzfleisches in einer Größenordnung von knappen zehn Zentimetern als Schwimmen zu verkaufen – vor mir und anderen.

Und das bin ich nicht.

Dennoch ist dies zwar ein bedeckter, aber kein trüber Tag. Dafür sorgt allein schon das Gefühl, eine völlig überdimensionierte Kreuzhacke zu schwingen: Das erinnert einerseits angenehm an ehrliche Arbeit, viril bis zum Gehtnichtmehr, andererseits an Hau den Lukas – welches innere

Kind freut sich nicht, wenn man mal so richtig hemmungslos reinzimmern darf? Bei »Nicht nachmachen!« war dies mein Alltag, zusammen mit Bernhard Hoëcker durften wir ganze Häuser zerlegen, aber das ist ja nun eine ganze Weile her.

Jetzt darf ich endlich wieder zerstören, juppheidi!

Hinzu kommt: Einzutunken zwischen den milchigen Klumpen, das hat etwas Heroisches. Aus warmem Wasser werden wir geboren, ins Eiswasser kehre ich zurück – ein Bild, über das ich selbst erst noch ein Weilchen nachdenken muss.

Auf dem Rückweg zur Hütte versuche ich mich sodann zu erinnern, ob ich schon einmal in irgendein Eisloch eingetaucht bin, unfreiwillige Vorfälle eingeschlossen – aber ich kann mich an derlei nicht erinnern. Folglich ist dies eine Premiere in meinem Leben.

Und sollte ich dereinst einen Ratgeber schreiben, mit Tipps für das gelungene Leben, so könnte ein Leitsatz folgendermaßen lauten: Je älter man wird, desto wichtiger ist es, im Theater des eigenen Lebens nicht nur Neuinszenierungen anzubieten, sondern ab und an auch echte Erstaufführungen, selbst auf die Gefahr hin, vom inneren Kritiker verrissen und vom inneren Publikum ausgebuht zu werden. Nein, da waren keine Buhrufe zu hören, und der Kritiker konnte lediglich das Fehlen banaler Badeschuhe bekritteln. Bravo! Zugabe!

Kurz bevor ich die Hütte erreiche, fällt mir der uralte Bestseller von Dale Carnegie ein, »Sorge dich nicht – lebe!«, *der* Klassiker der Lebenshilfe-Literatur, und ich beschließe, meinen Ratgeber »Sorge dich nicht, sterbe!« zu nennen, ja, mit falschem Imperativ, als punkiges Statement gegen ungesunden Perfektionismus. Und ein Kapitel könnte davon handeln, dass man keine beleidigte Leberwurst sein soll, sondern lieber der Leberwurstbelag im Eisplattensandwich.

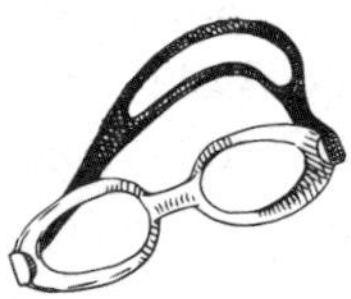

Betriebssportgruppe Warschau

Ein weiterer unzweideutiger Jahreshöhepunkt steht vor der Tür: Ich reise erneut ins Land meiner Ahnen, nach Polen, diesmal nach Warschau. Dort werden für SAT.1 Weihnachtsmärchen hergestellt, so eine Art anarchistisches Family-Entertainment, das mal an Schultheater, mal an Schlingensief erinnert (beides je nach Textsicherheit der Akteure auch unfreiwillig). Managerin Steffi und ich sind in einem Hochhaus-Hotel im Stadtzentrum einquartiert, dreißigster Stock, mit Blick auf den stalinistischen Kulturpalast.

In der Hauptstadt Masowiens wird gedreht, weil alle geeigneten Studios in Deutschland schon belegt waren, mit der interessanten Folge, dass das Publikum zum Teil per Bus aus Berlin herbeigekarrt wird und nachts, nach Aufzeichnungsende, wieder zurück – sechs Stunden hin, sechs Stunden zurück, eine warme Mahlzeit inbegriffen.

Aber gemach, soweit sind wir noch nicht. Erst mal ankommen, proben und Badeplätze ausklamüsern. Dem Hotel am nächsten ist ein Parkgewässer, das Steffi und ich sogleich untersuchen. Es befindet sich am Rande des Regierungsviertels im Sächsischen Garten, gleich hinter der ewigen Flamme, die an jene polnischen Soldaten erinnert, die in Kriegen ihr Leben ließen – und das sind verdammt viele. Zwei strammstehende Militärs mit aufgepflanztem Bajonett bewachen das Ehrenmal.

Hier ausziehen? Ins Wasser steigen, das eh nur zentimeterhoch über dem gefrorenen Grund steht? Nein, das kommt mir pietätlos vor. Also neue Suche. Wie wäre es mit der Weichsel? Wir könnten hinjoggen. Ok, so wird's gemacht. Und am nächsten Morgen trimmtraben Steffi und ich noch vor dem Frühstück durch die Rushhour, an Kulturpalast, Solidarność-Denkmal und Konservatorium vorbei zum Ufer. Die andere Seite sieht badetauglicher aus, also rüber, zum Nationalstadion.

Kleines Problem: Ich habe eine Bronchitis im Gepäck und hüstele zähen Schleim hervor. Ob eine Kaltwasserbehandlung schleimlösend wirkt? Zweifel sind angebracht, aber groß drüber nachdenken nicht – ich gehe ins Wasser, basta. Außerdem bin ich neugierig: Wie schwimmt sich's in der Weichsel, die laut Internetinfo nur in einem einzigen Monat badetaugliche Temperaturen aufweist (nämlich im August) und bereits jetzt im November knackige drei Grad kühl ist? Vorm Stadion finden wir einen sandigen Badeplatz, ich mache mich frei, huste ein letztes Mal ab und lege los.

Hussa, wie das kneift! Die Hände sind sogleich betäubt, der Rest des Körpers folgt zügig. Unerschrocken brüstele ich bis zur Strömung, stelle mich ein paar Momente in selbige und verwende den Fluss als Gegenstromanlage. Steffi filmt, knipst und frohlockt, dass sie selber nicht mit ins Wasser muss.

Immerhin wirkt das kalte Nass recht sauber.

Als ich wieder aussteige, flaniert ein Frauchen mit Hund herbei, und als ich mich der nassen Badehose entledige, bleibt sie mit versteinerter Miene in der Entfernung stehen. Oha, nicht, dass ich hier gegen ortsübliche Sitten verstoße. Immerhin ist im Warschauer Stadtwappen eine Nixe abgebildet – da sollten den Fluten entsteigende nackerte Fabelwesen wie ich mit einer gewissen Toleranz rechnen können. Oder verstört sie nicht mein blankes Fortpflanzungsorgan, sondern die bittere Kälte, die an dessen Ausdehnung ablesbar ist? Womöglich hat sie so was Verfrorenes noch nie gesehen? Aus dem polnischen Team weiß ich immerhin, dass Winterschwimmen in Warschau durchaus Anhänger hat – allerdings treffen sich diese lieber etwas weiter außerhalb, etwa im Rezerwat przyrody Jeziorko Czerniakowskie oder im KRIO FAZA Morsy Pruszków (Copy-and-paste aus einer E-Mail mit Tipps für die angeblich besten Eisbadelocations).

Die Bronchitis, so viel jedenfalls ist klar, wird vom kalten Wasser nicht unmittelbar positiv beeinflusst. Auf dem Rückweg zum Hotel huste ich hurtig weiter, und im Frühstücksraum gibt es eine schöne Ladung Gelomyrtol zum Kaffee. Auf die Gesundheit!

Am nächsten Tag hat es geschneit. Welch Spektakel! Meine Vorfreude schlägt jeden Hustenreiz, und aufgekratzt schlittern Steffi und ich den Weg hinab zur Weichsel.

Das frische Weiß gibt der Stadtlandschaft einen geordneten, fast hygienischen Look, und als ich am Strand ein wenig meine Augen zusammenkneife, wähne ich mich in einem dieser Weichspüler-Werbespots von Guido Maria Kretschmer, umschmeichelt von makelloser Bettwäsche. Am liebsten würde ich mich hineinkuscheln – aber da ist ja noch der große Strom, der nach mir ruft. Beim Einstieg meine ich eine Goldmünze im Spülsaum zu erspähen, aber es ist doch nur ein Kronkorken – wie so oft im Leben.

Heute habe ich auch wieder meine orangene Schwimmboje dabei, nicht zuletzt, weil ich der Strömung in der Flussmitte durchaus zutraue, mich einige Hundert Meter abzutreiben.

In Danzig, Stadt der Weichselmündung, war ich ja erst im vergangenen Monat, da muss ich nicht schon wieder hin, schon gar nicht als Opfer des eigenen Größenwahns.

Omabrust mit Blick auf das eingeschneite Warschau ist ein besonderer Genuss. Schnee als erprobtes Kälteindiz vermittelt dem Schwimmer, gleichsam als Rückkopplungseffekt, einen deutlichen Hinweis auf die eigene Grandezza. Ein bereits zart ergrauter Herr, der sich im masowischen Winter in die Weichsel traut, ist nicht nur ein selten toller Hecht, klar, sondern auch nicht krank, Hüstelhüstel hin oder her. Eine echte, schwere Bronchitis wird schon kaum dahinterstecken, eher ein fehlgedeuteter Verlegenheitshusten o. Ä.

Für großes Hallo sorgt die heutige Schmutzfracht, die mein Badegewässer garniert: Irgendwo zwischen den Beskiden und der Hauptstadt scheint eine Baustelle explodiert zu sein. Kleingehäckselte Plastikschläuche, wie sie z. B. zur Ummantelung von Stromleitungen verwendet werden, wechseln sich mit beigen Bauschaum-Bruchstücken ab. Was soll ich sagen? Viel Schmutz, viel Ehr? Ich bin ja nur zu Gast hier.

Anziehen, hopphopp zurück zum Hotel, Frühstück, ab ins Studio. Im Märchen »Rotkäppchen« bin ich gemeinsam mit Volker Möller alias »Zack« einer der »Barden«, die ab und an kurze Bänkelgesänge, Zusammenfassungen und Cliffhänger einstreuen. Theoretisch. Praktisch bricht mir immer weiter die Stimme weg, und übrig bleibt nur ein malmendes Röhren, ein knuspriges Raspeln.

Jetzt ärgere ich mich, dass wir im Vorfeld nach Badeplätzen gefragt, überhaupt von meiner Schwimmchallenge erzählt haben. Wie dumm kann man sein? Wenn ich ausfalle, werden die Fernsehgewaltigen zu

Recht mit dem Finger auf mich zeigen und »selber schuld!« rufen, und ich werde mich kleinlaut davonstehlen.

Mein Glück: Die Aufzeichnung verläuft nicht unproblematisch und geht bis in die Puppen, der geschundene, im Bus herbeigekarrte Publikumsteil droht einzudösen, vom deutschunkundigen ganz abgesehen. Für Rettung sorgt Rotkäppchen Evelyn Burdecki, gebürtige Polin, die in den vielen außerplanmäßigen Pausen beim hiesigen Saalpublikum für gute Laune sorgt.

Mein Stimmverlust jedenfalls ist vor diesem Hintergrund eine der kleineren Unzulänglichkeiten.

Am nächsten Morgen ist schon wieder Schmutzalarm in der Weichsel. Diesmal scheint ein Pharmaunternehmen leck gesprungen zu sein, irritierende Schmierschlieren schmücken die Wasseroberfläche. Wer weiß, vielleicht kommt die Schmiere aus einer Fabrik für Haarwuchsmittel? Oder vom Hersteller eines Mittels gegen Bronchitis? Vorsichtshalber dusche ich im Hotel doppelt so lange wie normalerweise, dann fliegen Steffi und ich heim.

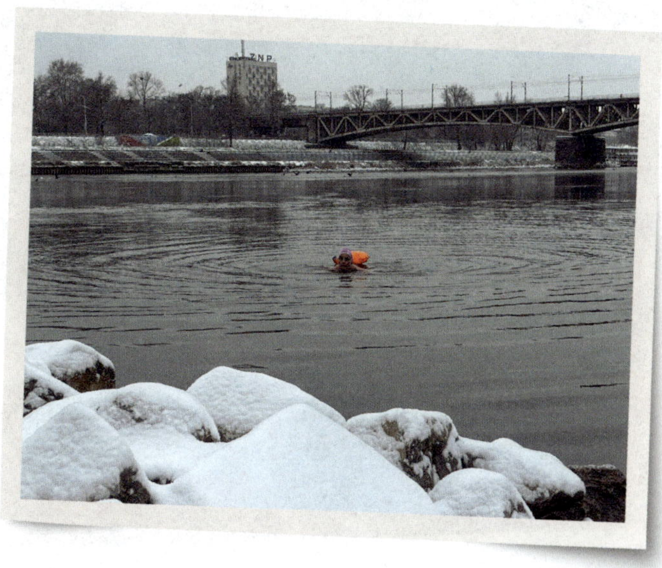

Besonders heimelig wird Warschau Ende November, wenn eine feine Schicht Puderzucker die Stadt verzaubert.

Dort belasse ich es an den folgenden freien Tagen nur bei kurzem Eintunken in den Ammersee – ich will ja nichts riskieren.

Dann geht es wieder zurück nach Warschau, mit deutlich verbesserter Stimme. Steffi und ich erkunden jeden Morgen einen neuen Uferabschnitt, einmal will mich eine Dame nackt beim Umziehen fotografieren (ist sie von der Lokalpresse?), und mitunter gesellen sich Kollegen hinzu, etwa Bühnenregisseur Erik und mein Co-Barde Volker Möller. Unser liebster Badeplatz befindet sich gegenüber der schmucken Altstadt, an einer Bar, die sinnigerweise »La Playa« heißt. Just dort gründen wir die »Betriebssportgruppe Warschau«. Für Steffi und mich fast ein schräger Gedanke, dass man sich mit anderen zum Sporteln zusammentut und dem Kind sogleich einen Vereinsnamen gibt.

Mein Vater hat einen Gutteil seiner Lebenszeit dem in den Fünfzigerjahren gegründeten Wildeshauser Brummkreiselverein gewidmet, dessen

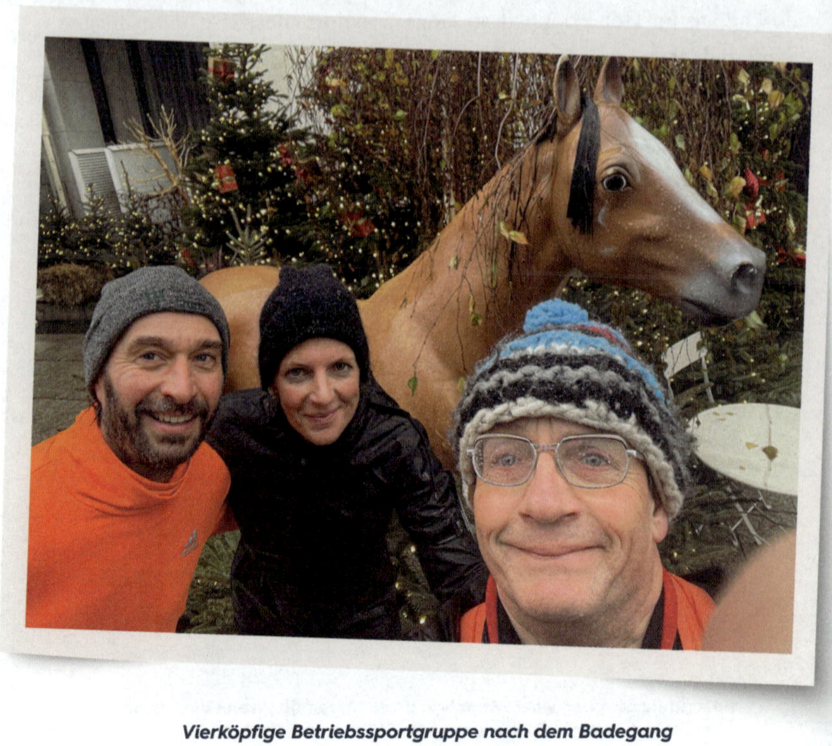

Vierköpfige Betriebssportgruppe nach dem Badegang

Mission ursprünglich darin bestand, das In-Rotation-versetzen-und-halten von Holzkreiseln (mittels einer Peitsche) zur olympischen Disziplin zu machen. Später stand das bierselige Witzeerzählen im Vordergrund, noch später stiftete der Verein einen hoch angesehenen Preis, der etwa an das Wildeshauser Hospiz vergeben wurde. Bei all diesen Transformierungen war das Hantieren mit Vereinsrecht, Geselligkeit, Satzungsfragen immer gleichzeitig Ernst und Persiflage – so wie das sonstige Leben ja auch. In diesem Geiste gründete auch ich 1977 als Zehnjähriger einen Verein, nämlich den Elvis-Presley-Fanclub Oldenburg-Osternburg. Der exklusive Club hatte genau zwei Mitglieder: Ich war Vorsitzender, Klassenkamerad Oliver Heil mein Stellvertreter. Die Vereinssatzung umfasste mehrere Dutzend Paragrafen, und als ich das Regelwerk mit Papas »Olympia«-Schreibmaschine niedergetippt hatte, starb Elvis (sagt man), und der Verein wurde – in tiefer Trauer – aufgelöst.

Mit der »Betriebssportgruppe Warschau« jedenfalls unternehmen Steffi und ich einen neuen Anlauf und gründen unseren eigenen Sportverein, der uns ab jetzt immer begleiten wird, auch außerhalb Polens. Wir leben in unsicheren Zeiten – ist doch gut, wenn da ein paar Säulen sind, auf die Verlass ist. Die BSG Warschau ist schon mal gesetzt.

Der Bergsee im Hochhausgebirge

Auch daheim am Ammersee ist der Winter angekommen. Als ich am 12. Dezember nach meinem Ausflug vom Tiger zur Boje 74a und zurück heimradele, friert die nasse Badehose augenblicklich bretthart und pappt am Fahrradkorb fest. Nun noch wenige Zehntel-Celsiusgrade liegt die Wassertemperatur über der Fünf-Grad-Marke, unterhalb derer vom Eisschwimmen gesprochen wird. Wird sich der Unterschied mit einem »Plopp« bemerkbar machen? Wird man überhaupt irgendeinen Unterschied spüren?

Meine Vorfreude jedenfalls ist diebisch! Ich fühle mich perfekt präpariert und wäge im Hinterstübchen allerlei Pläne etwaiger Streckenverlängerungen, wenn erst einmal die Temperaturtalsohle durchschritten ist. Kann ja nicht mehr allzu lange dauern!

Der Einstieg ins Wasser jedenfalls bereitet mir nicht die geringsten Probleme. Ohne Hudeln, ohne Hyperventilieren gehe ich gemessenen Schrittes voran, rühre ein wenig mit den Händen im Nass herum, ehe ich mich nach vorne kippen lasse. Auf das Gefühl der beißenden Kälte folgen nach kurzer Phase der Akklimatisierung, ein paar Minuten beschwerdefreier Zufriedenheit, ehe (bei mir in diesen Tagen nach etwa 200 Metern) erneut Kältegefühl einsetzt, bisweilen begleitet von schmerzenden Händen und Füßen. Dann heißt es: raus aus dem See! Ein innerer Aufruf, dem ich ohne Murren folge.

Die bretthharte Badehosen-Skulptur präsentiere ich daheim der staunenden Teresa und lasse mich gebührend bewundern. Wir haben in unserer Geschichte als Paar bereits einige gemeinsame Sportaktivitäten unternommen, allen voran unsere Alpenüberquerung (sie per Mountainbike, ich per Tretroller), für gemeinsames Winterschwimmen kann ich sie jedoch ebenso wenig begeistern wie Steffi. Aber sie erklärt mich auch nicht für ernsthaft verrückt – das ist ja schon mal was.

Festhalten lässt sich auf jeden Fall, dass die Zeit, die ich im Wasser verbringe, mit dem Temperaturrückgang immer weiter abnimmt – wertvolle Minuten, die restlos dem Familienleben zugutekommen. Winterschwimmen ist ein zeitsparendes Vergnügen (wenn man es z. B. mit Ironman-Triathlon-Training oder einer Karriere in der Bundespolitik vergleicht).

Am Tag nach dem Hosenfrost bin ich in Köln beschäftigt, und die proppenvolle Tagesdispo offeriert nicht das geringste Zeitlöchlein für eine Bade-Eskapade. Nur indem ich den ganz, ganz frühen Morgen nutze, bleibe ich im Streak-Business.

Vom Hotel Savoy am Hauptbahnhof kommen genau zwei ausreichend nahe Gewässer in Betracht: der Rhein, speziell jenes Ufer, an dem die Flusskreuzfahrtschiffe vertäut sind. Und der künstliche See im Mediapark, zwischen Saturn-Hochhaus und Herkulesberg.

Der Rhein ist mir nicht geheuer, wegen der Strudel und Schiffe. Unklar ist mir auch, wie man überhaupt rein und raus käme. Gibt's da Leitern?

Eines Tages werde ich nachschauen, einstweilen versuche ich mein Glück am Mediapark. Es ist noch tiefe Nacht, als ich mich auf den Weg mache, allerdings hupt und humpelt bereits der Berufsverkehr den Büros entgegen. Neben dem angepeilten Gewässer steht der Wolkenkratzer am Mediapark, viele Flure hell erleuchtet, für einen Ententeich ein maximal urbanes Hochufer.

Das Federvieh reagiert entzückt, als ich mich verstohlen dem Ufer nähere: Ah! Da bringt jemand Frühstücksbrot, gell? Mir passt der Entenauflauf gar nicht, denn er könnte die Blicke irgendwelcher Sicherheitsleute in das Unterholz lenken, in dem ich mich zu entkleiden anschicke. Denn, unter uns: Auf dem Hinweg habe ich Schilder gesehen, auf denen »Baden verboten!« steht. Vielleicht. Ganz sicher bin ich nicht. Auf jeden Fall werde ich bestreiten, die Schilder gesehen zu haben, wenn man mich drauf anspricht. Ich bin nachtblind. Werde ich hinterherschieben. Ob es so weit kommt? Wenn die Bettel-Enten so weiter quaken, schon. Also schleicht euch, Freunde! Der Herr hat nichts für euch dabei! Und zum Beweis krempele ich die Hosentaschen auf links.

Ein letzter Kontrollblick: Der Verkehr röhrt am gegenüberliegenden Ufer entlang, eine Hälfte der Wasserfläche liegt unter dünnem Eis, aber bei mir ist alles liquid. Ich lege meinen Textilhaufen auf ein Wurzelgeflecht und schleiche mich mit Al-Capone-Blick in die Tiefe.

Bald darauf bin ich wieder draußen, verscheuche die meine Habe plündernden Enten und Enteriche und stehle mich erfrischt davon. Woher kenne ich dieses spezielle Glücksgefühl? Hach, ich weiß! Als Zivildienstleistender bin ich mal in den Ferien am frühesten Sommermorgen mit Freunden in ein Freibad eingestiegen und habe ein paar Runden gedreht. So ähnlich fühlt sich das hier auch an, wenngleich ich's mir nicht wirklich ausgesucht habe. Irgendwo muss ich ja rein, und wenn nichts Legales im Angebot ist, muss ich halt in den Tümpel am Mediapark. Aber ich gestehe, dass man sich an den Reiz des Verbotenen gewöhnen könnte. Bitte verpfeift mich nicht, liebe Leser! Habt Verständnis, blättert um und schweigt!

Tags darauf nehmen Hugo Egon Balder, Hella von Sinnen und ich frische Folgen »Genial daneben« auf, neuerdings für RTL 2, und auf dem Weg kutschiert mich ein Produktionsfahrer zum Pescher See, am nordwestlichen Stadtrand. Nach 250 Metern ist mir kalt, aber das Umziehen muss ein wenig warten, weil ein Hund mit beliebtem Instagram-Account am Ufer Gassi geht und um ein Selfie mit mir bittet.

Na klar, so was schlage ich doch keinem Hund ab! Außerdem ist er doch, wenn ich die Worte des Herrchens richtig deute, ein Tier-Promi und damit quasi Kollege, und Kollegen gegenüber gebe ich mich grundsätzlich kooperationsbereit. Leider ist das berühmte Tier während der Fotosession nicht sonderlich diszipliniert, und als ein brauchbares Bild endlich im Kasten ist, bin ich zwar nicht mit meiner Geduld, wohl aber mit meinen Wärmereserven am Ende.

Gut, dass es so heftig weihnachtet – das macht milde und lässt jeden Groll im Lebkuchenrausch vergessen. Ich futtere mich beherzt dem Fest der Liebe entgegen und frohlocke auch, weil ich am Neujahrstag Bergfest feiere: Die Hälfte meiner beabsichtigten Badetage sind dann rum.

Bis dahin gilt es, meine lieben Eltern als Festgäste zu beherbergen. Ich organisiere einen Rollstuhl für den immer maladeren Papa und sämtliche Zutaten, die man für ein zünftiges Grünkohl-und-Pinkel-Essen im Familienkreise braucht.

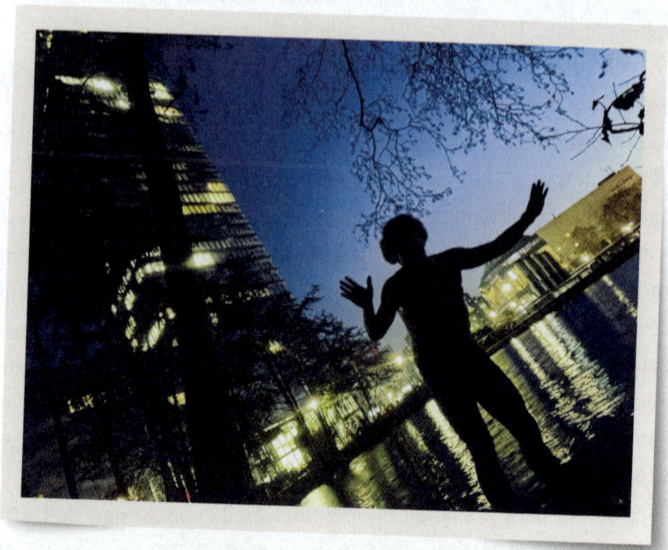

Nachts in Köln, einer Stadt, die von den Römern gegründet wurde. Die waren bekanntlich badebegeistert – insofern mache ich alles richtig.

Papa, der über meine 52 Marathonläufe im Jahr 2021 einen Haufen grober Witze machte, bis er sich, ein Jahr ist's her, von mir im Rollstuhl über 42 Kilometer schieben ließ, hält sich mit Kommentaren zu meinem Schwimmstreak erkennbar zurück – vielleicht kommt ihm der Aufenthalt im kalten Wasser gar zu abstrus und obendrein zu abstrakt vor. Da findet er keinen rechten Ansatzpunkt für launige Kommentare, und mit Sport im neonfarbenen Ballonseide-Sinn, über den er sich am liebsten lustig macht, hat mein Tun tatsächlich wenig zu tun. Es bleibt bei wohlwollendem Unverständnis.

Am Heiligen Abend gehen wir mittags gemeinsam im Herrschinger Seehof essen, und beim Rausgehen sehe ich in 400 Metern Entfernung, wie sich einige Dutzend Badekappenträger in den Ammersee stürzen. Ein Weihnachtsschwimmen! Hurtig hin, ich will mitmachen! In Höchstgeschwindigkeit sprinte ich über die Promenade an den Ort des Treibens, entledige mich bereits unterwegs meiner Kleidung. Teresa, die Kinder und meine Eltern schlurfen hinterher und sammeln die Hosen ein.

Als ich eintreffe, sind sämtliche Teilnehmer bereits wieder an Land und süffeln alkoholisierte Heißgetränke. Als Allerletzter laufe ich ins Wasser, bleibe dafür jedoch am längsten drin. Der Groll über meine Verspätung lässt mich eine ferne Boje als Wendepunkt aussuchen, und mein hochgejazzter Adrenalinspiegel wirkt sich auffallend günstig auf meine Kälteresistenz aus. Jedenfalls ist dies mein längstes Schwimmen im Dezember, ich bleibe fast 15 Minuten unterwegs.

Am Kiesstrand lerne ich anschließend die Initiatoren der Traditionsveranstaltung kennen, u. a. einen HNO-Arzt mit drolligem Gummihuhn auf dem Kopf. Ich lasse mich bei einem Glühwein durch die Historie des Herrschinger Weihnachtsschwimmens führen und fühle mich angenehm angekommen, als letztes Glied einer langen Kette von frierfreudigen Ammersee-Anrainern.

Am nächsten Tag komplettieren meine großen Söhne die Familie Boning, und natürlich gehen wir gemeinsam schwimmen bzw. Cyprian schwimmt (mit Weihnachtsmannmütze), und Leander knipst schicke Fotos. Die Sonne wärmt uns mit ihrem Lachen, und auf der Promenade sitzt mein Papa vergnügt im Rollstuhl, Mama steht hinter ihm, die kleinen Kinder spielen unter Teresas Aufsicht im Spülsaum. Nichts genieße

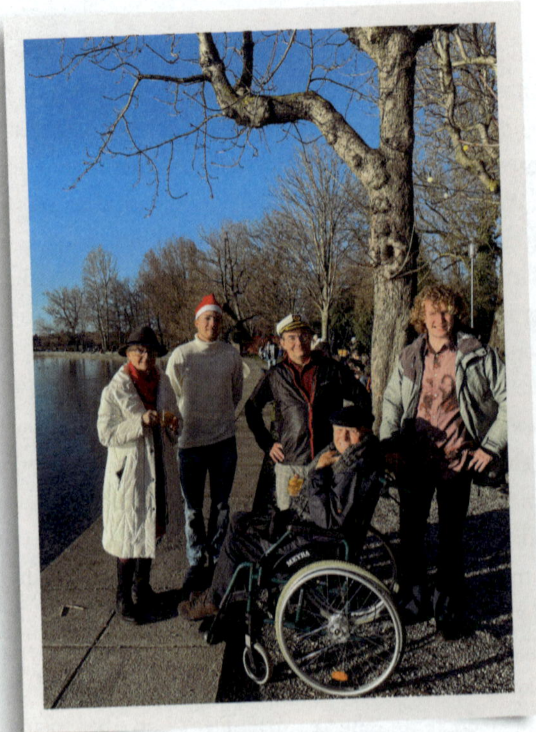

Drei-Generationen-Weihnachtsspaziergang

ich mit mehr Inbrunst, als wenn die ganze Sippschaft beisammen ist. Und zu allem Überfluss kommen ein paar ältere Damen des Weges und loben mich über den grünen Klee. Mein Bauch sähe besonders gut »durchblutet« aus. Äh … ja. Danke schön.

Kurz vor Jahresende gönne ich mir noch eine Fortbildungsmaßnahme: In einer Telegram-Gruppe erfuhr ich von den Eisbadetreffen, die ein am Ammersee beheimateter Wim-Hof-Instruktor anbietet. Wim Hof ist ein extrem kälteresistenter Niederländer, der mehrere Weltrekorde hält und eine Methode entwickelt hat, mit deren Hilfe der Aufenthalt in kaltem Wasser, aber auch das sonstige Leben besser gelingen soll: die Wim-Hof-Methode eben. Zu diesem in den letzten Jahren enorm populär gewordenen Konzept gehört eine spezielle Atemtechnik, ferner Eisbaden und schließlich das dazugehörige »Mind Set«, also die innere Einstellung.

Am Silvestertag finde ich mich zur passenden Uhrzeit an einem Parkplatz bei der Ortschaft Erling ein, um gemeinsam mit den anderen Interessenten zum Andechser Weiher zu spazieren. Der sympathische Instruktor heißt Mario und zeigt mir auf dem Weg durch den Wald eine erstklassige Rodelstrecke – für mich als Vater schlittenscharfer Kinder hat sich der Tag also schon mal gelohnt, egal, was noch passiert.

In erstaunlich warmer Mittagssonne legen sich sodann die zwei Dutzend Interessenten auf ihre mitgebrachten Yogamatten und atmen unter Marios Anleitung: Tief ein und aus, immer wieder, vertiefen, Luft anhalten, sodass ein gewisses Schwindelgefühl eintritt – entfernt verwandte Hyperventilationsspiele habe ich mal als Jugendlicher ausprobiert, allerdings mit dem Ziel, eine Ohnmacht herbeizuführen, quasi als Partyspaß – was Halbstarken eben einfällt, wenn das Marihuana alle ist.

Die drei Serien bewussten Atmens werden von den repetitiven Melodien eines metallenen Klangerzeugers auf Salatschüsselbasis begleitet, und schließlich, mit leicht aufgedehntem Bewusstsein, ist es Zeit für den Gang ins Wasser.

»Darf ich jetzt endlich rein?«, frage ich eventuell einen Tick zu forsch, sodass man annehmen könnte, dass mir das Geatme nicht allzu viel Freude bereitet hat, was natürlich ein Irrtum ist: Atmen ist generell immer gut.

Wie dem auch sei – ich bin als Erster im Wasser und liebäugele damit, bis zum Beginn der geschlossenen Eisdecke zu schwimmen, gute 100 Meter entfernt. Dann jedoch würden mich alle anderen unweigerlich für einen Angeber halten, und diesen Eindruck möchte ich nur ungern erzeugen. Also bleibe ich hübsch in Gruppennähe und versuche, per Introspektion zu ermitteln, ob die Atmerei sich in irgendeiner Weise auf mein Kälteempfinden auswirkt. Nein, ich spüre keinen Unterschied, aber vielleicht bin ich auch einfach zu unsensibel für derlei Nuancen. Ob es den anderen anders geht?

Die Gruppe macht einen recht heterogenen Eindruck. Bekennende Ernstnehmer sind zugegen, die jeden Atemzug besonders lautstark ausführen, hinter manchem geschlossenen Auge vermute ich reichliche Esoterik-Erfahrung, und dann ist da dieser Wuschelkopf, Typ ausdauernder Ägyptologiestudent, der sich, bevor es ans Atmen geht, erstmal auf einen mitgebrachten Campingstuhl setzt und eine Selbstgedrehte quarzt.

Für eine ältere Dame ist dies heute eine große Premiere: Zum ersten Mal in ihrem Leben traut sie sich in winterlich kaltes Wasser. Der Stolz steht ihr ins Gesicht geschrieben, und ich freue mich mit ihr. Überhaupt möchte ich den geselligen Aspekt der Veranstaltung positiv hervorheben: Alle Wim-Hof-Jünger sind lieb zueinander, boostern gegenseitig ihr Selbstbewusstsein und scheiden mit wärmsten Wünschen. Guten Rutsch!

Und damit liegt die Hälfte meines Wasserweges hinter mir. Das Wasser und ich – wir haben zueinander gefunden, und bei aller Vorsicht würde ich durchaus von einer glücklichen Ehe sprechen.

Körperlich bin ich beschwerdefrei, nichts tut weh, nicht einmal meine Schulter. Ich bin gespannt, was der Röntgentermin im Februar ergibt.

Mit der »Betriebssportgruppe Warschau«, den Anhängern Wim Hofs, Gummihuhnträgern, mit Hannes und meinem Sohn Cyprian habe ich sogar Mitschwimmer gewonnen – mehr, als ich etwa zu meinen Laufzeiten für gemeines Marathonieren begeistern konnte. Ich muss also keine Sorge haben, bei meinen Badegängen im neuen Jahr ganz und gar zu vereinsamen.

Ein Idyll, das ich da beschreibe. Es scheint so, als sei ich zu meiner endgültigen Bestimmung geschwommen. Was hatte ich nur all die Jahre an Land verloren? Im Wasser – da bin ich Mensch, da darf ich's sein. Da bleibe ich drin, für immer!

Oder trügt das Idyll, und in Wirklichkeit bewege ich mich auf sehr, sehr dünnem Eis, treibe unaufhaltsam auf einen Kipppunkt zu?

Wie sagte meine des Plattdeutschen mächtige Oma? »Kumm Lari, kumm Blari!« – aus Spaß wird schnell Ernst …

Klohnmächtig

•••••••••

Der Neujahrsmorgen beginnt mit Verstörung. An »meinem« Ufer beim Herrschinger Tiger liegen haufenweise Raketenreste. Wenn ich nicht irre, befinden sich weitere Überbleibsel der Sprengkörper im Ammersee!? Was denken sich die Leute bloß? Wer sind diese »Leute« überhaupt?

Kopfschüttelnd steige ich in die Fluten und schwimme bis zur Boje H33 und zurück.

Silvester ist nicht mein Fest, auch den gestrigen Abend habe ich ab 22 Uhr schlafend verbracht, wie alle Silvesterfeste seit der Millenniumsfeier, als ich es für besonders subversiv hielt, mich dem Trara und Bumbum zu verweigern. Vermisst habe ich nie wieder irgendetwas – den Jahreswechsel feiert bitte ohne mich Nonkonformisten! Oder bin ich schlichtweg ungesellig? Hierauf könnte auch hindeuten, dass ich bereits in den ersten Januartagen zu einem einwöchigen Solo-Hüttenbesuch aufbreche, nach wohlwollender Absprache mit meiner Frau Teresa, welcher der Winter oben im Zillertal gar zu hart ist. Sie ist mit den Kindern und ihrer Schwester derweil in wärmere Gefilde aufgebrochen, nämlich nach Dubai. Das Emirat ist so gar nicht mein Terrain, schon wegen der hohen Wassertemperaturen; wenn ich sieden will, quartiere ich mich in Bremen ein, in dem Hotel mit dem kaputten Außenpool. Nein danke, viel Fun beim Sultan!

Außerdem war ich da schon mal, darauf komme ich bei Gelegenheit noch mal zurück.

Schwimmtechnisch erwähnenswert ist auf meinem Weg ins Zillertal bereits ein Stopp bei der Anreise: An der A93, nahe Flintsbach am Inn, befindet sich ein Parkplatz mit direktem Zugang zu einem exquisiten Badegewässer, nämlich dem Hawaiisee.

Der exotisch anmutende Name hat eine skurrile Entstehungsgeschichte: Die in der Gegend stationierten G.I.s der US-Army nutzen den See zum Planschen direkt an der Autobahn und nannten ihn daher »Highway Lake«. Die Flintsbacher, des amerikanischen Englisch offenbar nur eingeschränkt mächtig, verstanden den Namen phonetisch falsch, und so wurde aus »Highway« Hawaii.

Heute jedenfalls ist der See perfekt für die kurze Kraftfahrerrast: Man entsteigt dem Auto, schreitet durch ein allzeit angelehntes Tor im Zaun und ist auch schon am Ufer. Ich lege bei regnerischen sechs Grad Lufttemperatur meine üblichen 200 Meter zurück, rubbele den Traumbody ab und vertraue mich der Sitzheizung an.

Jahrelang konnte ich mit Autos gar nichts anfangen, legte alle nur denkbaren Strecken grundsätzlich per Rad oder Zug zurück – erst der Schwimmstreak lässt mich nun, in der kalten Jahreszeit, zum Töfftöff zurückfinden, wegen eines vermeintlichen Details, nämlich der Sitzheizung. Welch ein Luxus, welch Fest für Rücken, Po und verkühlte Eingeweide!

Kann man so etwas nicht auch mal für Fahrräder ersinnen? Wenigstens im E-Liegerad sollte man sich wärmen können, mit dem Sonderzubehör »Feuerstuhl« – ich griffe sofort zu!

Übrigens, lieber Möchtegern-Nachahmer und Sicherheitsbeauftragte: Bevor ich Teresas Wagen wieder auf die Autobahn lenke, lasse ich artig einige Minuten verstreichen – erst mal sicherstellen, dass es zu keinem Afterdrop kommt – der wäre beim Einfädeln lästig.

Angekommen im Zillertal, parke ich die Warmhaltekarre am Wanderparkplatz und lege die restlichen acht Kilometer auf Wanderschuhen zurück. Die Schneelage ist in diesem Winter bescheiden, erst oberhalb der Hütte übersteigt sie einen halben Meter. Sogleich lege ich zurecht, was ich zur Eislochbereitung brauche, gebe allerdings einer leichteren Spitzhacke den Vorzug – das ganz schwere Modell bleibt in der Werkstatt, es wäre nach den Erfahrungen von neulich übertrieben. Oder?

Am nächsten Morgen mache ich mich auf den Weg zur Rückseite der Speikspitze, zum bewährten Eisbadetümpel. An den Stiefeln habe ich Schneeschuhe befestigt, und dennoch stellen mich die 300 Höhenmeter vor eine unerwartet große Herausforderung: Ab 2000 Metern liegt doch deutlich mehr Schnee als erwartet, und auf halbem Wege verliere ich einen Tiefschneeteller vom Wanderstock, den ich auch nach umfangreicher Grabung nicht wiederfinden kann.

Leicht frustriert gelange ich schließlich an die eingeschneite Eisfläche, unter der ich den Tümpel vermute. Mit ein paar beherzten Spitzhackenhieben sprenge ich das Eis. Als ich ein ausreichend großes Loch freigelegt und die Bruchstücke mit der Lawinenschaufel herausgehoben habe, entledige ich mich meiner Plünnen, schlüpfe in die frisch erworbenen Badeschuhe und setze mich in das Loch. Wie schon neulich sitze ich auf einer zweiten Eisplatte, 40 Zentimeter tiefer. Was soll's, ich belasse es beim Sitzbad, genieße die vollkommene Einsamkeit und den unverfrorenen Direktkontakt mit dem Winter. Dann deponiere ich Hacke und Schaufel an einem schneefreien Felsblock, um morgen erneut darauf zurückgreifen zu können – daran, dass der Teich über Nacht wieder zufriert, sind Zweifel unangebracht.

Zurück auf der Hütte, untersuche ich die Speisekammer und finde ein leeres Gurkenglas, dessen Deckel ich mit viel Gaffa-Tape zum Ersatz-Tiefschneeteller umrüste – funktioniert fast besser als die überteuerten Ersatzplastikteller des Fachhandels.

Zwei Tage später bekomme ich Besuch von Sohn Cyprian und seinem Schulfreund Paul, der inzwischen in Konstanz ein Bauingenieurstudium absolviert und in seiner Freizeit bei den »Konstanz Pirates« als Receiver agiert. Ja, die Spezialisten haben's bestimmt schon erkannt: Pauls Lieblingssport ist American Football. Er berichtet, dass er über die Weihnachtstage von seinem Coach eine einzige Trainingsvorgabe erhalten habe, nämlich: Jeden Tag 6000 kcal essen, oder so ähnlich – jedenfalls enorm viel, um mittelfristig zum echten Kleiderschrank zu werden.

Als wir am nächsten Tag zu dritt am Tümpel eintreffen, erweist sich Pauls sportlicher Hintergrund als hilfreich: Zwar hat er nicht die geringste Lust, es mir und meinem Sohn gleichzutun und einzutunken, dafür jedoch erklärt er sich bereit und willens, auch die tiefer gelegenen Eisplatten zu zertrümmern. Hui, ist das ein Spektakel – »bitte zehn Meter zurücktreten!«

Mit diesem gebührenden Abstand bestaunen wir Pauls Kraftakt – immerhin muss er die Hacke 40 Zentimeter unter der Wasseroberfläche zum Einsatz bringen. Wie das spritzt! Als er sein Werk vollbracht hat, stellen wir fest, dass noch eine weitere Eisplatte ihrer Beseitigung harrt, knapp über dem Gewässergrund. Paul lässt sich nicht lumpen und schlägt erneut beherzt zu. Schließlich können wir endlich bis über den Scheitel eintauchen – theoretisch, praktisch behalten wir die Pudelmützen auf.

Warum eigentlich immer diese Mützen? Man könnte meinen, bei solch dramatischen Wärmeverlusten binnen Minuten käme es auf das Schädeldach auch nicht mehr an.

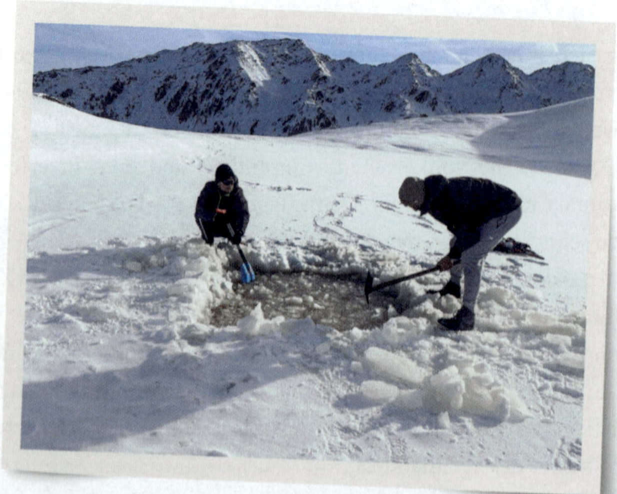

Besser als jeder Kaffeesatz: das Eisbruch-Orakel. Gerade lesen Paul und Cyprian aus den Schollen, wer von uns dreien die Eisbadesaison eröffnen darf.

Nun ja; in meinem höchstselbst ersonnenen Reglement steht nichts von einer Untertauch-Pflicht, Omabrust ist ausdrücklich erlaubt. Wenn jedoch der Kopf aufrecht getragen werden darf, spricht nichts gegen größtmöglichen Kälteschutz – und da, wie jede besorgte Mutter weiß, 110 % der verfügbaren Wärme über den Kopf abgegeben wird (oder waren es 6000 kcal?), ist eine solide Pudelmütze durchaus sinnvoll. Wenn mein Haus überschwemmt ist, das Dachgeschoss jedoch noch trocken, setze ich dies ja auch nicht mutwillig unter Wasser bzw. werfe die Fensterscheiben ein, damit es ordentlich zieht.

Paul jedenfalls verdanken wir, dass in den folgenden Tagen nur die oberste Eisschicht aufgekloppt werden muss, die unteren wachsen nicht nach – sein Werk ist sozusagen eine Anschaffung, wenn schon nicht fürs Leben, dann doch wenigstens für den ganzen Winter.

Ich revanchiere mich, indem ich meinen Besuchern unter großem Holzfeuereinsatz den Hot Tub bereite, in welchem wir an den Spätnachmittagen die Sonnenuntergänge bestaunen.

Als Cyprian und Paul abgereist sind, wird es wieder still auf der Alm.

Allein komme ich mir hier oben vor wie ein Astronaut beim Langzeitaufenthalt in einer uralten Raumstation. Wenn mich kein Nebel, keine

Wolken hindern, kann ich hinabsehen ins Tal, auf die Ortschaft Kaltenbach. Ich sehe die Lichter, aber sie sind fern, sehr fern. Die nächsten Nachbarn sind stolze acht Kilometer weit weg: die Gastwirtschaft am Wanderparkplatz.

Am nächsten Morgen mache ich mich allein auf den Weg zum Eisloch, genieße ausgiebig die Solitüde und nehme anschließend Spitzhacke und Lawinenschaufel mit – der Wetterbericht sagt starke Schneefälle voraus, da möchte ich keinen Geräteverlust riskieren.

Zum Essen gibt es anschließend Spaghetti aglio e olio, die ich mit klein geraspelten Peperoncini würze, lecker, aber auch sehr scharf – just an der Grenze des Verträglichen. Mein Hunger ist groß, und so esse ich – über den Tag verteilt, vier große Teller voll und schüre zwischen den Gängen das Feuer im Badeofen.

Als es dämmert, besteige ich den Hot Tub. Heiliger Bimbam, ist das heiß!

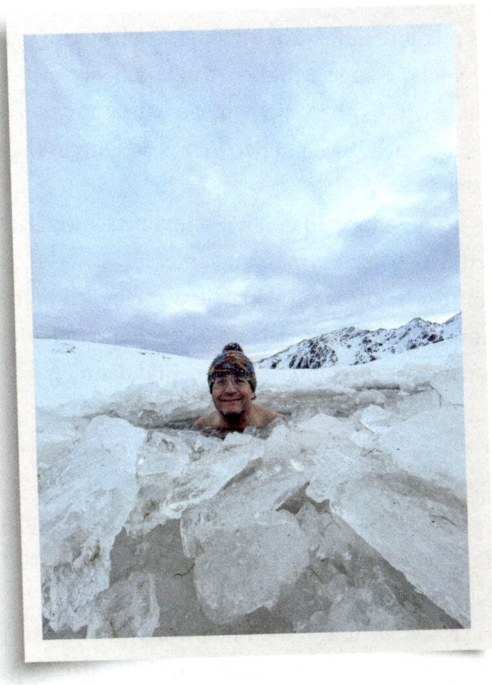

Erster!

Laut Bedienungsanleitung darf das Wasser nicht auf mehr als 41 Grad erhitzt werden, und spontan würde ich behaupten, dass mir beim Heizen ein Dosierungsfehler unterlaufen ist. Ich denke an die scharfen Nudeln, die ich ja auch geschafft habe, und zwinge meinen Körper in den dampfenden Bottich, Zentimeter um Zentimeter. Nach einer Viertelstunde habe ich es endlich geschafft und fühle mich wie ein Hummer im Kochtopf.

Hatte ich nicht erst neulich im kaputten Hotelpool in Bremen die Idee, dass dies eine geeignete Nachfolgechallenge sein könnte? Schwer atmend schaue ich hinüber auf die andere Talseite, wo sich beleuchtete Schneebänder vom dunklen Abendpanorama abheben und Skifahrer locken. Sehnsüchtig warte ich darauf, dass das Nass kühler wird, aber so schnell kann die große Wassermasse nicht ausreichend Wärme an die Luft verlieren. Schließlich hieve ich mich benommen aus dem Trog, stolpere gebückt zur Hütte und muss mich dabei an der Regenrinne abstützen.

In meinem Unterbauch rumort es – das Capsaicin, Wirkstoff der Chilis, piesackt meinen Verdauungstrakt. Geschunden lege ich mich ins Bett, versuche mir mit Embryonalstellung Erleichterung zu verschaffen, ohne großen Erfolg. Einige Minuten bleibe ich liegen und spüre dem inneren Drama nach. Es fühlt sich an, als würde meine Darmwand getackert. Dann mache ich mich auf den Weg zum Plumpsklo, auf der Rückseite des Kuhstalls.

Unterwegs setzt Schneefall ein, ich schnaufe schwer, Krämpfe durchzucken meinen Bauch. Jetzt keine Zeit verlieren!

Und während ich auf der Toilette sitze, meine ich plötzlich, all mein Blut sacke erdwärts, es lichtet sich im Kopf, ein tiefer, gleichbleibender Sinuswellenton durchdringt meine Ohren, und dann …

Filmriss.

Ich werde wach, habe gut geschlafen, fühle mich erholt. Wo bin ich? Auf dem hölzernen Boden. Welcher Boden? Oh, ich liege im Plumpsklo. Meine linke Hand ist blutig. Was ist passiert? Häppchen für Häppchen kommt die Erinnerung zurück. Hatte scharf gegessen, zu heiß gebadet, musste aufs Klo. Bin umgekippt.

Ich rappele mich auf und fühle mich wunderbar warm, obwohl es im ungeheizten Klohäuschen deutlich unter null ist – allzu lang sollte ich hier nicht liegen bleiben. Also rüber in die Hütte, durch dichten Schneesturm.

Auf dem Weg wird mir klar, dass mir niemand helfen könnte, wenn ich Hilfe benötigte. Niemand! Nicht einmal ein Hubschrauber könnte bei diesem Wetter landen.

Wie kommt eigentlich das Blut an meine Hand? In der Fensterscheibe sehe ich mein Spiegelbild; ich habe eine Platzwunde an der Stirn. Muss passiert sein, nachdem ich ohnmächtig vornübergekippt bin. Und dann werde ich unbewusst mit der Hand an die Wunde gefasst haben.

Per Küchenrolle mache ich Hand und Stirn sauber, dann lege ich mich ins Bett. Erst mal durchatmen.

Das letzte Mal war ich vor langer Zeit ohnmächtig, als Jugendlicher, bei den bereits erwähnten Partyspielen. Ich google »Ohnmacht«. Aha, es handelt sich um eine sogenannte »Synkope«, und dass sie den Betroffenen auf der Toilette ereilt, so erklärt Wikipedia, sei »typisch für alte Leute«.

Na, herzlichen Dank, liebes Internet, für diesen freundlichen Hinweis. Immerhin – das ist die gute Nachricht des Tages – ist mir mein Malheur nicht im Wasser passiert.

Eine Ohnmacht im See, Fluss, Eisloch, selbst in der heißen Badewanne: nicht auszudenken – ich wäre tot!

Und zur Erleichterung, dass es bei einer Platzwunde geblieben ist (ich hätte mir ja auch eine Hand brechen können, drei Rippen oder das Genick), gesellt sich eine gewisse Panik: Spiele ich womöglich mit meinem Leben? Sollte ich den Streak nicht jetzt und für immerdar unterbrechen?

Eine läppische Schwimmboje, so viel steht fest, würde mir im Fall einer Synkope kaum das Leben retten, und was soll irgendeine Begleitperson, irgendein Passant im Fall der Fälle tun, wenn ich urplötzlich in den Fluten versinke? Die Feuerwehr rufen? Hinterher tauchen? Und überhaupt: Bin ich womöglich für das Vorhaben, dem ich mich in den letzten 191 Tagen gewidmet habe, tatsächlich zu … zu … zu *alt?*

Im März werde ich zum fünften Mal Vater. Sollte ich da nicht lieber den Ball flach halten, auf mich achtgeben, auch: Kräfte sammeln, nicht meine stetig schwindende Energie mit Spitzhacken an irgendwelchen Eisflächen vergeuden?

Mann, Mann, Mann, gestern noch ein toller Hecht, heute kippt er auf'm Klo aus den Latschen. Hochmut kommt vor dem Fall, buchstäblich. Kann man ja niemandem erzählen, so was. Wenn ich wenigstens vom Baum gefallen wäre oder aus'm Heißluftballon oder wegen mir auch beim Sex verunglückt, Penisbruch wie weiland Dieter Bohlen, aber beim Kacken kollabiert – das ist echt scheiße.

Nun ja, es muss weitergehen. Ich kann froh sein, dass ich nur eine Platzwunde davontrage. Und als der innere Aufruhr abendlichem Frieden weicht, schließe ich die Augen und schlafe. Lang und fest.

Gardinenpredigt mit der Goldkante

Am nächsten Morgen tobt noch immer der Schneesturm. Skeptisch begutachte ich die Flanke der Speikspitze. Um auf ihre Rückseite zu gelangen, müsste ich durch ein steiles Neuschneefeld mit erheblicher Lawinengefahr. Vielleicht auch noch mit dem gestrigen Synkopen-Schock in den Knochen, beschließe ich, einen Joker zu ziehen: Ich schwimme im Schnee. Wie das? Ich ziehe meine Badehose an, lege mich in die weiße Pracht und bewege mich mit Kraulbewegungen vorwärts, die allerdings in der Realität schnell in ein paramilitärisch anmutendes Robben übergehen. Habe ich so ähnlich mal in einem lustigen TikTok-Clip gesehen.

Die Übung fällt mir leicht, weil ich mich, ganz pfiffig, auf einer Gefällstrecke fortbewege. Nach 50 Metern auf dem Bauch klatsche ich mir den Schnee von den Schultern und erkläre meine Schwimmpflicht für erfüllt. An der Regelkonformität dieses Jokers habe ich keinen Zweifel, da es sich bei meiner Unterlage um unverdünntes H_2O handelt. Ok, um *im* Schnee zu schwimmen, müsste er noch etwas pulvriger sein, am heutigen Tage bewege ich mich eher *auf* dem Schnee – aber das sind Spitzfindigkeiten.

Die Reaktionen der Sportlergemeinde bei Strava geben mir recht: Niemand erhebt Einwände, alle recken ihre Daumen und vergeben, wie bei Strava üblich, sogenannte »Kudos«.

Nach einer Woche auf der Hütte voller Höhe- und einem Tiefpunkt begebe ich mich auf den Nachhauseweg, und ich unterbreche diesen im

Inntal für ein Treffen mit Sportfreund Carsten Schneehage, dem ich die Initialzündung zu meiner jüngeren Schwimmerlaufbahn verdanke. Er war es, der mich vor elf Jahren zur Teilnahme am 24-Stunden-Schwimmen in Haar inspirierte. Das letzte Mal sahen wir uns vor eineinviertel Jahren, beim Marathon auf der Tartanbahn des Schulzentrums Miesbach. An diesem teilnehmen konnte, wer Crocs an den Füßen trug.

Carsten ist Lehrer mit Leib und Seele, außerdem ein Sport-Maniac, der bei jeder Gelegenheit in Skandinavien auf irgendwelchen Loipen rumlümmelt.

Wir begrüßen uns an der Freitreppe am Löwenteich des anmutigen Schlossparks Matzen, zwischen Jenbach und Wörgl gelegen. Eine junge Frau fotografiert mit langer Tute Wasservögel, und unter Aufbietung all unseres Charmes können wir sie davon überzeugen, zum Karpfenteich nebenan zu wechseln. Sodann geht es hinein in das klare, angenehme Gewässer, unter barocken Steinskulpturen, die zweifelsfrei echte Löwen darstellen, keine Tiger wie in Herrsching. Wie bereits auf der Tartanbahn in Miesbach tauschen wir uns vergnügt planschend über unsere gesundheitlichen Malaisen, Frauengeschichten und Zukunftspläne aus.

Zunächst etwas verschämt, bald aber mit einem gewissen Erzählerstolz berichte ich von meiner »Klohnmacht« – man muss bekanntlich alles nutzen, woraus sich brauchbare Anekdoten schnitzen lassen oder doch wenigstens einigermaßen ulkige Neologismen. Schöner Nebeneffekt unseres Stelldicheins: Ich muss nicht allein ins kalte Wasser – vorerst gilt es, Sicherheit zu gewinnen. Carsten könnte und würde mich im Fall der Fälle gewiss retten.

Umgekehrt ist Carsten in Sachen Winterschwimmen ein Rookie, und ich kann ihm ein paar frische Erfahrungen weitergeben. Anschließend stehen wir noch eine Weile am Ufer und verschütten gemeinsam den Inhalt der von Carsten mitgebrachten Thermoskanne, getreu dem Motto: Gemeinsames Bibbern ist doppelt so lustig!

Daheim am Ammersee ist es windig, und ich kämpfe mich am nächsten Tag durch kabbeliges Wasser. Im Badegepäck habe ich ein Spezialproblem: Ich komme von einer Hautärztin, die mir überflüssiges Gewebe vom Döz geschnitten hat, eine sogenannte »Seborrhoische Keratose«, im Volksmund Alterswarze. Ja, da ist er schon wieder, der ausdrückliche

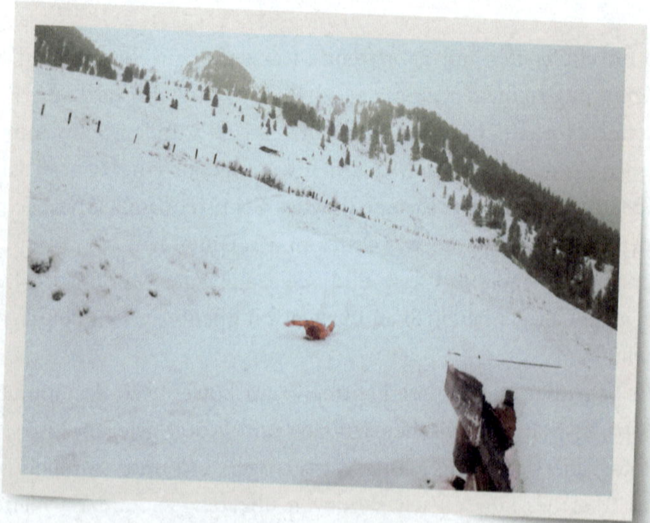

Winterliches Trockenschwimmen: ein wertvoller Beitrag zur Verkehrswende

Verweis auf meine zunehmende Reife. Immerhin nichts Bösartiges – das ist doch schon mal schön. Nunmehr gilt es, zwei Wochen lang den Kopf trocken zu halten, um die Wunde nicht versuppen zu lassen.

Gar nicht so einfach bei diesem Wellengang! Hilfreich ist meine Kosmonauten-Badekappe sowie eine angemessen aufrechte Badehaltung, wie ein Stück lotrecht ausbalanciertes Treibgut, etwa ein Laternenmast mit luftgefüllter Lampe.

Übrigens bin ich schon wieder solo unterwegs, ganz ohne Begleitperson, sogar ohne Schwimmboje. So verunsichernd kann die Unpässlichkeit auf der Hütte dann doch nicht gewesen sein, oder anders gesagt: In mir steckt ein mit unsprengbaren Ketten verankerter Hang zur Unvernunft, auch bekannt als Altersstarrsinn, der sich in dieser Renitenz äußert.

Durch meine Fernsehtätigkeit, etwa bei »Nicht nachmachen!«, war es mir möglich, Dinge auszuprobieren, von denen jeder Normalbegabte die Finger lassen sollte, ach was, die Finger lassen MUSS!

Stellvertretend für das ganze Buch möchte ich an dieser Stelle jede Leserin, jeden Leser, der damit liebäugelt, es mir gleichzutun, dringend auffordern: Schwimmt nicht allein, nicht auf nüchternen Magen oder nach üppigem Siebengangmenü!

Springt nicht ins Wasser, schon gar nicht in Teiche, Flüsse, Gumpen, die ihr nicht aus dem Effeff kennt!

Meidet Strudel, Gewitter, Schifffahrtslinien – mit einem Öltanker diskutiert man nicht!

Ich persönlich trinke sowieso nur Gänsewein, aber für alle anderen gilt: Alkohol und Freiwasserschwimmen ist eine völlig unangebrachte Kombi!

Unangebracht sind auch alle anderen Rauschdrogen, von Muskatnuss bis Marihuana, und wovon ich besonders dringend abraten möchte, ist das Mitführen von Joints im Mundwinkel auf dem Wasser. So was mag im schlecht besuchten Hallenbad eine Weile funktionieren – im Freiwasser, bei Wind und Wetter, wird jede Zigarette, jede Pfeife unweigerlich früher oder später nass.

Schließlich: Verwendet um Himmels willen Schwimmbojen oder ähnliche Rettungssysteme, etwa Restube, so 'ne Art Notboje mit CO_2-Kartusche!

Und wenn du, wenn ihr es besser zu wissen glaubt, dann beruft euch wenigstens nicht auf mich! Danke.

So, das war sie, meine Gardinenpredigt. Mit der Goldkante von Ado. Wer weiß, was die Goldkante von Ado ist, kennt offenkundig den legendären Werbespot aus den Siebzigern und darf sich von mir als Vergreisungsgenosse auf die Schulter klopfen lassen – sofern der Verkalkungsgrad derlei Liebkosungen schmerzfrei zulässt. Euch, ihr lieben Altersgenossen, sei gesagt: geht niemals allein aufs Klo! Und wenn doch: Helm, Knie- und Ellenbogenschützer nicht vergessen!

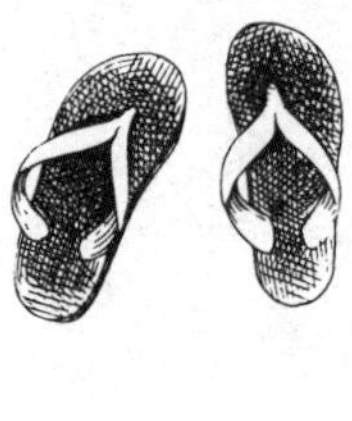

Klebstoff auf den Fingerkuppen

Puh, die ganze Woche über bleibt der Westwind schneidig. Dies hat zur Folge, dass ich schon durchgefroren bin, ehe ich nach dem Entkleiden den Spülsaum des Ammersees überhaupt erreicht habe. Anschließend peitschen mir Wellen und Gischt entgegen, was im sommerlichen Golf von Thailand noch ein Quell der Belustigung war, jetzt jedoch zunehmend als lästig empfunden wird. Und stecke ich dann endlich bis zur Halskrause im Wasser, schlucke ich hiervon reichlich, allerdings nicht freiwillig, sondern weil der Wind es so will.

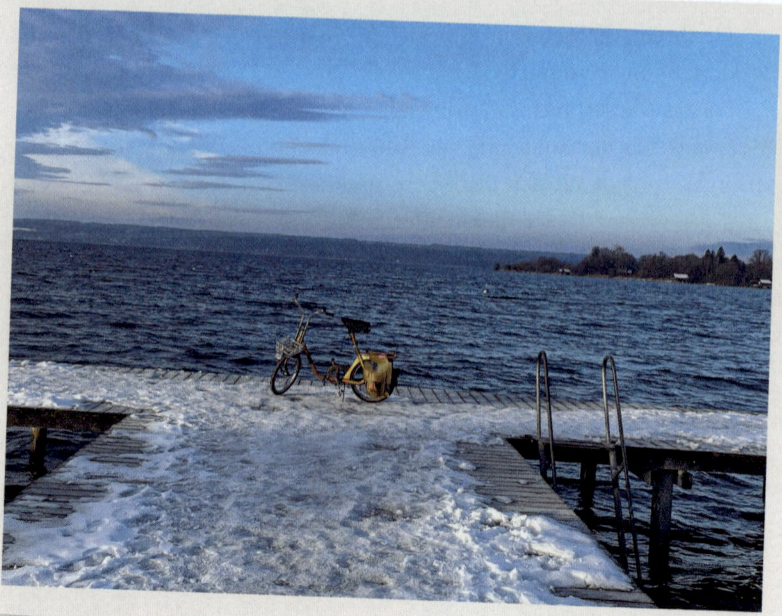

Wer genau hinschaut, kann erkennen, wie mein Klapprad vor Kälte zittert.

Arbeitslos mache ich mich mit meinem Klapprad jeden Morgen auf den Weg zum Tiger, und sobald ich von der Rieder Straße Richtung Ammersee einbiege, bläst mir der leidige Westwind ins Gesicht. Und von Tag zu Tag entfährt mir ein schwererer Seufzer. Am vierten Tag belustigen mich die Böen noch, am sechsten macht sich echter Missmut breit. Was tun? 1. Ausweichen in wärmere Gefilde? (Gegenwärtig nicht verfügbar.) 2. Die Kontaktzeiten mit Wind und Wasser radikal minimieren, auf ein knappes Rein und Raus? Oder 3. Petrus tollkühn die Stirn bieten, gerade jetzt nicht die Schwimmzeiten verkürzen, sondern im Gegenteil: mit Volldampf auf die Eismeile zustreben! In den Sondermüll mit den inneren Thermometern und Windhosen, mir kann keiner was, ich bin härter als Väterchen Frost, habe den Geist der Stärke auf meiner Seite!

Die Temperatur des Ammerseewassers beträgt in diesen Tagen knappe vier Grad, die Talsohle ist somit erreicht, ich entscheide mich für Variante drei und versuche mich vorsichtig an einer Streckenverlängerung.

Am 16. Januar etwa feiere ich meinen 200. Streaktag, und aus diesem Anlass schwimme ich vom Tiger bis zur Boje H43, was hin und zurück einer Distanz von 300 Metern entspricht.

An Land herrscht Frost, ich kämpfe mit den Wellen, bin zwölf Minuten unterwegs.

Anschließend muss ich lang und schmerzhaft schlottern – eine Dreiviertelstunde lang weiß ich nicht, wie ich dem peinigenden Aua in meinen Pratzen begegnen soll. Was ist da passiert? Tut doch sonst nicht so weh! Ich versuche es mit warmem Wasser, halte meine Hände unter den Hahn, was für eine gewisse Linderung sorgt.

Habe ich über die Stränge geschlagen? Oder sind die Schmerzen umgekehrt ein Zeichen dafür, dass ich auf einem guten Weg bin?

Ich erinnere mich an den bewährten Trainingsgrundsatz meines Sportfreundes Hannes: »Am besten, man trainiert ganz knapp an das Sterbebett heran – dann ist der Effekt am größten!« – damit hat er gewiss recht, sofern man das Ableben selbst, wenigstens das Ableben einzelner Gliedmaßen, ebenfalls für einen anstrebenswerten Effekt hält.

Hannes treffe ich denn auch ein paar Tage später. Wir fahren zum Weißensee bei Füssen, auch eines jener Gewässer, die wir im Sommer durchmaßen.

Nun herrscht tiefer Winter, das damals so lockend türkisene Wasser wirkt dunkel und drohend, und eine Hälfte des Sees ist von grauem, matschigem Eis bedeckt.

Hannes beschränkt seinen Aufenthalt auf das Notwendige, ich möchte nicht nur mich, sondern tunlichst auch ihn möglichst haushoch übertreffen und drehe eine Extrarunde im See.

Ist es postpubertärer Wettbewerbsgeist oder ganz schlicht Doofheit, die mich antreibt?

Als ich das Wasser wieder verlasse, schmerzen meine Hände zwar nicht so sehr wie neulich, dafür haben sich die Fingerkuppen vom Restkörper abgemeldet – ich spüre sie nicht mehr. Kein Problem, denke ich während des anschließenden Mittagessens beim Bäcker in Pfronten, so ähnlich hatte ich das schon einige Male.

Als das Gefühl nach vier Stunden allerdings immer noch nicht zurückgekehrt ist, mache ich mir Sorgen. Sollte ich einen Facharzt aufsuchen? Liegt womöglich ein bleibender Schaden vor? Und wenn ja: Wäre mir mein Vorhaben ein achtfaches Fingerkuppenopfer wert (die Daumen sind weniger betroffen).

Spontan muss ich an Reinhold Messner denken, der bekanntlich einige Zehen im Himalaya verlor. Soll ich in Messners lädierte Fußstapfen treten? Wären mir diese zu klein oder zu groß? Was für ein bescheuerter Gedanke! Dies, liebe Leute, ist genau jener hohe Ton, der dem tiefen Fall vorausgeht. »Ich und der Reinhold« – das ist es doch, worum es mir geht, um die Mitgliedschaft in der Liga der kapitalsten tollen Hechte, und für dieses offenkundig psychopathologische Ego-Problem bin ich bereit, meine Patschehändchen um ein Glied zu kürzen? Es sind doch schon diese Leute schlimm, die Fotos von sich mit irgendwelchen Promis sammeln und an die Wand hängen – alles Waisenknaben gegen mich.

Man könnte drüber lachen, wenn da nicht dieser kleine, nichtsdestotrotz unangenehm wahre Kern wäre, verstörender als jede Synkope, jeder Chili-Schiss in der Bergeinsamkeit. Bin ich irre?

Zwei Tage lang bange ich um meine Finger, dann bleibt als Rest nur noch ein paar Tage das taube Gefühl von Klebstoff auf den Kuppen, und es ist klar, dass ich schon in Bälde wieder Klavierspielen und Teresas Nacken werde massieren können – dies alles vielleicht nicht im Vollbesitz meiner geistigen Kräfte, aber doch wenigstens im Vollbesitz meiner Feinmotorik.

Auch recht irritierend: In diesen Tagen melden wir uns im Starnberger Kreiskrankenhaus zur bevorstehenden Niederkunft an. Unsere Kinder Theodor und Mathilda sind in München zur Welt gekommen, und beide Geburten waren lang und anstrengend. In Erinnerung an diese Erfahrungen besorgte ich mir im Antiquariat ein preußisches Hebammenlehrbuch von 1899, in der Annahme, dass wesentliche Elemente des Inhalts auch heute noch unverändert gültig sind. Wenn's nämlich für den Laien drauf ankommt. Ja, ich bin der festen Überzeugung, dass Grundkenntnisse der Geburts- wie der Sterbehilfe zur Allgemeinbildung gehören!

In der Hoffnung auf eine deutlich einfachere Geburt fahren also Teresa, der noch ungeborene Oskar und ich in Starnberg-Söcking vor, beim Kreiskrankenhaus, der uns am nächsten gelegenen Geburtsklinik.

Wir werfen einen Blick in die Kreißsäle, und Teresa äußert ihr Interesse an einer Wassergeburt. Wassergeburt? Ich will nicht sagen, dass ich vor dem Aufwerfen des Themas gepennt hätte, aber nunmehr bin ich ganz besonders wach, und ich werde noch wacher, als die diensthabende Hebamme erzählt, dass es auch schon Väter gegeben habe, die sich zu den werdenden Müttern ins warme Wasser gesellt hätten, und zwar, hihi, nackt!

Und ehe ich mich selbst stoppen kann, frage ich, ob denn die für Wassergeburten vorgesehene Wanne auch draußen aufgestellt werden könne?

»Wie meinen Sie das, draußen?« – »Nun ja, ohne Dach über dem Kopf halt – so will es das Reglement. Ist jetzt auf die Schnelle nicht so leicht zu erklären.«

Teresa steht daneben und lächelt peinlich berührt.

Gesprächspause. Ich, etwas stockend:

»Man könnte vielleicht … wenigstens ein Fenster öffnen, wenn ich zu meiner Frau ins Wasser steige …«

Wieder Gesprächspause.

»War nur ein Scherz!«, flunkere ich.

Dann wechseln wir zum Thema Periduralanästhesie, und ich schäme mich in Grund und Gewässerboden für meinen unangenehm egoistischen Geburtsansatz.

Zu meiner Verteidigung lässt sich höchstens sagen, dass ich mich eben immer im Geschirr fühle, im Dienste meines Streaks, und Vaterschaftsurlaub ist da nicht vorgesehen. Notfalls werde ich mich meiner Buhle, dem Wasser, heimlich widmen.

Eieiei, wenn ich das so formuliere, komme ich mir nicht nur irre vor, sondern wie ein irrer Bigamist von der unangenehmen Art.

Wie gesagt, hoffentlich liest Teresa niemals dieses Buch – das könnte ganz schön nach hinten losgehen.

Jenseits der Literatur leben wir in beglückender Eintracht, und mein Badeschaffen wird von ihr – eigentlich – mit Sympathie begleitet. Zu meinem 56. Geburtstag lädt sie mich ins »Trimini« ein, einen opulenten Badetempel am Kochelsee. Beide sind wir große Freunde von Thermen, deren Besuche sich natürlich bestens mit meinem Streak verbinden lassen (besser womöglich als Wassergeburten).

Im Seebad Starnberg waren wir unlängst ebenfalls, wurden aber vom Bademeister gerügt, weil wir in der Ruhepause auf unsere Schlaufon-Displays starrten. Dort herrscht striktes Handyverbot, wegen der Fotos, und fast wären wir des Bades verwiesen worden – der Bademeister hatte sich schon in Rauswerferpose begeben! Einerseits nachvollziehbar, andererseits: Wie soll man denn ohne Fotohandy die Insta-Story füllen? Hallo? Geht's noch?

Es schult gewiss den Charakter, von Zeit zu Zeit für seine Verfehlungen einen gediegenen Anpfiff zu erhalten, wobei in öffentlichen Schwimmbädern der Anpfiff nicht selten auch einer waschechten Trillerpfeife entfleucht.

Unter dem Schalldruck des Trillers, der scharfen Rüge, der Drohung mit dem Hausverbot entsteht beim Sauna-Sünder eine ganz andere Art von Demut als jene, die der Besuch eines Freigewässers vom Schwimmer erzwingt, zumal im Winter, wenn das Wasser kalt ist.

Wenn ich jedoch tief in mich hineinhorche, halte ich mich für einigermaßen Trillerpfiff-resistent, während ich in den Wassern dieses Winters mehr über mich und mein Leben lerne als in all den Jahren zuvor.

Zum Beispiel: Ich muss keinen Ultra-Marathon laufen, muss nicht in ferne Erdteile fliegen, mich mit ungezähmten Tieren messen, um die engen Fesseln meines Potenzials zu spüren – das Kältekrokodil beißt in jedem noch so unauffälligen Pfuhl zu, in den ich in diesen Tagen einsteige, und zwingt mich in einer Zeitspanne zurück zum Badelaken, in der ich beim Marathon gerade einmal den Weg zur ersten Verpflegungsstation liefe.

Es ist auch egal, ob ich schnell schwimme, in elegantem Stil, im Grunde kann ich's auch bleiben lassen und mich im seichten Ufer auf den Badehosenboden setzen – der Einstieg mag mir ohne Kälteschock gelingen, nach einigen Minuten wird's ungemütlich, und je nach Tagesform ist die Zeitspanne von »ungemütlich« bis »ungesund« schockierend kurz, egal ob ich Züge sammle oder nicht.

Meine ganze jämmerliche Fragilität wird offenbar, durch nichts als den Aufenthalt in einer Flüssigkeit, ohne die, geringfügig anders temperiert, gar kein Leben denkbar ist – welch Ironie!

Es ist mir nicht möglich, das Kältekrokodil zu besiegen, ich kann ihm nur in aller Freundlichkeit, Hoffnung und Demut meinen Körper

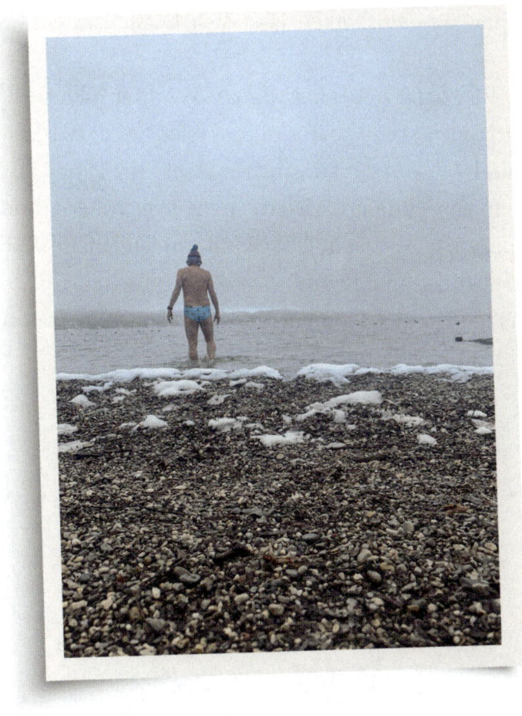

Die Seychellen sind immer eine Reise wert. Oh, Pardon. Jetzt war ich in Gedanken ganz woanders.

darbieten, so wie manch Zirkusdresseur seinen Kopf in das Maul eines Löwen legt – wobei ich natürlich wieder sogleich an die Steinskulptur in Herrsching denken muss. So gesehen passt er ans Ufer, der Tiger-Löwe, mit Blickrichtung auf den See, als Zeuge meines Schaffens.

Man mag spätestens jetzt fragen, warum ich denn jeden Tag dem Kältekrokodil die Hand gebe, wenn es doch mitunter so sehr wehtut?

Tja. Es muss irgendetwas mit Liebe zu tun haben, anders kann ich mir meine Beständigkeit selbst nicht erklären. Hinzu kommt wahrscheinlich, dass zur Stressreaktion des Körpers im kalten Wasser eine abrupte Ausschüttung von Adrenalin, Noradrenalin, Cortisol, Dopamin und Serotonin stattfindet, ein Cocktail, der in Summe zu aufgekratztem Wohlbehagen führt – sofern man denn für derlei feinstoffliche Prozesse auch nur einigermaßen empfänglich ist.

Nannte ich das Eisbad nicht an anderer Stelle ein eisiges Gegenstück zu Heroin? Eine Gemeinsamkeit lässt sich feststellen: Beides taugt als Suchtmittel.

Übrigens, P.S., ganz nebenbei: Einen Anschiss inklusive Trillerpfiff gab es für mich auch schon mal im Freiwasser, auf dem Meer, und zwar einst in Dubai, als ich von der künstlichen Insel »The Palm« ins Rote Meer stach. Nach einigen Hundert Metern hörte ich's trillern, und dann erschien neben mir ein Polizist in fancy Uniform auf einem SUP und fuchtelte mich zurück Richtung Strand.

Ein sublustig surrealer Moment, der unter anderem dazu führte, dass ich Dubai seither nicht mehr besucht habe.

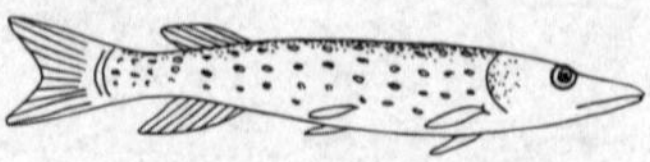

Ausbildung zum Eisbrecher, erstes Lehrjahr

•••••••••

Einer der überragenden Vorzüge meines Badejahres ist der nicht abreißende Strom an neuen Eindrücken.

An einem Sonntagmorgen im Januar singt meine Frau eine Messe im Alten Peter am Viktualienmarkt in München, und während der Probe mache ich einen kleinen Ausflug in die Isar, hinterm Deutschen Museum.

Hier war ich schon oft baden, bereits in den Achtzigerjahren, als ich in Münchener Tonstudios herrlich erfolglose Alben einsang und später mit meinen Söhnen Cyprian und Leander, als sie noch klein waren, noch später dann mit Teresa, Theodor und Mathilda.

Die Isar mit ihren Kiesbänken zwischen Müller'schem Volksbad und der Corneliusbrücke – das ist eine der Badewannen meines Lebens. Aber im Winter bin ich dort noch nie eingetunkt! Leichter Schneefall umstöbert mich, als ich mich in die Flussmitte setze und das druckvolle Fließen genieße. Mein Blick fällt auf den DGzRS-Rettungskreuzer »Theodor Heuss«, der auf einer Terrasse des Deutschen Museums ausgestellt ist. Gut, wenn man weiß, dass zur Rettung notfalls auch schweres Gerät zur Verfügung steht – jedenfalls theoretisch.

Einen Tag später steige ich aufs Neue in den künstlichen See am Kölner Mediapark und bewundere, umringt von Stockenten, das Scheinwerfer-Ballett der Autos im Berufsverkehr.

Wieder einen Tag später schwimme ich im Ammersee durch eine fußballfeldgroße Zone kleiner Eisplättchen, die sich wie ein klirrendes Collier um meinen Hals legen – eine völlig neue Empfindung. Ich komme mir vor wie Marilyn Monroe, »Diamonds are a girl's best friend«.

Anderntags sind da keine Edelsteine, sondern da ist nur eine wenige Millimeter starke Eisdecke, deren Rand in 30 Meter Distanz vom Ufer erkennbar ist.

Wunderbar, beschließe ich, da kann man bestimmt durchschwimmen, dass es kracht, wie ein Eisbrecher im Nordpolarmeer. Als ich die Pseudo-Arktis omabrüstelnd erreiche, nutze ich ausgerechnet meine Halsschlagadern als Rammböcke – und erschrecke, wie scharfkantig die Eisplatte ist. Der Möchtegern-Eisbrecher legt erschrocken den Rückwärtsgang ein und trollt sich zum Ufer. Immerhin bleiben die Adern heil und das Blut im Korpus.

Am Samstag derselben Woche darauf treffe ich mich mit Cyprian und seinem Kumpel in Starnberg – die beiden sind auf dem Weg nach München zum Fußballspiel, und ähnlich wie in Bregenz ist auch der Bahnhof in der Kreisstadt der vielen Millionäre ideal für einen Badehalt gelegen: aussteigen, eintunken, aufwärmen, weiterfahren.

Das wäre noch ein erstklassiges Sonderbuchthema für die Reiseführerabteilung: Bäder mit Bahnanschluss.

Als mein Sohn und ich den Starnberger See verlassen, beömmeln wir uns über unsere Hautfarbe: Meine entspricht haargenau jenem Pink, mit

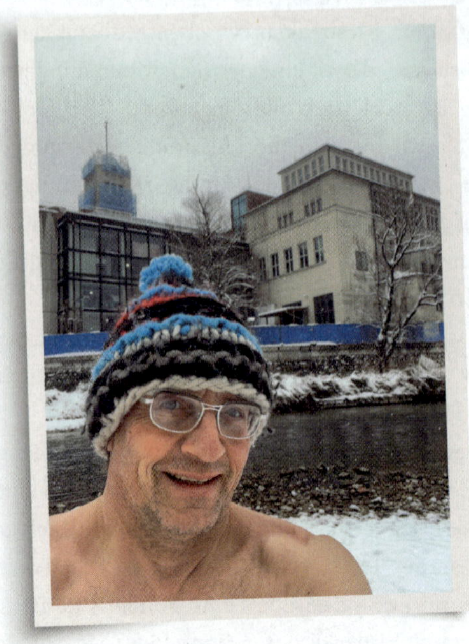

Das Deutsche Museum und ein Exponat (vorne)

dem die Flamingos auf meiner Badehose koloriert sind – Cyprian changiert einen Tick mehr Richtung Uli Hoeneß, wenn er sich in Rage redet. Mein Sohn ist halt seit Kindheitstagen Bayern-Fan, was sollen er (und sein Vater) machen.

Der Farbwechsel ist übrigens – anders als bei Uli Hoeneß – beim Eisbaden nicht Folge einer verstärkten Durchblutung der Haut – das genaue Gegenteil ist der Fall. Der Badearzt spricht von kutaner Vasokonstriktion, auf gut Deutsch: Gefäßverengung: Die kleinen Blutgefäße in der Haut ziehen sich zusammen, so dass die Kälte gar nicht erst zum Körperkern vordringen kann. Eine Aussperrungsmaßnahme – wie im Arbeitskampf.

Weiterhin versuche ich jeden Tag, so lange zu schwimmen, dass ich mich anschließend einer beschaulichen Zitterzeit erfreuen kann – das klappt zuverlässig nach sieben Minuten. An manchen Tagen jedoch gibt es gute Argumente, auf das Zittern zu verzichten, etwa Ende Januar, als ich mein Tagesbad auf dem Weg zur Zahnärztin einbauen muss.

Starke, unkontrollierbare Schlackerbewegungen der Kiefer verringern die Bohrpräzision, und so belasse ich es bei drei Minuten im Ammersee.

Während mir der Einstieg ins Wasser babyeierleicht fällt, warte ich bisher vergeblich auf eine Kälteanpassung, die es mir erlaubt, auch mal deutlich länger als zwölf Minuten schmerzfrei im Wasser zu bleiben.

Hatte ich mir nicht noch im Dezember vorgenommen, die Distanzen zu verlängern, wenn das Wasser seine tiefste Temperatur erreicht hat? Jetzt wären Zeit und Gelegenheit! Allein: Spätestens nach der Episode mit den Sekundenkleber-Fingerkuppen ist mein Elan, notfalls mit der Brechstange für Anpassung zu sorgen, erlahmt.

Und wo ich gerade ins Jammern gerate: Was mir auch zunehmend weniger Freude bereitet, ist das An- und Ausziehen im hart gefrorenen Schnee. An besonders kalten Tagen klebe ich mit den Füßen auf dem Betonfundament des Bootshauses fest, das ich – da einigermaßen windgeschützt – in letzter Zeit als Basis verwende. Wie ein Klimakleber pappe ich da, nur ohne Verkehr. Zum Lösen beiße ich die Zähne zusammen und reiße die Sohlen nach oben, so wie man ein Heftpflaster löst.

Die Situation ist mir unangenehm, und wieder daheim durchstöbere ich die Shoppingportale nach beheizbaren Sitzkissen, auf die ich mich beim Umziehen stellen könnte. Die meisten brauchen eine Steckdose –

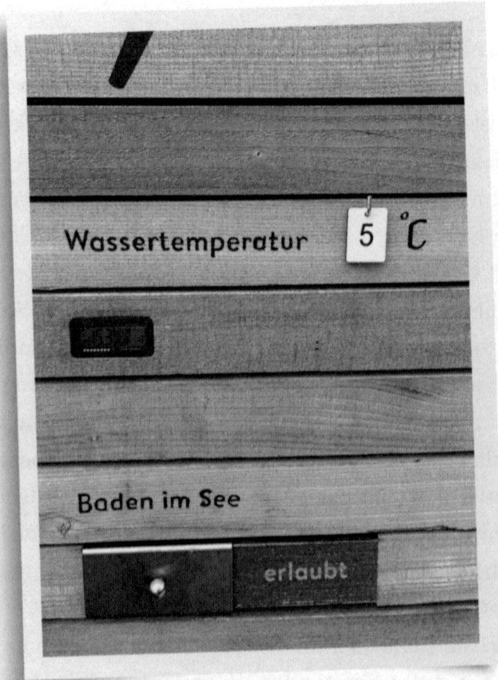

Erlaubt. Uff.

schon mal schlecht. Es gibt auch welche mit Akku, aber die sind nicht wasserdicht … ach, was soll's, ich gebe die Suche auf und nehme zum Draufstellen ein Frühstücksplatzset mit an den See. Reicht auch.

Wichtiger noch als die Sohlenisolierung ist die Ankleidetaktik: Bevor ich zum Eintunken ansetze, wird die Kleidung in der Weise angeordnet, dass lästige Suchereien und der damit verbundene Extra-Wärmeverlust vermieden werden: Ganz oben das Handtuch, dann der Hoodie für den Oberkörper, erst danach die Unterhose – wenn überhaupt; in der englischen Fachzeitschrift »The Outdoor Swimmer« wird mit Verve der generelle Verzicht auf Unterwäsche empfohlen. Bei dieser Gelegenheit erlerne ich eine interessante englische Vokabel: Ohne Unterwäsche durchs Leben gehen heißt »to go commando«. Was immer sehr, sehr langfristig aus meiner Schwimmpassion wird – »to go commando« wird hängenbleiben, womöglich bis ins Grab (trägt man da überhaupt Schlüppi? Oder eben nur das letzte Hemd?).

Eine weitere bahnbrechende Innovation kann ich am Januarende noch vermelden, nämlich eine Ski-Schwimm-Kombitour. Am Sonntagmorgen breche ich daheim mit Stirnlampe auf Langlaufskiern auf, stapfe durch knöchelhohen Schnee hinauf nach Rausch und Ellwang, die putzigen Weiler hoch über Herrsching. Dann fahre ich behutsam durch die Dämmerung ab und gelange leicht verschwitzt zum Tiger. Der macht große Augen, als ich meine langen Latten an seine Flanke lehne und mich zum Bad entkleide.

Auch an diesem Tag versperrt eine Eisplatte mit Steakmesser-Qualität den Weg zur Boje H33, sodass ich verkürzen muss.

Egal, das Prinzip ist klar, und als ich Sportfreund Hannes davon erzähle, beginnen sogleich die Planungen für künftige Großunternehmungen: ein Skimarathon durchs Tannheimer Tal in Tirol, Hochburg des Langlaufs, mit Badestopps im Greither Weiher, im Halden- und Vilsalpsee. Eigentlich wäre dies kein Duathlon, sondern eher ein Triathlon, weil die Badelöcher ja erstmal freigekloppt und zu diesem Zweck vom Athleten Kreuzhacken mitgeführt werden müssen – das Publikum würde an den Badestellen nicht mit dem traditionellen »Hopp-hopp-hopp«, sondern mit »Hack-hack-hack« anfeuern, und an den Verpflegungsstellen gäbe es neben den bewährten Riegeln auch gemischtes Hack (ich improvisiere gerade).

Mit Blick auf den proppenvollen Kalender des Restwinters ist die internationale Rennserie »Swim & Ski« mit integrierter Weltmeisterschaft und Sponsoring durch die Bahn (»dieser Eisbadestopp wird ihnen präsentiert vom ICE«) allerdings eher etwas für nächstes Jahr. Schade.

Einer dieser ach-so-wichtigen Termine, derenthalber das Hack-Bade-Gleiten warten muss, steht am 1. Februar auf dem Zettel, nämlich der Besuch in der orthopädischen Arztpraxis meines Vertrauens. Heute wird geröntgt. Kommando Schulterkontrolle!

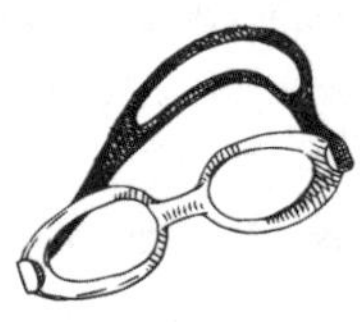

S-Bahnsurfen für Brustschwimmer

•••••••••

Der zu Baderadelzwecken verlängerte Anfahrtsweg zum Röntgen verläuft etwas turbulent, weil ich auf dem neuen Gravelbike in Gedanken einen Abzweig verpasse und sodann versuche, über große und kleine Feldwege zum Weiher in Andechs zu geraten, deren Befahren jedoch durch Bruchharsch und Neuschnee erschwert ist.

Als ich schließlich den oberen Weiher beim berühmten Kloster erreiche und mit einem großen Ast auf die Eisdecke einprügele, meine ich durchaus, meine Schulter zu spüren, im Sinne von: Da ist kein akuter Schmerz, aber sie ist da.

Zugegeben, wenn man die Schulter gar nicht mehr spürt, ist das auch schlecht. Denn dann ist sie weg, wobei man ja gerade im Schulterverlustfall von Phantomschmerzen gehört hat – aber lassen wir derlei Spitzfindigkeiten.

Fest steht, dass ich das verkalkte Gelenk im Hochsommer, bei »RTL Samstag Nacht – das Wiedersehen« so gut wie gar nicht bewegen konnte, und nun fahre ich im Wiegetritt durch den Wald und schmettere frohgemut kapitale Baumteile aufs Eis. Es hat sich was zum Guten gewendet.

Nur eine Momentaufnahme, oder ist es mehr? Gleich werde ich's wissen.

Erstes Aufatmen: Die Maskenpflicht beim Orthopäden ist auch für Patienten abgeschafft, schon mal gut, runter mit dem Ding. Dann mache ich auch meinen restlichen Oberkörper frei, und der Orthopäde bewegt, was sich bewegen lässt. »Irgendwelche Symptome in letzter Zeit?« – »Beim Radfahren gerade merkte ich, dass da noch was ist – ansonsten tipptopp.« Der Mediziner nickt zufrieden und setzt sein eingegeltes Ultraschallgerät auf. Spannung.

Nein, eine Entzündung sei da nicht mehr zu erkennen, nicht zu vergleichen mit dem Befund bei meinen letzten Besuchen. Ob ich denn immer noch so eifrig schwimmen gehe, bei dieser Bettlerkälte? Jaja!

Sodann geht es in den Röntgenraum. Ich lege den Bleischurz an, und das Problemgelenk wird durchdringend porträtiert. Wieder rüber zum Arzt, mit einem gewissen Lampenfieber. Er schaut drauf, denkt nicht lange nach, sondern konstatiert mit fester Stimme: »Da ist kein Kalk mehr, höchstens eine winzige Läsion, aber die kommt von ganz woanders. Sie haben sich durch Ihr Schwimmen geheilt, eine OP ist nicht vonnöten. Herzlichen Glückwunsch!«

Ich bin baff.

»Na ja«, wende ich neunmalklug ein, »das kann man ja mit dieser Bestimmtheit gar nicht sagen. Vielleicht wäre die Schulter auch ganz von allein ausgeheilt, ohne mein Winterschwimmen.«

»Ganz genau weiß man's nie. Das kalte Wasser wirkt auf jeden Fall gegen Entzündungen und regt die Durchblutung an – genau wie die Schwimmbewegungen. Bei verstärkter Durchblutung kann der Körper den Kalk leichter abbauen. Also, wenn ich Sie wäre: Ich wäre stolz darauf, dass ich die Schulter durchs Winterschwimmen auskuriert habe, basta!«

»Nun gut, dann werde ich in nächster Zeit nicht mehr kommen.«

»Das wiederum ist schade! Auf Wiedersehen!«

Als ich die Praxis verlasse, grinse ich honigkuchenpferdisch, auch wenn ich dem Urteil des Mediziners nicht zu 100 % traue. Kann man derlei durch einen kurzen Blick aufs Röntgenbild überhaupt erkennen? Das wird die Zukunft zeigen.

Einstweilen nehme ich mir vor, in Zufriedenheit zu schwelgen. Schöner Nebeneffekt auch: Solange wie ich dem ernsthaften Ausdauersport fröne, also seit Herbst 2000, bin ich mit der Frage nach dem ominösen »Warum?« konfrontiert, und ich habe den Fragestellern bereits viele, höchst unterschiedliche Antworten gegeben. Vom »Grenzgang« war dann die Rede, vom preiswerten Abenteuer, vom Sich-Spüren oder auch, ganz simpel, »aus Spaß an der Freud!«. So richtig überzeugen konnte ich die Unverständigen nur selten. Jetzt endlich, so meine ich, liegt da ein Befund vor, der auch den unwilligsten Sportverächter begeistern dürfte: Ich habe mich selbst geheilt, mir und meiner lieben Krankenkasse, der AOK Niedersachsen, eine teure Operation erspart (sofern die AOK diese überhaupt bezahlt hätte, heutzutage weiß man ja nie), vielleicht kann ich sogar den Abertausenden Mitmenschen mit Schulterproblemen einen wertvollen

Hinweis geben, potztausend, ich mache mich nützlich, leiste einen Dienst an der (verkalkten) Allgemeinheit! Lauterbach, zieh dich warm an, Wigald the Wunderheiler is coming!

Ach, fast hätte ich's vergessen: Der Badeplatz am oberen Andechser Weiher ist große Klasse! Kennengelernt habe ich ihn durch das hübsche Silvestertreffen der Wim-Hof-Jünger mit Klangschalen-Beschallung, aber seinen größten Vorzug erkenne ich erst jetzt: Am Ufer ist eine Leiter installiert, über die man unkompliziert ins Wasser gerät. Durch die vielen Bäume und das hohe Ufer an der gegenüberliegenden Seite ist die Stelle windgeschützt, und das Eis vor der Leiter ist nie so dick wie im restlichen See, weil den ganzen Winter über immer wieder Wim-Hof-Jünger aufkreuzen und den Einstieg einigermaßen eisfrei halten – darum liegt auch der große Ast neben der Leiter.

Gerade wenn am Ammersee der Westwind pfeift und mich zum Fluchen bringt, ist der obere Andechser Weiher ein wunderbares Winterziel. Die dazugehörige Radtour dauert eine gute Stunde – perfekt!

Und nachdem ich mich mit der Location angefreundet habe und mein Schulterbefund mich um einige Jahre verjüngt zu haben scheint, probiere ich etwas Neues aus:

Im bisherigen Winter habe ich peinlichst darauf geachtet, den Kopf allzeit über Wasser zu halten, um mir mein tägliches Winterschwimmer-Dasein nicht über Gebühr zu erschweren.

Jetzt möchte ich wissen: Wie fühlt es sich an, bis über den Scheitel einzutunken?

Also radele ich erneut hinauf zum Benediktinerkloster, durchquere den Altschnee in der Ortschaft Erling und ackere mich gen Badestelle.

Runter mit Helm und Co, auch eine Badehose ist hier in der Waldeinsamkeit nicht vonnöten. Nackert steige ich die Treppe hinab ins Eisloch, hole tief Luft, lasse mich in die Tiefe gleiten und öffne zaghaft zwinkernd die Augen.

Ui! Ich sehe die Eisdecke von unten, flaschengrünlich von der Wintersonne durchschienen! Wieder ein ganz neues Bild, das in meine Memoiren eingehen dürfte, so wie neulich das klirrende Eisplättchen-Collier.

Ich tauche auf, der Kopf ist frostbetäubt. Das macht Spaß, gleich noch mal!

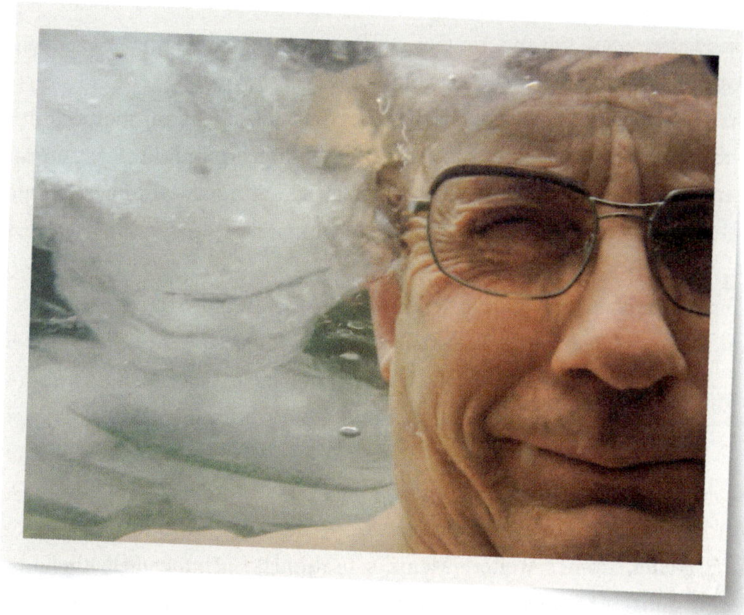

Unterm Eis: Einer der Orte, an denen man eher selten auf Verwandte, Nachbarn und Kollegen trifft.

Luft holen und runter. Jetzt traue ich mich sogar ein Stückchen seitwärts, sodass ich vom Eis komplett überdacht bin – natürlich nicht, ohne die Ausstiegsluke im Augenwinkelblick zu behalten. Juppheidi, das gefällt mir! Kegelrobbe meets Perlentaucher, welch kleines feines Abenteuer!

Und während ich mich wieder ankleide, ganz beglückt von der eigenen Unerschrockenheit, formuliere ich keck: Das Untertauchen in Eislöchern, das ist S-Bahnsurfen für Brustschwimmer. Lebe wild und gefährlich, hugh! (Aber pass dabei gut auf dich auf – eh klar.)

Als ich von meinen frischen Erfahrungen in den sozialen Netzwerken berichte, ernte ich neben aufmunternden »Krass!!!!!!« und »Uiuiui!!!!!!!!« allenthalben fürsorgliche Warnungen. »Um Himmels Willen, lass das!« – »Finger weg von solchen Unternehmungen!« – Den Satz »Wir werden alle nicht jünger!« lese ich gleich mehrfach.

Allein meiner Diszipliniertheit verdanke ich, dass ich da nicht patzig reagiere. Gewiss: Man kann diese Art der Sozialkontrolle für einen Ausdruck der Zugewandtheit halten, des »Sich Unterhakens«, wie es der

Bundespräsident bei anderer Gelegenheit nannte. Man kann derlei Alterswarnungen jedoch auch übergriffig finden.

Haha, wenn die wüssten, woher der verschorfte Cut auf meiner Stirn rührt! Die würden sich gar nicht wieder einkriegen und die Männer mit den starken Armen vorbeischicken wollen, wenn ich Ohnmachts-Opa schwimmen gehe!

Nachts sind alle Karpfen blau

Weiter, immer weiter! Meine sensationelle Schulter-Selbstheilung führt zu aufgekratzter Innovationslust. Am Morgen nach meiner Premiere als Eistaucher bin ich bereits um vier Uhr wach. Ich fackele nicht lange und stehle mich aus den Federn. Wie schwimmt es sich eigentlich im Dunkeln? Meine bisherigen Nachterfahrungen sammelte ich – neben dem Hotelpool in Bangkok – im Kölner Mediapark, aber in Anbetracht des nächtlich beleuchteten Hochhauses, welches das ganze umliegende Quartier wie eine große Fackel erhellt, kann man kaum von echter Dunkelheit sprechen.

Ob der Mond voll, halb oder neu ist, lässt sich an diesem 4. Februar per Fensterblick nicht ermitteln, gar zu dick hängen die Wolken überm Ammersee. Und so schnalle ich mir eine Stirnlampe über die Badekappe, ehe ich zur gewohnten Dosis Omabrust ansetze.

Auch eine spannende Optik! Man sieht nichts als den kalten LED-Lichtkegel, der auf ebenso kaltes Wasser trifft. Monochromie in der Südsee. Die Wellen sehen im schrägen Schein wilder aus als bei Tageslicht, man denkt an »Drama, Baby!«, und als ich die Stirnlampe testhalber ausknipse, vermerke ich, dass sie auf einer Wasserfläche, zumal auf einer großen wie dem Ammersee, das Sich-zurecht-finden nicht wirklich leichter macht. Anders als beim Joggen sind im Wasser eben keine Wurzeln, Äste, Bananenschalen, die einen zu Fall bringen könnten, von umhertreibenden Parkbänken einmal abgesehen (ist aber bisher ja nur einmal passiert). Als Navigationsfixpunkt ist die Straßenbeleuchtung an der Herrschinger Uferpromenade völlig ausreichend, und wer auf Nummer sicher gehen will, kennzeichne seine Einstiegsstelle inklusive Klamottenstapel mit einem roten Blinklicht, etwa der Heckbeleuchtung seines Klapprades.

Fazit dieses Morgens: Die Düsternis ist kein Hindernis – jedenfalls, sofern man sich mit den örtlichen Gegebenheiten bei Tageslicht einigermaßen vertraut gemacht hat.

An einem anderen, klirrend kalten Hochwintertag lasse ich den Morgen ganz bewusst verstreichen, um mal – völlig crazy – am Abend in den Ammersee zu steigen. Die Stirnlampe nutze ich, schlau geworden, nur für die Umzüge, beim Schwimmen vertraue ich mich ganz und gar dem violetten Restlicht an, das sich glamourös auf der gewienert anmutenden Wasseroberfläche spiegelt.

Der Abend ist hübsch, ja, aber um den ästhetischen Reiz vollends zu genießen, wären ein paar Grad mehr denn doch nicht schlecht. Im Anschluss jedenfalls jaule ich lange ob meiner schmerzenden Pfoten, länger als am Vormittag. Am Abend gehöre ich of(f)enbar auf die Ofenbank, nicht ins kalte Wasser.

Den ehrgeizigen Persönlichkeitsbestandteil meiner selbst ärgert der Schmerz. Da gibt's doch Leute, die schaffen in noch kälterem Quell die berüchtigte Eismeile, also 1,62 Kilometer. Die großartige Kerstin Kuntze (kenne ich aus'm Internet) ist in ähnlichen Temperaturen eine halbe Stunde und länger unterwegs und zagt und zetert nicht! Im Gegenteil: Sie spricht von »eiskalter Wasserlust« und rät: »Verkühle dich täglich!«

Was ist los mit mir? Bin ich ein windelweiches Ei? Badet der Herr Boning gerne lau (frei nach Herbert Wehner)?

Womöglich bin ich noch im Anfängerstadium, brauche ein, zwei, drei weitere Winter, um meine Kältegefühle besser in Schach zu halten. Christof Wandratsch, Deutschlands bester Langstreckenschwimmer, spricht davon, dass er im Eiswasser nicht gleich dem erstbesten Kältegefühl nachgibt und wieder an Land geht. Das scheint der Knackpunkt zu sein: Ich gebe nach, er nicht.

Seufz. In solchen Momenten hilft mir der Gedanke ans große Ganze: Mein Ziel ist es, im Ziel anzukommen, und das heißt: ein Jahr lang täglich draußen schwimmen – von Eismeilen und sonstigen Sperenzien war nicht die Rede. Außerdem kann mich mein ehrgeiziger Persönlichkeitsbestandteil mal kreuzweise. Er ist ein klassischer Unsympath, pushy, weiß alles besser, nörgelt nur rum. Geh nach Hause, du Blödmann! Keiner will dich haben!

Nulpen in Amsterdam

Zur Abwechslung steht eine Dienstreise an, nämlich zur »Viva la Diva«-Show, die in der Nähe von Amsterdam aufgezeichnet wird.

Am Flughafen Schiphol (gesprochen »S-ri-Pol«, nicht »Schi-fol«, wie ich ein halbes Leben lang dachte) werde ich von einem netten Fahrer eingesammelt und Richtung Utrecht gefahren, vorbei am Jagdschloss der Königsfamilie. Oh là là, das ist keine Schrebergartenklause, denke ich, und staune, dass es in Europa noch Völker gibt, die gar nicht mal so ungerne für die Freizeitvergnügungen ihrer Staatsoberhäupter zahlen – wenn man den Beteuerungen des Fahrers trauen darf.

Angekommen im Hotel treffe ich Managerin Steffi, und wir beraten sogleich, an welches Gewässer uns der morgige Ausflug führen soll. Direkt hinterm Hotel ist ein Golfplatz mit kleinem Teich, aber kaum setzen wir einen Fuß zwecks Besichtigung aufs Areal, werden wir vom Pächter verscheucht, angeblich aus Versicherungsgründen.

Ein weiterer Zierteich befindet sich vor dem Militärmuseum der Niederlande, mit einem Panzer am Ufer. Interessante Optik, aber alles gar zu streng überwacht.

Nach gründlichem Kartenstudium entscheiden wir uns für einen Waldsee namens Bosvijver Birkhoven, gute vier Kilometer entfernt, erreichbar per Trimmtrab.

Als wir dort morgens um acht eintreffen, hat die Dämmerung das verwunschene Areal in duftiges Lila gehüllt. Kiefern auf Sanddünen, klares Wasser, auf dem eine geschlossene Eisdecke für frostiges Flair sorgt. Kriege ich die ohne Werkzeug kaputt?

Vom Ufer aus stampfe ich aufs Eis, das geräuschvoll nachgibt. Ok, funktioniert. Steffi filmt sodann, wie ich mir eine Schneise durch das Flachwasser am Ufer breche: auf dem sandigen Grund einen Schritt vorwärts, mit dem Oberkörper aufstützen, es knirscht und knackt, dann wieder einen Schritt vorwärts, aufstützen usf. Heute ist die Klangkulisse der Star, und der lichtsetzende Dramaturg unterstützt dessen Auftritt nach Kräften. Lila, der letzte Versuch. Knick-knack.

Berauscht von diesem Naturinstrument und meiner perkussiven Performance traben wir andächtig zurück zum Hotel, und nach kurzem Frühstück geht es zu den Proben im Fernsehstudio in Baarn.

Meine Probe als Dragqueen verläuft alles andere als planmäßig: Meine Ohrringe verheddern sich mit der Perücke, die Schuhe gehen kaputt,

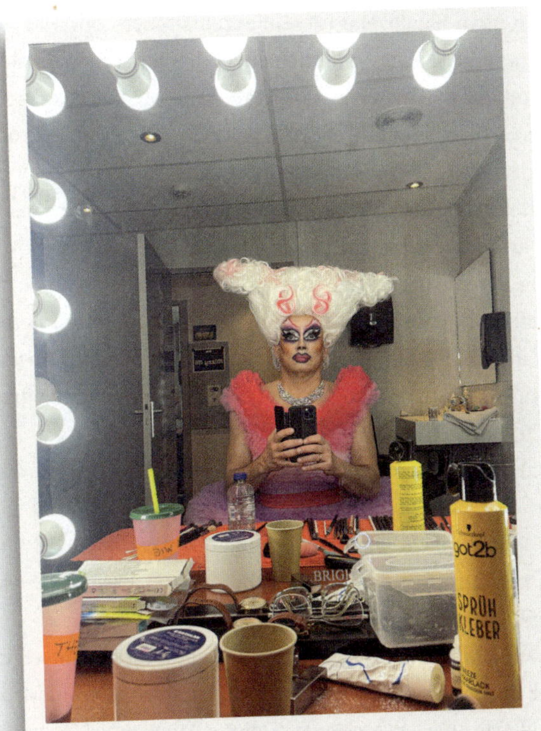

Für originelle Badekappen bin ich immer zu haben.

die Perücke löst sich vom Kopf. Mit meiner tänzerischen Leistung bin ich sowieso unzufrieden – Choreografien pauke ich ungern, ich war auch nie auf einer Tanzschule, weil für mich als rebellischen Jugendlichen sowieso nur Freestyle infrage kam. Ganz anders übrigens als meine Frau Teresa, die Tanzen liebt, gerade auch im schwangeren Zustand. In der Frühzeit unserer Beziehung gingen wir regelmäßig ins »Buena Vista«, einen Tanzschuppen in München, der vorwiegend von Lateinamerikanern besucht wird. Dort gelang es ihr immerhin, mir den Grundschritt der Bachata beizubringen. Tja, nichts motiviert wie die Liebe!

Wo waren wir? Ach ja, in Baarn.

Nach der Probe erledige ich meine Hausaufgaben: Beine und Brust rasieren. Die in den darauffolgenden Tagen an und im Wasser geknipsten Fotos verraten einiges über meine Faulheit: So glatt meine Brust, so behaart ist weiterhin mein Bauch. Das ist kein exzentrischer Look, das sieht einfach nur bescheuert aus. Nein, sonderlich eitel bin ich wirklich nicht.

Der Moderator von »Viva la Diva«, Tim Mälzer, reagiert mit maximalem Unverständnis, als er von meiner Schwimm-Marotte erfährt. »Warum machst du das?« – »Naja, der eine geht täglich schwimmen, der andere bastelt pausenlos an Rezepten für Teriyaki-Hähnchen.« – »Das ist etwas GANZ anderes!«, wehrt er mit nur halb gespielter Empörung ab.

Am Tag der Aufzeichnung müssen wir besonders früh aufstehen, und weil die Zeit drängt, mieten wir vom Hotel Leihgurken, auf denen wir zum Waldsee radeln. Wieder gibt's ein tolles Knick-Knack-Konzert mit den durchsichtigen Großkastagnetten, allerdings weniger purpurn, dafür in nachtblau.

Generalprobe: Erneut fädeln die Ohrringe in der Perücke ein. Verdammt, so eine Dragqueen hat's schwer! In der Show muss ich im Duell mit Uwe Ochsenknecht eine Niederlage einstecken. Zefix, er tanzt einfach besser als ich, auch fraulicher. Fraulicher als ich, Uwe Ochsenknecht! Ich bin ein viriler Versager!

Es ist zum Mäusemelken: Da ist er wieder, dieser innere Ehrgeizling, der immer gewinnen, Weltrekorde purzeln lassen, bewundert und verehrt werden will. Als ob's ausgerechnet in dieser Show aufs Gewinnen ankäme! Es geht um Spa-haß, du verkniesterter Dummdödel! Außerdem geht's um Toleranz, und ein hübsches Sümmchen verdiene ich auch, warum also gewinnen wollen? Im Grunde meines Herzens habe ich die ganze Show, das ganze Leben falsch verstanden – die bescheuerte Brustrasur über behaartem Bauch geschieht mir gerade recht. Wir Nulpen, wir (Pluralis Majestatis).

Hängen bleiben werden am Ende des Tages sowieso nicht Ohrringe und andere Kleinigkeiten, sondern: der Klang des Kiefernwaldsees, wenn man im winterlichen Morgengrauen draufdrückt. Ein Kracks für die Ewigkeit!

Kurz vor der Rückreise kaufe ich mir am Flughafen in Amsterdam ein neues Paar original Holländische Holzschuhe, weiß lackiert, was sie ein wenig nach feinen Fayencen aussehen lässt. Holzschuhe, so mein Kalkül, sind für schwimmerische Einsätze bestens geeignet: Man kann hineinschlüpfen, ohne zitternden Fingers Schleifen binden zu müssen.

Mit der Sohle nach oben am Ufer deponiert widerstehen sie auch starkem Regen, und im äußersten Notfall kann man sie auch als Schleppboje einsetzen: Handy und Schlüsselbund sollten die Dinger wie kleine Boote tragen können.

Weiter geht es in den Urlaub, zum Stanglwirt am Wilden Kaiser. Steffi ist dabei, außerdem die inzwischen höchstschwangere Teresa und natürlich Theo und Mathilda.

Beim Stanglwirt geben sich bekanntlich die Promis die Klinke in die Hand, und als wir eintreffen, sind auch Lothar Matthäus und Boris Becker da, also genau meine Kragenweite (auch schlechte Verlierer). Gleich am ersten Abend genieße ich einen fabelhaften Saunaaufguss, und während der Bademeister mit einem großen Fächer die Feuchte verteilt, gibt er wichtige Sicherheitshinweise: »Liabe Gäste, wenn's ihr dann glei in den See mit dem koid'n Wasser wollt, tut's mir einen Gfoll'n und wartet's a bissl, domit der Kreislauf sich dran g'wöhnen kann.« Und noch bevor der letzte Lavendel-Löffel auf den Ofen gekippt ist, verlasse ich die Sauna und stürze mich verzugsfrei in den mit »Kaiserwasser« gefüllten Badesee. Während ich dort meine Runden drehe, kommen die anderen Saunisten ans Ufer und schütteln die Köpfe. Der Bademeister schaut besonders unwirsch. »Muss a jeder selber wissen, wos er duat!« Als ich wieder an Land bin, gehe ich zu ihm und versuche mich zu erklären: »Ich mache das jeden Tag und weiß tatsächlich, was ich tue …«

Na ja. Weiß ich wirklich, was ich tue? Bin ich wirklich der alte Hase, der ich zu sein vorgebe?

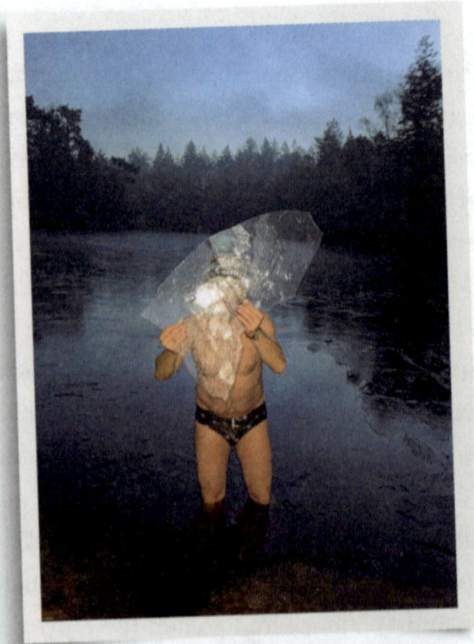

Eine empfehlenswerte Alternative zu Wadenwickeln?

Am nächsten Tag begebe ich mich, als die Restfamilie noch schläft, ins Außensportbecken. Hui, ist das warm! Eine Dreiviertelstunde sammele ich Bahnen und langweile mich außerordentlich – was Kachelzählen angeht, bin ich völlig außer Form.

Post-schwumm gibt es, schöner Service des wirklich empfehlenswerten Hotels, einen »Early-Bird-Coffee«, gleich bei Dusche und Umkleide.

Für die Kombi Schwimmen und Kaffee bin ich allerdings empfänglich – das wünschte ich mir auch daheim am Andechser Weiher: eine kleine Kaffeemaschine direkt hinter der Einstiegsleiter!

Nach dem opulenten Frühstück im großen Kreis gehe ich mit Managerin Steffi langlaufen, auf sehr undankbarem Belag: Wenig Schnee, der in der Loipe bretthart gefroren ist. Bedeutet: Wenn man nicht gerade, wie ich, lange Jahre als »Obmann Ski nordisch« am Auerberg verbracht hat und zum Crack geworden ist, fällt man schnell und hart, sodass meine liebe Steffi den Rundkurs in einem Zustand verlässt, der auch auf häusliche Gewalt hindeuten könnte.

Als ich mich im Laufe des Tages zunehmend krank fühle, vermute ich zunächst irgendeinen merkwürdigen Mitleidseffekt, à la »Mir geht es schlecht, wenn meine Managerin leidet«, analog zum Couvade-Syndrom, das bei mir ja auch bildfüllend zu beobachten ist.

Am Nachmittag melde ich mich dann vom Rest der Reisegruppe ab und trolle mich ins Bett.

Fieber! Hatte ich lange nicht mehr, vor allem nicht so, dass selbst der Griff zum Nachttisch zur Strapaze wird. Minutenlang starre ich an die Decke und überlege, ob es tatsächlich nötig ist, den Arm zu heben und gen Trinkflasche abzuspreizen, diese zu ergreifen, Richtung Mund zu führen, kippen, schlucken, zurückführen, abstellen, wieder den Arm rumpfwärts … ächz, der arme Arm erlahmt schon beim fantasierten Kippen, von der tatsächlichen Action in der fiebrigen Wirklichkeit ganz zu schweigen!

Keine Frage: Es ist Sand im Getriebe meines Lebens. Erst verheddern sich Ohrringe in meiner Perücke, und jetzt bin ich obendrein krank. Was soll nur aus meinem Streak werden? Einstweilen bade ich in Schweiß, aber das ist nicht regelkonform – schon, weil ich im Hotelbett liege, unter der Dachschräge des Stanglwirts.

Die Nacht verläuft ruhig, und am frühen Morgen fühle ich mich einigermaßen erquickt. Wenn schon krank ins kalte Wasser, dann jetzt sofort. Auf Samtpfoten schleiche ich mich durch meine schnurchelnden Liebsten, werfe einen Hotelbademantel über und los.

Im 18. Jahrhundert gab es Mediziner, die Kaltwasserbäder als todsicheres Hausmittel gegen Fieber empfahlen, wobei unklar ist, wie das Adjektiv »todsicher« in diesem Zusammenhang zu deuten ist.

Sicher ist, dass der menschliche Körper im Eiswasser binnen weniger Minuten abgekühlt wird – das gilt für den Gesunden und für den Fieberkranken erst recht!

Also rein in den winterfrischen Kaiserwasser-Badesee, an dessen Ufer mich der Bademeister rügte.

Brrr, das fühlt sich an wie Knüppel auf'n Kopp. Kein Zauber, kein Flair, reine Ernüchterung. Ein Miniründchen, dann huschhusch wieder raus und an die Kaffee-Theke. Im Hotelzimmer wird noch geschlafen; ich lege mich dazu, klage tonlos vor mich hin und verbringe den Resttag feurig fiebernd in Embryonalstellung. Es ist dies eine besonders abgehobene Form von Dekadenz: Man fahre in ein sündhaft teures Hotel, werde krank und bleche für Hatschi und Husten im abgedunkelten Dachstüberl.

Am nächsten Morgen fühle ich mich besser, habe das Fieber gründlich weggeschwitzt.

Das kalte Wasser der Kaiserquelle spare ich mir diesmal, stattdessen besuche ich mit Theo ein warmes Außenbecken. Obwohl das Wasser wollpulloverwarm ist, zittere ich anschließend wie nach einer halben Stunde im Nordpolarmeer, und als ich mich wieder beruhigt habe, wird abgereist. Zu Hause kränkelt sich's am schönsten.

Erstmal Check/Doublecheck. Habe ich noch Corona-Schnelltests in der Schublade? Tatsächlich, da sind noch welche. Wie ging das noch? Nase oder Rachen? Drei oder vier Tropfen? Drei, ok. Viertelstunde warten. Oh, oh: Das Warten kann ich mir sparen – da sind bereits jetzt deutlich zwei Striche zu sehen. Covid-19, wie habe ich dich vermisst! Erst- und letztmalig war ich vor genau einem Jahr krank, konnte deswegen nicht am Marathon teilnehmen. Aber heuer hat's mich härter erwischt.

In den folgenden fünf Tagen radle ich allmorgendlich zum Herrschinger Gemeindesteg, klettere missmutig die daran befestigte Treppe hinab in den Ammersee, zähle, fiese Flüche zischend, 20 Schwimmzüge und steige anschließend mit säuerlichem Gesicht wieder in die Klamotten.

Wie sehr ich mit dieser Praxis z. B. eine Herzmuskelentzündung riskiere, vermag ich nicht zu beurteilen. Festhalten kann ich, dass der Heilungsprozess nicht erkennbar beschleunigt wird – ich würde eher eine Verzögerung vermuten.

Als Quell der Freude fällt das Schwimmen in diesen Tagen aus. Meine Hydrophilie ist im Fieberofen verdampft, das Wasser, meine Partnerin, mit der ich mich so vorzüglich arrangiert hatte, kommt mir kalt und lieblos vor, so als hätte sie sich von mir abgewendet.

Es wäre nicht das erste Mal, dass eine Ehe durch Krankheit instabil wird – ich fühle mich allein, verlassen und hadere mit allem.

Aber es ist wie immer im Liebesleben: Selten hat nur ein Partner »Schuld«, zumeist gibt es zwei Sichtweisen des Konfliktes. Das Wasser denkt womöglich, dass ich mich rar mache, mein Interesse verloren habe, nicht genug investiere. Ein paar Minuten pro Tag: Das reicht ihr vielleicht einfach nicht!

Und wie so oft kommt ein Mangel an Kommunikation hinzu: Das Wasser und ich, wir reden einfach nicht genug miteinander. Süße Schmeicheleien, Komplimente, kleine Geschenke: Fehlanzeige. Es herrscht die totale Wortlosigkeit.

Wenigstens bin ich nach drei Tagen endlich fieberfrei, und nach weiteren zwei Tagen kann ich mich über einen negativen Test freuen. Es geht aufwärts, hatschi!

Ja, »es geht aufwärts!« – so klingen die Durchhalteparolen, die ich mir in diesen düsteren Tagen stündlich zurufe, in der Hoffnung, so günstige Rückkopplungseffekte zu erzielen.

Der Februar mag der kürzeste Monat sein, mir jedoch kommt er vor wie der längste – ein zäher, kalter Kaugummi, den ich ohne jeden Genuss zwischen meinen verbissen mahlenden Kiefern kleinkaue.

Und schließe ich die Augen, wähne ich mich in einer Hitzewelle mit flirrender Luft, und ich lungere an einem Strand herum, den man nur unter Schmerzensschreien betreten kann. In diesen Tagträumen bereite ich mir Spiegeleier auf Autodächern zu, und als Soundtrack höre ich »In the Heat of the Night« und «Hot Chocolate«. Das ist die Rettungsleine, an die ich mich in diesen Tagen mit den wärmsten Gefühlen klammere: die Hoffnung auf eine heiße Zukunft. Und sie wird kommen, das steht fest!

Unter Reihern

Zwar bin ich nicht mehr Corona-positiv, indes sind meine Nebenhöhlen restlos verrotzt. Mit einer Stimme, die nach Eierpappen und Tamponade klingt, reise ich nach Berlin und nehme an der Promi-Ausgabe des ZDF-»Quiz-Champion« teil, als Experte für Erdkunde.

Verrückt: Seit zehn Jahren bin ich dabei – keine andere Sendung, an der ich mitwirken durfte, hielt auch nur annähernd so lange durch. Danke, lieber Johannes!

Gleichsam automatisch hat die Sendung auch in meiner persönlichen Sportlerlaufbahn ihren Platz: Einmal radelte ich auf einem Klapprad von Hamburg nach Berlin, dreihundertundeinpaarzerquetschte Kilometer in einer Nacht, um mitzumachen, und vorletztes Jahr lief ich morgens meinen privaten Berlin-Marathon, um mich abends ganz verstohlen *on air* beim Gähnen zu ertappen.

Managerin Steffi und ich residieren diesmal direkt am Berliner Hauptbahnhof, im »Steigenberger am Kanzleramt«, und direkt nach dem Einchecken spazieren wir zur Spree, um die Bademöglichkeiten zu checken. Steffi, Tochter eines Polizisten, ist nicht sonderlich angetan. Darf man das überhaupt, Schwimmen am Kanzleramt? Oder stürmen sogleich Sicherheitskräfte herbei? Sie entspannt sich auch nicht sonderlich, als Google verrät, dass Schwimmen in der Spree nicht ausdrücklich verboten ist – man rät allerdings ab, ähnlich wie von der Alster in Hamburg.

Als ich 2014 im Berliner Schlossparktheater den Tunichtgut François Pignon in »Die Selbstanzeige« spielte, besuchte ich einige der umliegenden Flüsse und Seen, turtelte sogar mit dem Vorhaben, eines Tages sämtliche Berliner Badegewässer zu beschwimmen. Für einen ausgewiesenen Landratterich fürwahr eine erstaunliche Idee – vielleicht kündigte sich bereits damals unterschwellig jene Leidenschaft an, die mich in diesen Tagen auf Trab hält.

In den Wassern der Hauptstadt gab und gibt es viel zu entdecken, der Orankesee z. B. war bis zur Wende ausschließlich für Stasi-Mitarbeiter und ihre Familienmitglieder reserviert.

Als besonders lauschig habe ich den Kleinen Wannsee in Erinnerung, wobei auch das gewaltige Badeanstaltsgebäude am Großen Wannsee aus dem Jahr 1927 einen Besuch wert ist, erbaut im Stil der »Neuen Sachlichkeit« als »Weltstadtbad« – bis heute eines der größten Freibäder an einem Binnengewässer in Europa. Und dazu eines der ganz wenigen mit eigenem Schlager-Evergreen, »Pack die Badehose ein, nimm dein kleines Schwesterlein und dann nüscht wie raus zum Wannsee«, 1951 gesungen von der damals achtjährigen Cornelia Froboess (»Lago Maggiore« von den Flippers fällt mir noch ein und »Die Fischerin vom Bodensee«, u. a. vorgetragen von Andy Borg).

Großes Kino im James-Bond-Format war für mich der Weg vom Potsdamer Papenhorn durch die Havel, vorbei am Schloss Babelsberg bis zur Glienicker Brücke.

Für Schwimmbegeisterte ist Berlin ein Traum, unter den Großstädten finde ich lediglich Zürich mit seinem glasklaren See und den

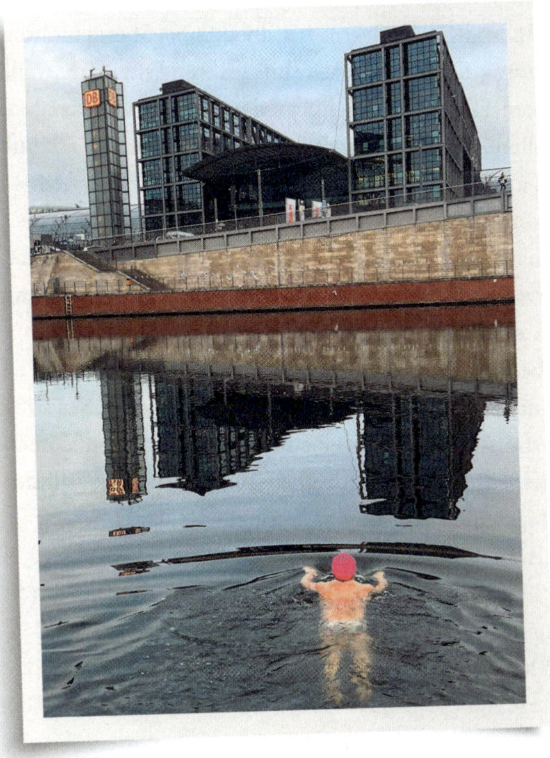

Swim & Rail: am Berliner Hauptbahnhof kein Problem

32 Schwimmbädern noch attraktiver (es gibt sogar ein Züricher Schwimmbad-Quartett)!

Das Sammeln von Seen, Swimmingpools und anderen Gewässern ist, wie ich finde, eine ganz eigene sportliche Disziplin, bei der ich persönlich immer sogleich an ein ergreifendes Stück Literatur denken muss, nämlich an die Kurzgeschichte »Der Schwimmer« des Pulitzer-Preisträgers John Cheever aus dem Jahr 1964.

Der Inhalt in kurz: Ein Mann beschließt, sämtliche Swimmingpools der Nachbarschaft zu durchschwimmen. Als er nach seiner Vorstadt-Odyssee wieder zu Hause ankommt, steht das Haus leer, und seine Familie ist verschwunden. Verfilmt wurde die Geschichte von Sydney Pollack, mit Burt Lancaster in der Hauptrolle.

Für mich und Gattin Teresa hat diese Short Story eine weitere besondere Bedeutung, denn wir lernten uns während meiner Camping-Epoche näher kennen, als ich 200 Nächte an der frischen Luft verbrachte. Und an unserem allerersten gemeinsamen Abend in meinem Eineinhalb-Personenzelt las ich ihr »Der Schwimmer« vor.

Zurück nach Berlin. Auf der Spree schwamm ich noch nie – vielleicht, weil ich sie mir aufsparen wollte für einen Kraul-Törn um die Museumsinsel herum (müsste an einem Hochsommer-Sonntagmorgen realisierbar sein, wenn die Schifffahrt noch schläft).

Jetzt aber! Am Morgen nach der Aufzeichnung schnäuze ich noch mal kräftig in die hohle Hand, ehe ich die rotzgelb gestrichene, in die Spundwand am Hauptbahnhof eingelassene Leiter hinabsteige. Steffi steht oberhalb, mit einem gewissen Sicherheitsabstand, um im Fall der Fälle vom SEK nicht gleich mitverhaftet zu werden.

Mein Ziel: Rüber auf die andere Seite des Flusses – so eine Durchquerung fühlt sich immer nach Gipfelsturm an, und sei das Rinnsal auch noch so spiddelig.

Kaum habe ich zehn Meter zurückgelegt, kommt ein großer Lastkahn um die Ecke. Auf der Brücke kann ich hinter Glas den Kapitän erkennen, der mir prompt einen Vogel zeigt.

Ich fühle mich wie beim Beischlaf ertappt und lege sogleich den Rückwärtsgang ein. Zwar biegt der Frachter in den Berlin-Spandauer Schifffahrtskanal ab, noch bevor ich das Ufer erreiche, aber mein Schneid ist bereits preiswert abgekauft.

Zittern muss ich beim Abtrocknen nicht, für ruckartige Bewegungen sorgt heute ein trockener Reizhusten.

Aua, klingt gar nicht gut! Steffi hakt mich unter, und weiter geht's zum Bahnhof und nach Hamburg. Dort steht ein Fernseh-Brainstorming mit einer Produktionsfirma an. Ausgangspunkt ist die Frage »Was würde man selbst gerne sehen?«

Mein erster Vorschlag: »Wir lernen Deutschland neu kennen, vom Wasser aus (…).« Verhaltenes Interesse bei meinen Gesprächspartnern. Ich muss offenbar eine Schippe drauflegen. »Ok, ich gehe baden, mit prominenten Gesprächspartnern, in Gewässern an deren Wohnorten. So 'ne Art WIB-Schaukel im Wasser.« Skepsis am Konferenztisch: »Ist das zuverlässig realisierbar? Viele weibliche Promis sind nicht gerade erpicht darauf, sich vor Kamera auszuziehen« (…).

Schließlich wechsele ich das Medium und offeriere, auf meinem alten Duemila-Klapprad von Chicago nach Los Angeles zu fahren, auf der Route 66. Da ist das Interesse deutlich größer – mal sehen, was draus wird.

Am Nachmittag erklimme ich gemeinsam mit Hugo Egon Balder den NDR »Quizduell-Olymp«. Caramba, wir gewinnen, und scheußlich schniefelnd, aber im Hochgefühl des Triumphators, verabschiede ich mich in den Feierabend. Für die Brotzeit im Hotelzimmer besorge ich mir in der Wandelhalle des Hamburger Hauptbahnhofs zwei Fischbrötchen. Gute Nacht!

Von wegen. Nach zwei Stunden Schlaf weckt mich akute Übelkeit. Es rumort in mir, ich stoße faulige Wolken auf. Nach einigem gedanklichen Hin und Her schwinge ich mich ins Bad und stecke mir den Finger in den Hals, dann schlafe ich weiter.

Am nächsten Morgen verzichte ich aufs Frühstück, habe keinen Appetit – dafür ergänzen stechende Kopfschmerzen meine verschleppten Erkältungssymptome. Lichtblick: Mein Freund Thomas Müller holt mich ab (nein, nicht der Fußballer, sondern der Fotograf), und in seinem Auto geht's nach Övelgönne zur Strandperle.

Thomas kenne ich seit Ende der Achtziger, er fotografierte mich bereits, als ich noch nicht einmal damit liebäugelte, meine Fischbrötchen beim Fernsehen zu verdienen. Unsere Freundschaft überspannt einen langen Zeitraum, und so haben wir uns viel zu erzählen. In Wolldecken gehüllt sitzen wir vorm Strandkiosk, nippen am Heißgetränk und warten nebenbei auf ein angemessenes Schiffsrequisit, vor welchem Thomas mich in der Elbe ablichten kann.

Bald nähert sich ein ausreichend großer Frachter, und ich mache mich klar zum Ankerlichten.

Früher, als ich in Hamburg wohnte, verbrachte ich viel Zeit am Elbstrand, traute mich aber nie in den Strom – auch, weil ähnlich wie am Rhein allenthalben davor gewarnt wird. Inzwischen macht in der Hansestadt jedoch ein Verein Furore, nämlich die »Eisbademeisters«, die sich für mildtätige Zwecke regelmäßig in Övelgönne zum Eisbaden treffen. Und wenn die das können, sollte es auch mir gelingen!

In einiger Entfernung markiert eine große rote Tonne den Rand des Fahrwassers, von der ein kapitaler Reiher abhebt, als ich zu schwimmen beginne. Apropos reihern: Krankheitshalber brüstele ich noch langsamer als sonst durch das unerwartet sauber wirkende Wasser (da habe ich fürwahr inzwischen trüberes erlebt!). Gleichsam im Zeitlupenschongang bewege ich mich gen Flussmitte, allzeit bereit, wegen eventueller Strömungen blitzschnell zum Strand zurückzukehren. Vielleicht liegt's an Thomas, der mithilfe des Tidenkalenders unseren Ausflug risikoarm getimt hat, jedenfalls gerate ich nicht in Seenot und sorge auch nicht für Aufsehen, als ich mich anschließend auf der Kaffeeterrasse vorm Kiosk nackig mache.

Der Kopfschmerz ist übrigens sofort weg, nachdem ich ein einziges Mal untergetaucht bin – Schmerz lässt sich bekanntermaßen am besten bekämpfen, indem man Körper und Geist mit einem noch stärkeren Schmerz konfrontiert, etwa so wie beim Spiel »Schnick, Schnack, Schnuck«: Schere schleift Stein. Das geht auch ohne Eiswasser: Wenn ihr z. B. Halsschmerzen habt, einfach mit dem Hammer auf den Finger kloppen. Haut hin, garantiert!

Einigermaßen abgeschlagen erledige ich nach dem Elbbesuch noch einen Überraschungsauftritt bei »Wer weiß denn sowas«, weil mein lieber Freund Bernhard Hoëcker seinen 50. Geburtstag feiert. Ich trage eine monumentale Torte quer durchs Studio an sein Ratepult und soll, so die Regieanweisung, mein Gesicht möglichst lange hinter dem Festgebäck verbergen. Das ist gut so, denn auf diese Weise fällt meine übelgrüne Blässe nicht über Gebühr auf.

Nach dem kurzen Festakt reise ich weiter nach Oldenburg. Der Zustand meines Papas hat sich erneut verschlechtert, er verbringt seine Tage im Hospiz.

Es ist für mich ziemlich aufwühlend, den eigenen Vater so fürchterlich abgemagert im Bett des Hospizes zu sehen. Unwillkürlich durchblättere ich, am Fußende seines Bettes sitzend, in einem inneren Daumenkino Bilder aus fünfeinhalb Jahrzehnten und bleibe immer wieder bei besonderen Momenten hängen.

In all diesen Erinnerungen begegnet mir Papa nicht nur als starker Charakter, sondern auch als physisch unbezwingbar, mit urwüchsigem Turnernaturell – etwa beim Ostseeurlaub in Großenbrode 1972, als ich mich an Papas kräftigen Unterarm hänge, wahrscheinlich um mich im nächsten Moment ins Meer fallen zu lassen.

Und heute? Welch scharfer Kontrast. Nicht einmal das Aufsetzen gelingt ohne Hilfe.

Immerhin hat er seinen Humor nicht verloren: »Der Vorteil an diesem Institut ist, dass man sich über zukünftige Kapitel des Lebenslaufes keine Sorgen mehr machen muss.«

Ich begleite meine Mama ein paar Tage lang ins »Institut«, und auf dem Weg dorthin passieren wir das alte E-Werk an der Hunte. Zwischen diesem und der Schleuse des Küstenkanals zweigt ein kleines Sträßchen namens Achterdiek ab, hochdeutsch: »Hinterm Deich«. Beim Schleusenwirt habe ich meinen allerersten Auftritt mit der Querflöte absolviert, kurz nachdem ich mir als 13-jähriger Autodidakt die Grundlagen des Tüt-Machens einigermaßen draufgeschafft hatte. Es handelte sich um so eine Art schwedische Mottoparty zum Thema »Julklapp«, ein vollbärtiger Späthippie (Name vergessen) sang Lieder von Carl Michael Bellman, und ich steuerte Soli und allerlei Nebenthemen bei – Künstlerfreunde meiner Eltern hatten den Kontakt hergestellt.

Wie komme ich drauf? Ach ja, schräg gegenüber dieser Gaststätte befindet sich eine Stelle mit flacher Uferböschung, an der man vorzüglich in die Hunte einsteigen kann.

Der kurze Abstecher hierher wird zum festen Tagesordnungspunkt: Mama fährt das Auto rechts ran, ich steige in den Fluss meiner Kindheit und schwimme hinüber ans andere Ufer. Dort hebe ich die Arme, mache winke-winke und kehre zurück, alles zusammen wenig mehr als 100 Meter in sechs Minuten. Es herrscht weiterhin winterliche Kälte, scharfer Wind bläst die Schneeflocken horizontal über die Buschhagenniederung.

Ich weiß nur wenig über den Hinduismus, aber dass man aus religiösen Gründen im Ganges badet, habe ich mal aufgeschnappt. Die Hunte ist mein Ganges.

Ich tauche ein, und für einige Minuten sind meine Sorgen vielleicht nicht restlos weggewaschen, aber wenigstens für ein paar Augenblicke – boing! – vom Eishammer des späten Februars überlagert.

Nach einigen Tagen in Oldenburg bessert sich das Wetter, und der Sonntagmorgen verwöhnt Mama und mich mit gleißender Sonne – ohne dass diese unsere allgegenwärtige Gedankendüsternis aufhellen könnte. Wir passieren die Schleuse und fahren noch ein Stückchen weiter, zu jenem Anleger, an dem ich in der 13. Klasse der Cäcilienschule einen Ruderkurs absolvierte. Schon die räumliche Entfernung zur Lehranstalt machte diesen Kurs zu meinem immerhin zweitschönsten Schulsporterlebnis in der Oberstufe. Am allerschönsten: Kursthema »Jazzdance« – als einziger Junge unter 20 Mädchen. Eine Schule fürs Leben!

Auf dem bitterkalten Metallsteg jedenfalls flüchte ich mich in süße Erinnerungen, stelle aber auch fest, dass man von solch einem Steg nur schwerlich ins Wasser gelangt, jedenfalls ohne Arschbombe und Co. Also versuche ich's am Ufer und versinke bis zur Hüfte im prägnant nach Pavianpups müffelnden Modder – im Grunde auch eine rituelle Waschung, aber ganz anders. Nein, Mama und ich ziehen wieder um, zur Schleuse. Hier bin ich plattdeutscher Hindu, hier darf ich's sein, Oldenburg ist mein Uttar-Pradesh und Achterdiek mein Allahabad.

Rotz und Wasser

Zwei Tage später flammt die Erkältung wieder auf, und ich huste wie ein Brennabor Prinz-Heinrich-Wagen mit Holzvergaser. Verdammt, was geht hier vor? Ich halte mich für einen gesundheitlich eher robusten Typen, ganz der Papa ehedem, prahle gern mit meiner Belastbarkeit und habe mich im Übrigen darauf gefreut, durch tägliche Abhärtung noch unempfänglicher für Bazillen aller Art zu werden. Aber vielleicht gelten die vielfach vermuteten Abhärtungseffekte nicht für Winterschwimmer, die Kinder im Kindergartenalter haben. Sohn Theodor hustet jedenfalls ähnlich, war sogar letzte Woche beim Arzt für einen Abstrich!

Gerade habe ich mir ein neues Paket Taschentücher aufgerissen, als das Handy bimmelt. Unbekannte Nummer. Rangehen? Warum nicht. »Hallo, hier Gesundheitsamt Starnberg. Ihr Sohn hat Parapertussis.« – »Was das ist?« – »Pertussis ist Keuchhusten, und Parapertussis eine milde Variante. Antibiose, fünf Tage zu Hause bleiben.« Aha, danke.

Gut, dass ich Steffi und Thomas gerade getroffen habe und mein Bedürfnis nach außerhäusigen Sozialkontakten frisch gestillt ist. Ich bleibe zu Hause, bis meine Taschentücher aufgebraucht sind. Ausnahme: die tägliche Klappradfahrt zum Herrschinger Gemeindesteg. Wieder reduziere ich meine Bäder auf das Notwendigste: ausziehen, eintunken, 20 Züge, fluchend wieder raus, und ich komme mir dabei hilflos und blöd vor. Jeder einigermaßen vernünftige Zeitgenosse würde sich auskurieren. Warum markiere ich den starken Mann? Weil Eisbaden en vogue ist, der heiße Scheiß des Süßkartoffel-Binge-Watching-und-Mental-Health-Zeitalters? Zu allem Überfluss schlägt mir irgendein soziales Netzwerk in diesen kranken Tagen ein *Reel* vor, in dem ein halbstarker Schwadroneur mit Bürstenhaarschnitt seine Follower zum Eisbaden auffordert. »Sei keine Pussy!«, shoutet er Richtung Ringlicht, und ich zucke zusammen. Von wegen »Mental Health« – der Mann hat eindeutig einen Dachschaden.

Schicksal ahoi, in welchem Soziotop bin ich denn nu' gelandet? Unter pickeligen Incels, die sich bei anderer Gelegenheit auch mit nacktem Oberkörper aufm Gaul, mit Gotcha-Gewehr in Tarnfleck oder mit Wasserpfeife beim eSports ablichten würden? Habe ich etwa einen entscheidenden Abzweig verpasst und bin selbst zum verhaltensgestörten Prahlhans geworden, zur testosterontriefenden Dauerlatte, allerdings mit Halbglatze und sich anbahnendem Hängebauch?

Steffi, Teresa, warum sagt ihr mir denn nichts?

Haltet mir notfalls den Mund zu, nehmt mir Brille und Badezeug weg, sperrt mich ins letzte Kellerloch, aber bewahrt mich davor, so zu werden wie dieser »Pussy«-Dödel aus dem Internet!

Testosteronkrise, Ohnmacht, Corona, Parapertussis, überlagerter Bismarckhering, und dann ist da noch mein leidender Papa, der in dieser Reihung natürlich nichts verloren hat, sondern gleichsam in einer höheren Liga spielt – in meiner persönlichen Historie kann ich mich an keinen Februar erinnern, in dem sich die physischen und mentalen Nickligkeiten gegenseitig so solidarisch unterhakten und ergänzten, um in Summe einen Monat des prächtigsten Missvergnügens herbeizuzaubern. Und doch, auf der anderen Seite: Wunderheilung der Schulter. S-Bahnsurfen für Brustschwimmer. Spreewalzer in Berlin. Wettschwimmen mit den Ozeanriesen in Hamburg.

Durchaus möglich, dass ich mich ohne meinen Streak über weniger Zicken, Zaudern und Zipperlein hätte ärgern müssen, aber gleichzeitig hätten dann auch viele Gründe für überschwappende Freude gefehlt! Non, je ne regrette rien!

Und so beginnt der März.

Nachdem wir Theodor und Mathilda beim Kindergarten abgeliefert haben, fahren Teresa und ich nach München, zum letzten Ultraschall vor der Niederkunft.

Die Straßencafés haben die Tische auf den Gehwegen eingedeckt, und nach der Untersuchung versuchen auch wir einen Platz am Rinnstein zu erpöbeln, ohne Erfolg: Eine Völkerwanderung ist im Gange, alle Welt will, dass die Sonne ihre Zirbeldrüse bezirzt. Langschlangenbildung. Also tanken wir anders Vitamin A: Ich spurte über die Reichenbachbrücke und steige in die Isar, meine Gattin schaut von oben zu. Die schmelzwassersatte Strömung unterbindet jeden Versuch auch nur angedeuteter Schwimmbewegungen, ich stemme mich mit den Füßen gegen die Fluten, während am gestuften Ufer schwänzende Pennäler ihre Joints kreisen lassen.

Die Kraft der Sonne wärmt immerhin den Luftraum unter meiner Pudelmütze und rötet den Nacken zart, das Wasser ist natürlich weiterhin winterfrisch – aber der psychologische Effekt des hellen Lichts ist nicht zu unterschätzen, selbst mit abklingender Parapertussis, zumal, wenn die Frühlingsgefühle mit der prickelnden Aussicht auf meine baldige Vaterschaft wie in einer Hallkammer verstärkt werden. Es! Geht! Aufwärts!, raune ich mir zu, als ich der Isar entsteige, wie eine Lebensgeisterbeschwörung.

In den meisten der letzten 20 Jahre nutzte ich den März für tägliche lange Fahrradfahrten mit dem Ziel umfänglicher Durchwärmung. In diesem Jahr starte ich den März mit täglichen Kurzbädern, die mich innerlich auskühlen, also das genaue Gegenteil.

»Warum belässt du's beim Baden und fügst nicht obendrein Extra-Kilometer auf dem Rad hinzu?«, mag man mich fragen. Tja. Für echte Radtouren über zwei, drei Stunden fehlt mir der Elan.

Ich bin froh genug, mich auch im düsteren Krisenmonat Februar 28 x überwunden zu haben, ohne Off-Day, ohne Selbstbetrug. Aber vielleicht wird ja jetzt alles anders, wenn im Sonnenlicht der Bürzel brennt.

Erstmal feiere ich, ganz *Homo Konsumens,* das herannahende Winterende mit zwei neuen Badehosen aus schillerndem Lurex, und zum 250. Badetag besorge ich mir einen original Seepferdchen-Aufnäher, den ich auf meinen Galeria-Kaufhof-Bademantel appliziere.

Eine Zeit des Wartens beginnt: Von der Frauenärztin ist der 6. März als Tag der Niederkunft festgelegt worden, während Teresa und ich bei unseren internen Recherchen eher beim 11. März landen. Sei's drum. Wir räumen die Kalender leer, tanken das Auto voll und machen's uns gemütlich. Theodors Geburt dauerte viele Stunden, Mathildas sogar

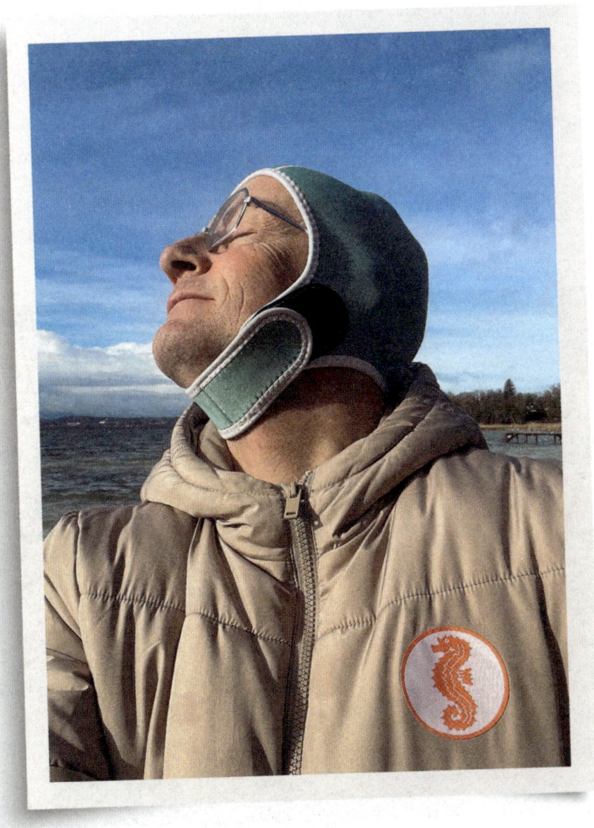

Das ist er, mein legendärer Bademantel aus der Damenabteilung des Oldenburger Galeria Kaufhof.

deutlich länger, und der, ja, ich geb's zu, latent fanatische Streaker in mir grübelt über der Frage, wie ich denn ins Wasser gelangen soll, wenn sich die Geburt über einen ganzen Tag hinwegzieht, zumal, nachdem sich das Klinikum Starnberg offenbar außerstande sieht, eine Wassergeburt unter freiem Himmel zu ermöglichen.

Ich greife auf einen weiteren Joker zurück, nämlich eine japanische Kleinstbadewanne aus Plastik, teilweise aufblasbar und mit acht Oberschenkelhalsknochen stabilisiert. Halt, ich korrigiere: Bei den Haltestangen handelt es sich womöglich doch nicht um Oberschenkelhalsknochen, die Montageanleitung jedenfalls schweigt sich zu diesem Thema aus. Ich errichte das gut kniehohe Gefäß auf dem Balkon vor meinem Arbeitszimmer – ein Ort, der von meiner Frau eher selten konsultiert wird, und als Badebigamist habe ich sogleich ein schlechtes Gewissen: Jetzt lasse ich meine Buhle sogar bei uns einziehen bzw. ich lasse sie auf dem Balkon heimlich auf ihren Einsatz warten – das ist ja noch ein ganzes Stück jämmerlicher.

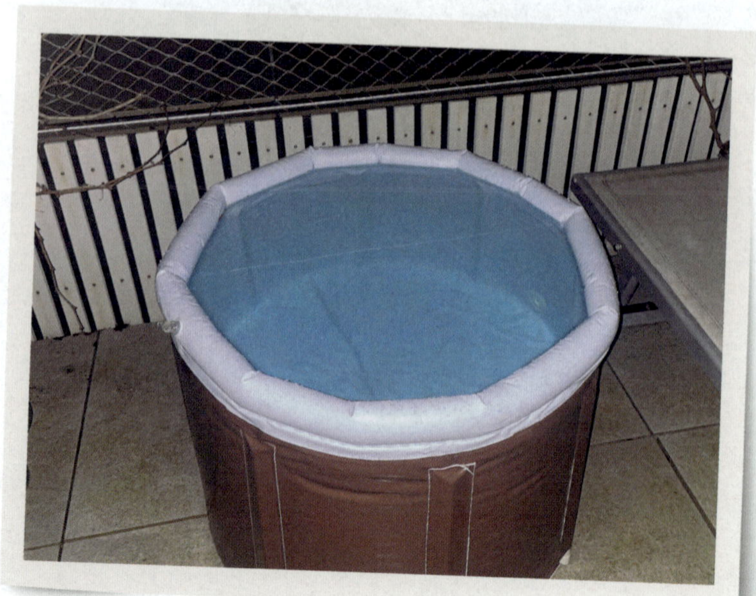

Freibad to go

Mein Plan jedenfalls sieht Folgendes vor: Teresa vermeldet das Einsetzen von Wehen, ich antworte, dass ich mich nur kurz frisch mache, dann hocke ich mich kurz und verstohlen in die japanische Badewanne und mache mich anschließend bereit für die Abfahrt zum Kreißsaal. Zum Kalkül gehört, dass bei Theodor und Mathilda die Sache erst nach Mitternacht so richtig ernst wurde, und ich hoffe bei Oskar auf einen ähnlichen Verlauf – aus der Sicht des Streakers wäre eine Abfahrt nach null Uhr günstiger, weil man dann immerhin fast zwei Tage Zeit hätte bis zum nächsten Baden – und welche Geburt dauert schon länger als 47 Stunden? Eines steht fest: Während der Presswehen werde ich mich kaum zum Starnberger See abmelden können oder in einen der näher gelegenen Gartenteiche – das darf, will und kann ich weder dem erwarteten Neu-Erdenbürger noch seiner Mutter zumuten.

Wir genießen die ruhigen Tage und kurieren uns gründlich aus. Hinfort, ihr Parapertussis- und sonstigen Restviren! Allmorgendlich radle ich zum Ammersee und freue mich über die mit der wiederkehrenden Gesundheit nachlassende Kälteempfindlichkeit.

Getrübt wird meine Freude jedoch durch den Gesundheitszustand meiner Eltern: Der Hospizaufenthalt meines Vaters nimmt nun auch Mama gar zu sehr mit, sie klappt zusammen und wird in ein Krankenhaus eingeliefert. Nach Absprache mit allen Beteiligten bleibe ich bei Teresa, und meine Schwester Melani und mein Sohn Leander helfen in Oldenburg, wo sie können. Nach erfolgreicher Niederkunft werde ich mich als Ersatzspieler einwechseln.

Turbulente Zeiten. Aber im emotionalen Wechselbad dieser Tage gilt es, ein Hyperventilieren und andere Panikreaktionen zu vermeiden – ganz so wie im kalten Wasser. Ruhig, Brauner!

Am sonnensatten Freitag, dem 10. März, traue mich nach Absprache mit Teresa für etwas länger aus dem Haus, zur Gewässererkundung.

Zwischen dem Starnberger und dem Ammersee liegt, verborgen im Wald, der Eßsee.

In der Geschichte der vergleichenden Verhaltensforschung hat er seinen ganz eigenen Rang, weil an seinen Ufern Nobelpreisträger Konrad Lorenz seine berühmten Forschungen mit Graugänsen durchführte, ihr wisst schon: zeigt man einem Küken direkt nach der Geburt einen Fußball, denkt das junge Tier, das Sportgerät sei die Mama – und zwar lebenslang. Heute befindet sich an gleicher Stelle das »Max-Planck-Institut für biologische Intelligenz, Standort Seewiesen«.

Als ich mich auf meinem Gravelbike der Pforte nähere, springt mir sogleich der Pförtner entgegen. Leider dürfe ich nicht hinein, es gäbe Wasserfledermäuse und eine schwimmende Voliere. Auf eigene Faust versuche ich, den See von der anderen Seite aus zu erreichen, bleibe jedoch im struppigen Unterholz stecken, noch bevor ich mir nasse Füße holen kann. Also weiche ich aus zum (oder zur?) »Seeacht'n«, einem Moorsee mit toten Bäumen am Ufer, auf denen dunkelweiße Großvögel hocken. Aus der Ferne kann ich sie nicht eindeutig identifizieren, obwohl doch Hugo Egon Balder jahrelang im Fernsehen behauptete, ich sei ausgebildeter Ornithologe. Es könnten Pelikane sein, Elefantentauben oder Klunkerkraniche.

An der Leitplanke überm Ufer sind Krötenzäune verbaut, was mir sogleich einen Glücksjauchzer entlockt. Wo Krötenzäune sind, kann der Frühling nicht mehr fern sein!

Oskars Wassergeburt und der Nektar der Unsterblichkeit

Am 11. März, nachts um eins, höre ich Teresa neben mir angestrengt stöhnen. Es geht los! Nach unseren Erfahrungen mit Theodor und Mathilda haben wir uns vorgenommen, nicht gar so früh in der Klinik aufzukreuzen, also gehe ich ganz gemütlich ins Obergeschoss und begebe mich in die japanische Sitzbadewanne.

Als Neuling im Fachbereich japanisches Sitzbaden unterläuft mir ein klassischer Anfängerfehler: Ich habe das Gefäß bis knapp unter den Rand mit dem Gartenschlauch befüllt, aber als ich einsteige, wird sogleich klar, dass ein paar Dutzend Liter Wasser weniger völlig ausgereicht hätten. Mit schwipp und schwapp läuft's über und flutet den Balkon (Notiz an mich selbst: Beim nächsten Kind mache ich's besser). So oder so bin ich nach wenigen Sekunden angenehm wach – unter Erfrischungsgesichtspunkten steht die japanische Sitzbadewanne der klassisch preußischen kalten Dusche in nichts nach, und man kann, vorausgesetzt, es sind keine Wolken im Weg, während des Aufenthaltes im Bottich sogar noch den Sternenhimmel begutachten!

Da mit dem Balkon auch die bereitgelegte Kleidung sowie das Handtuch nass geworden sind, ziehe ich beim Weg zum Kleiderschrank eine beeindruckende Tropfenspur hinter mir her. Teresa fragt sich gewiss, warum ich plötzlich so nass an ihr vorbeihusche, kann aber nicht nachfragen, weil sie gerade erneut von einer Wehe geschüttelt wird.

Leidlich bekleidet wecke ich meine Schwägerin Veronika, die sich um Theodor und Mathilda kümmern wird.

Um viertel nach drei schließlich habe ich diverse Taschen, zwei Dosen Cola, Krankenkarten, Stammbuch, fünf Mark achtzig, eine Wolldecke für Notfälle und – last but not least – meine stöhnende Frau ins Auto bugsiert und fahre los.

Wir sind auf dem Land, und die Straßen zwischen Herrsching und dem Starnberger Ortsteil Söcking ländlich-rau. Teresa wird von den Schlaglöchern und Bodenwellen auf und ab geworfen, was sie mit spitzen Schreien quittiert.

Ist nicht Starnberg die deutsche Stadt mit der höchsten Millionärsdichte? Auf den Zustand der Zufahrten zum Klinikum jedenfalls hat dies keinen Einfluss. Wer weiß, vielleicht sind hier viele so reich, gerade weil das Geld der Bürger nicht als Füllmaterial in die Schlaglöcher gekippt wird.

Die Pforte jedenfalls erreichen wir um viertel vor vier. Eine nette Hebamme nimmt uns entgegen, und während der Untersuchung stammelt meine Frau, dass sie eine Wassergeburt wünsche. Die Hebamme entgegnet, dass das Wasser ja erst in die Wanne eingelassen werden müsse – es sei unklar, ob wir hierfür noch die Zeit hätten.

Und während im Kreißsaal nebenan das Wasser aus dem Hahn läuft, kämpft sich Teresa von Wehe zu Wehe, und ich stehe daneben, halte Händchen und ringe nach den richtigen Worten – was willige Väter während einer Geburt eben so tun.

Schließlich ist die Wanne voll, die Hebamme und ich haken Teresa unter und bringen sie ans Ufer des bordeauxroten Badegewässers. Kurze Handprobe: ganz schön warm!

Sodann beobachte ich Erstaunliches: Teresa gelingt es im Badewasser deutlich besser, sich zwischen den Wehen zu entspannen und Kräfte zu sammeln. Und so bedarf es nur noch weniger Anläufe, um Oskar das berühmte (Neon-)Licht der Welt erblicken zu lassen, um kurz nach fünf Uhr morgens.

Erstaunlich finde ich dies, weil doch die Periduralanästhesie bei heutigen Geburten zum Betäubungsstandard geworden ist, und meinem bescheidenen Eindruck nach die Wassergeburt eine ernst zu nehmende Alternative ist – jedenfalls dann, wenn die Gebärende, so wie Teresa, gerne in öffentlichen Bädern herumlungert und sich in warmem Wasser am besten entspannt. Na ja, ich will ja keinem Anästhesisten den Job vermiesen. Also insofern: Immer schön spritzen, rein in die Wirbelkanäle, gib ihm, äh, ihr!

Als Oskar sich geschafft an Mamas Busen kuschelt, frage ich die Hebamme, was denn gegen die Wassergeburt spräche? Die Hygiene, sagt sie – in der Wanne mische sich ja allerhand.

Ich nicke wissend – dieses Problem kenne ich von vielen meiner Badeausflüge. Ich sage nur Berlin-Hauptbahnhof. Und noch eine Frage: Ist das Wasser nicht mittelfristig zu warm? Die Hitze könne doch den Kreislauf belasten. In der Tat, bestätigt die Hebamme, man müsse schon den richtigen Zeitpunkt wählen bzw. bei der Wassertemperatur nicht übertreiben – und sogleich ploppen vor meinem inneren Auge Bilder von Hot Tub und Plumpsklo auf.

Um das viel beschworene Bild einer Ehe, die ich mit dem Wasser führe, endgültig überzustrapazieren: Seit diesem frühen Morgen des 11. März ist mir, als führten Teresa, das Wasser und ich eine Ehe zu dritt.

Schluss mit diesem unangenehmen Gefühl der Heimlichtuerei, der betrügerischen Hydrophilie! Wir werden zu einer amourösen Interessengemeinschaft, wobei dies selbstverständlich nur der angenehme Nebenaspekt des Tages ist. In allererster Linie ist da ein feiner neuer Mensch geboren, 3680 Gramm schwer und 54 Zentimeter lang – Rotz und Wasser marsch!

Unter den Schmuckstücken der Welt ist dieses Armband eine besondere Preziose.

Teresa, tough, tapfer und in Hipp-Hipp-Hurra-Stimmung, beschließt noch in der Badewanne, die Klinik nach den allfälligen Untersuchungen am Nachmittag zu verlassen. Also fahre ich heim, um Oskars Geschwister und den Maxi Cosi zu holen, allerdings nicht ohne kurzen Stopp am Starnberger See. 200 Meter in sieben Minuten, normale Winterdosis.

Nichts gegen die japanische Sitzbadewanne, aber der wahre Jakob ist sie eben nicht. Wenn ich die Gelegenheit habe, ziehe ich den Starnberger See vor. Bonus-Plus: Der schwappt nicht über, wenn ich einsteige.

Als typisches Kind des Internetzeitalters gebe ich tags darauf Oskars Geburt bei Twitter bekannt: »Bin gestern zum fünften Mal Vater geworden. Mutter und Kind wohlauf. Jetzt kann auch Sohn Oskar Sonne, Regen, Ameisenhaufen, Rollsplitt, Mozart, Dosenravioli und den ganzen grandiosen Klimbim kennenlernen. Ihr findet mich bis auf Weiteres hinterm Wickeltisch.« Nicht wenige Leser meinen beim ersten Lesen, mein Sohn heiße Oskar Sonne Regen Ameisenhaufen Rollsplitt Mozart Dosenravioli, und ein ehemaliger Vorsitzender der Tierschutzpartei findet es unverantwortlich, fünf Kinder in unsere kaputte Welt zu setzen, und fordert mich dazu auf, mich zu schämen.

Hach, die sozialen Netzwerke. Als ich vier Tage nach Oskars Geburt gen Oldenburg fahre, um Papa im Hospiz zu beehren und unterwegs etwas über die Vorzüge der Deutschen Bahn twittere (wird ja viel zu selten gemacht), kommentiert ELEFANTENBABY1, dass es nachgerade schäbig sei, so kurze Zeit nach der Geburt die Mutter sitzenzulassen und sich auf Reisen zu begeben. Nun ja, schmunzele ich, wenn du mein Reiseziel kenntest, würdest du dich in Grund und Boden schämen – aber selbst das ist heutzutage nicht sicher. Scham ist vielen Leuten so fremd wie das Handwerk der Herrgottsschnitzer, die Kurzgeschichten von John Cheever oder die Liebe.

Da lobe ich mir den häufigsten Kommentar auf meine Eisbadebilder bei Facebook: »Wie gald ist denn das Wasser? (mit Bitte um Zentimeterangabe).«

Am liebsten würde ich auf soziale Netzwerke in Gänze verzichten, aber dieser goldene Weg ist mir von Berufs wegen versperrt. Was also tun, um nicht zum Misanthropen zu werden?

Schwimmen geht immer, das habe ich inzwischen gelernt, und im emotionalen Hin und Her dieser Tage fungiert das tägliche Bad als der Aufhängepunkt des Pendels – ein Nagel an der Wand des Lebens, den ich persönlich eingeschlagen habe.

In der Hunte fließt das Wasser schneller als beim letzten Besuch, ich überquere sie gleichsam nebenbei und nutze die Strömung vor allem als Gegenstromanlage.

Inzwischen habe ich mich auch ein wenig in die Mythologie der »Kumbh Mela« eingelesen, des größten religiösen Festes der Welt. Ursprung ist die Legende vom »Quirlen des Milchozeans«. Der wurde ganz am Anfang der Zeit von Göttern und Dämonen gequirlt, um den Nektar der Unsterblichkeit herauszufiltern. Als dieser Nektar in einem Krug geborgen wurde, gab es zwischen den Quirlenden Streit, und vier Tropfen fielen auf die Erde, an jene Stellen, an denen gläubige Hindus heute in den Ganges steigen, für ein Bad in Unsterblichkeit. Diese Badegänge gelten als sündenbefreiend, zumal wenn die Sterne günstig stehen.

In meiner persönlichen – über fünf Jahrzehnte lang eifrig gequirlten – Vorstellungswelt ist zu Beginn der Zeit neben den vier Kumbh-Mela-Tropfen noch ein weiteres winziges Tröpfchen verschüttet worden, und weil es so klein war, flog es besonders weit, weit über die Grenzen Indiens hinaus, bis in das Oldenburger Land – ans Ufer der Hunte. Weil nur sehr, sehr wenig Unsterblichkeitsnektar an der Straße Achterdiek ankam, klappt das mit der Sündenreinwaschung selbst bei optimaler Sternenkonstellation nur so leidlich. Immerhin sind nach einige Minuten rituellen Badens in der winterlichen Hunte manche Sterblichkeitssorgen und aller Ärger über blöde Twitter- und Facebook-Kommentare restlos weggewaschen.

Vielleicht ist der Bedarf nach Reinwaschung in dieser Märzmitte besonders groß, vielleicht habe ich aber auch genug vom Winter und will des Frühlings Erwachen erzwingen, jedenfalls beschließe ich spontan, ab sofort meine Schwimmstrecken systematisch zu verlängern.

Einer muss schließlich anfangen, und wer weiß, wann sich der verpennte Lenz aus dem Bett quält? Darauf kann ich nicht warten! Ganz allein bin ich nicht: Krokusse und Märzenbecher, Schneeglöckchen und Schlüsselblumen blühen und kobern mich an: Mach mit, spring rein, bleib drin!

Am Donnerstag, dem 16. März, also schwimme ich nicht einmal rüber zum anderen Ufer der Hunte und zurück, sondern, haltet euch fest, zweimal! Als Distanz zeigt meine Garmin-Uhr 338 Meter an, zurückgelegt in neuneinhalb Minuten. Anschließend darf ich schön schnattern, aber ein felsenfester Entschluss ist gefasst: vorwärts immer, rückwärts nimmer!

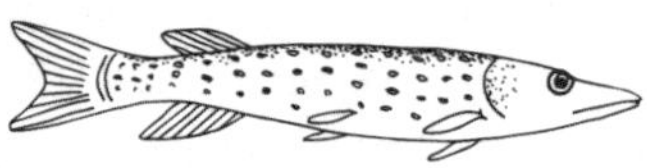

Die Badeboote blühen bunt

Auf der Heimfahrt im ICE nach München überlege ich, wo ich die Fahrt für einen Badestopp unterbrechen könnte. Welcher Bahnhof auf der Strecke ist nah am Wasser gebaut? Ich werfe die Frage bei Twitter in die Runde und erhalte von freundlichen Menschen wertvolle Tipps. Von wegen, Internet = Igitt! So viele zugewandte, hilfsbereite User!

In Bremen lüde der Hollersee ein, direkt hinter der Stadthalle, in Göttingen die Leine. In Würzburg wäre der Main ein lockendes Abenteuer, aber der führt in diesen Tagen zu viel Wasser.

Schließlich fällt meine Wahl auf Nürnberg, da muss ich sowieso umsteigen.

Auf dem Rücken trage ich meinen großen Reiserucksack, an den Füßen die neuen Holzschuhe, die ich mir am Flughafen in Amsterdam zugelegt habe.

Über der stolzen Lebkuchenmetropole gibt sich der Himmel wolkenfrei, und die Sonne präsentiert ihren Bizeps.

Meine Großmutter war berüchtigt für ihre Spruchweisheiten, und eine davon lautete: »Der März hat sieben Sommertage.« Heute ist einer davon! Klock-klock poltere ich durch die Bahnhofstraße und gelange links über den Willy-Brandt-Platz in die Badstraße. Der Straßenname versetzt mich in Frühlingsstimmung, und die Säfte schießen in mir empor wie in einer alten, knorrigen Sumpfeiche.

Nur mühsam kann ich den Austrieb neuer Zweige an meinen Händen, das Aufgehen der Blüte aus meiner Schädelknospe unterdrücken.

Bald stehe ich am Ufer der Pegnitz. Hussa, fließt die aber schnell! Schwimmen gegen den Strom dürfte aussichtslos sein, wenigstens, wenn ich im Omabrust-Modus agiere, und nichts anderes schwebt mir vor.

Links sehe ich die Insel Schütt, malerisch bebaut und Ursprungsort der sogenannten Muschelkästen, also Malkästen, in denen die Farben in Muschelschalen abgefüllt waren. Kennt heute niemand mehr. Der Name des urbanen Eilands reflektiert seine Entstehung: Sandbänke wurden im Spätmittelalter aufgeschüttet und anschließend bebaut.

Ich halte inne, spitze die Ohren und höre deutlich die Rufe der Insel: »Mach dich frei, umschwimme mich!« Stantepede verspreche ich, die Schütt dereinst zu umrunden, aber dazu sollte das Wasser denn doch noch etwas wärmer werden.

Ich dirigiere meine Klompen nach rechts, auf eine Kaskade zu, hinter der ich den Wöhrder See vermute.

Angelegt zum Zwecke des Hochwasserschutzes in den Bombentrichtern der Pegnitzwiesen, ist der Wöhrder See heute ein Kleinod der Naherholung, nicht zuletzt bekannt als Costa Söder: Der bayerische Ministerpräsident hat nämlich aus seinem Etat zehn Millionen Euro bereitgestellt, u. a., um dem Erholungswert dieser Nürnberger Riviera auf die Beine zu helfen.

Hinter der Pegnitz-Kaskade beginnt mein Herz laut zu lachen, als mein Blick nämlich auf einen großkalibrigen Bootssteg fällt, an dem Dutzende Tretboote auf Kundschaft warten, in klassisch-kuriosen Designs: Schwäne aus Hartplastik, ferner Volkswagen-Käfer-Cabrios. Am besten sind die Farben. Unter der brezelnden Sonne knallen sie, peng! – ach was, sie detonieren wie Trinitro-m-kresol, mindestens! (Wenn nicht sogar wie Octogen oder gar wie Glycoldinitrat!)

Kaum weiß ich meine Wasserlust zu zügeln. Wie ferngesteuert strebe ich auf den Steg, bitte den Mann im Kiosk, nur kurz auf meinen Rucksack aufzupassen – ich zahle zur Not auch gerne eine Stunde Käfer Cabrio. Schon bin ich halb entkleidet, da nimmt er mir kleinlaut die Luft aus den Segeln.

Baden sei hier bei ihm völlig unmöglich, da käme ruckzuck ein Herr vom Ordnungsamt, und dann gäbe es Saures, oh weh! Ich gebe mich höflich, sublingual jedoch verwünsche ich Tretbootverleiher, Ordnungsamt und obendrein den Ministerpräsidenten. Mein Entschluss steht jedoch weiterhin fest: *Ich will da rein!*

Die Nortikusbucht ist mit einer Böschung vom Restsee abgetrennt, ungefähr so wie die Kurische Nehrung, allerdings in viel kleiner. Auf der schmalen Landzunge lungern ein paar halunkös dreinblickende Tagediebe herum. Droht Gefahr für meine abgelegte Habe? Ach, sollen sie

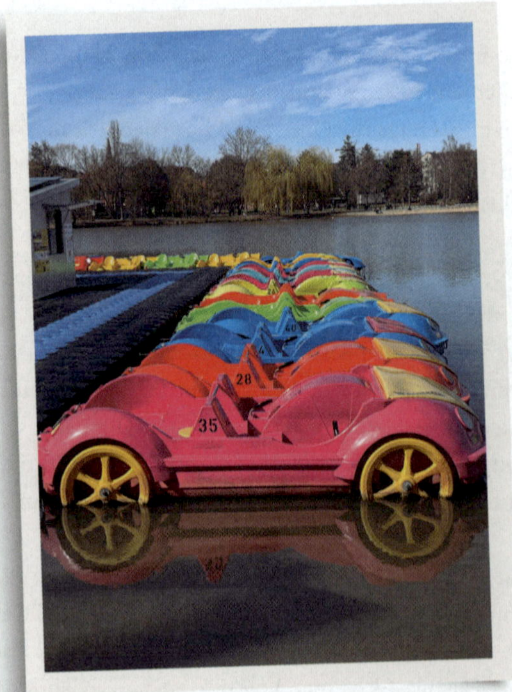

Auch in der Nürnberger Innenstadt sind legale Parkplätze eine Rarität.

doch meine ollen Socken stehlen, mir egal, ich lege jetzt auf der Stelle ab und springe in die Fluten. Mein Motto lautet: Sommer, Sonne, Cabrio!

Kaum tunke ich meinen großen Onkel in den Söder-See, taucht neben mir ein junger Mann mit einem Segelschiffsmodell auf, das er zu Wasser lässt und per Fernsteuerung zu meinem Begleitboot macht. Will sagen: Es schippert neben mir her, ansonsten findet keinerlei vordergründige Interaktion statt. Muss aber auch gar nicht sein. Die angeblichen Taschendiebe, der Modellbau-Enthusiast und ich, wir genießen diesen Tag des gefühlten Frühlingsanfangs – das verbindet! Alle Menschen werden Brüder, wo dein sanfter Flügel weilt!

Keine Schmerzen in den Fingern peinigen mich, kein Nervenkribbeln in den Unterarmen, kein Kältekrokodil weit und breit. Sind im Wöhrder See für zehn Millionen Euro Heizwendeln verbaut? Das Gefühl, dem Winter endlich entronnen zu sein, ist übermächtig, es verschlägt mir die Sprache, meine Haare stehen zu Berge vor Glück! Und mein Begleitboot tanzt Halsen und Wenden, luvt an und fällt ab, ein Wasserballett zu Ehren der Frühlingsgöttinnen Ostara (germanisch), Thallo (griechisch), Flora, Maia (römisch) und Markus (fränkisch).

Elf Minuten bleibe ich im Wasser, dann tänzele auch ich an Land. Nichts ist geklaut, die vermeintlichen Spitzbuben habe ich zu Unrecht verdächtigt.

Zwischen zwitschernden Bienen und summenden Spatzen applaudiere ich mit dem Geklapper meiner Holzgaloschen dem Glanz dieses Traumtages, und als ich die blühenden Badeboote und ihren braven Verleiher passiere, spreize ich die Finger zum Victory-Zeichen. Nimm dies, Ordnungsamt!

Auf dem ganzen Rückweg zum Bahnhof genieße ich diesen Seelen-Orgasmus, und als ich am Redaktionsgebäude der Sportzeitschrift »Kicker« vorbeikomme, meine ich sogar zu erkennen, dass die Luft flimmert! Fehlen nur noch eine Fata Morgana und die Klapperschlange für das vollkommene Wüstenglück!

Vorm »Kicker«-Haus steht eine Bronzeplastik, die einen Fußballspieler beim Fallrückzieher darstellt, und um ein Haar versuche auch ich mich – aus reiner Frühlingsfreude – an einem halben Rückwärtssalto, allein meine gewichtigen Holzschuhe halten mich zurück, klock-klock. Und jetzt rein in den nächsten ICE und ab nach Hause.

Zeit für eine Bilanz des Winters:

Das Baden in Eiswasser ist eine völlig andere Sportdisziplin als das Freiwasserschwimmen. Nicht die Ausdauer zählt, sondern die Kälteresistenz. Insofern handelt es sich bei meinem Streak um einen Duathlon.

Wenn's um Frieren geht, hielt ich mich bisher für ein Naturtalent, habe den typischen Inuit-Körperbau mit kurzen Gliedmaßen und dafür reichlich Rumpf. In meinem Anekdotenschatz finden sich gleich mehrere Geschichten, wie ich in einem vorigen Leben als Shetlandpony an einer schottischen Steilküste stehe und versuche, aufs Meer hinauszublicken, aber meine lange Mähne liegt über den Augen und nimmt mir die Fernsicht. Neben mir steht eine zierliche Stute, bei der es sich, da bin ich mir ganz sicher, um meine heutige Frau Teresa handelt. In der Ferne springen die Schweinswale usw. …

Diese Anekdoten habe ich schon oft zum Besten gegeben, so oft, dass ich schließlich tatsächlich selbst fest an mein pferdisches Vorleben glaubte, wieher!

Kalter Luft vermag ich womöglich eine Weile zu trotzen, aber Wasser ist nicht Luft, die Wärmeleitfähigkeit des Wassers kauft auch einem menschlichen Shetlandpony, zumal mit rasiertem Brustfell, schnell den Schneid ab. Und so werde ich den zurückliegenden Winter wohl in erster Linie als eine Schule der Demut in Erinnerung behalten.

Was sind wir Menschen doch für filigrane Geschöpfe! In unserer Selbstsicht können wir alles, manche sogar Hochdeutsch, wir sind tolle Hechte, machen uns die Erde untertan, roden die Wälder und vermüllen die Gewässer, etwa mit Silvesterraketen.

Aber wenn man diese Kronen der Schöpfung nur ein paar Minuten ins kalte Wasser wirft, ist alle Herrlichkeit dahin, und ein großes Mimimi setzt ein. Und wenn man dann noch ein Stündchen wartet, sind die meisten dieser präpotenten Nacktaffen tot.

Tot ist übrigens auch mein sogenannter innerer Schweinehund. Er ist irgendwann unterwegs ertrunken, oder im Eisloch erfroren, jedenfalls habe ich schon lange nichts mehr von ihm gehört.

In der Rückschau kann ich an mir selbst vier Methoden feststellen, mit der Kälte umzugehen. Erstens ist da, ganz simpel, das klaglose Ertragen. Stoisch die Situation annehmen und die Kälte so akzeptieren, wie sie ist.

Zweitens ist das Gegenteil zu nennen, die Lage eben nicht klaglos hinnehmen, sondern mit Zetern und Jammern garnieren. Der Effekt ist umstritten. Ein geübter Waschlappen kann eventuell Vorteile erzielen, indem er sich warm jammert. In der britischen Fachzeitschrift »The Outdoor Swimmer« las ich hierzu sogar einen sehr lesenswerten Fachartikel: Namentlich das Fluchen könne den Umgang mit Kaltwasser durchaus erleichtern. Ähnliche Erfahrungen habe ich beispielsweise mit Ärger gemacht, etwa als ich zu spät zum Weihnachtsschwimmen erschien. Arbeitshypothese: Vielleicht können starke negative Emotionen eine Extraportion Hormoncocktail ausschütten, die den Aufenthalt im kalten Nass erleichtert.

Drittens möchte ich das Träumen erwähnen. Man trenne sich gedanklich von der Realität, wie die fortgeschrittenen Yogis, stoße gleichsam den malträtierten Körper ab und mache sich warme Gedanken. Oft reichen schon ein paar wenige durch die Wolkendecke dringende Sonnenstrahlen als Katalysator: Die Pein unter der Wasseroberfläche ist das eine, die lassen wir jetzt mal einfach außen vor. Hier oben jedenfalls ist Sonnenschein, und der Frühling naht heran, juchhe!

Viertens schließlich ist da der Weg, den ich den christlichen nennen möchte: Liebet eure Feinde (Lk 6,27f)! Nichts erfrischt so schön wie kaltes Wasser! Dreckswetter, lass uns Armdrücken. Wetten, du gewinnst? Wellengang, lass mich dein Spielball sein!

Alle diese vier Methoden habe ich hinlänglich ausprobiert. Wenn ich hier und jetzt eine Rangfolge ihrer Wirksamkeit aufstellen müsste, wäre diese: 4. – 1. – 3. – 2.

Nach meiner Erfahrung spielt die Tagesform eine wichtige Rolle: mal ist Methode Nr. 4 geeigneter, mal reicht es nur zu Nr. 1. Ich sehe mich darum auch außerstande, euch, liebes Plenum, treffsicher mit dem einen, zielführenden Ratschlag zu beglücken. Am besten, man probiert diese und alle weiteren denkbaren Konzepte aus und findet seinen eigenen Weg. Grundvoraussetzung ist natürlich, dass man überhaupt ins Wasser will.

Die verbleibenden mickrigen 100 Tage werde ich jedenfalls auf einer Arschbacke locker nach Hause schwimmen.

Oder unterliege ich etwa einer weiteren dramatischen Fehleinschätzung?

Auferstanden aus Rosinen

Mein Kalender ist leer. Zu Beginn des Jahres kein Sonderfall: Anfang Januar steht bei mir meistens kaum etwas auf dem Zettel, und im Normalfall füllt sich die Auftragsliste zügig.

In diesem Jahr ist die Sache etwas anders. Wir schreiben Mitte März, und jobmäßig tut sich weiterhin wenig. Das passt prima zur Vaterschaft, da ist Elternzeit eh angezeigt.

Gut möglich, dass ich in den vergangenen Monaten den Eindruck vermittelt habe, dass all mein Streben, meine Ambition diesen täglichen paar Minuten im Wasser gehören und ich Jobs nur dann begrüße, wenn ein brauchbarer Tümpel in der Nähe ist.

Tja, dieser Eindruck ist natürlich nicht sonderlich geschäftsfördernd. Aber deswegen jetzt den Streak unterbrechen? Sollte meine Besessenheit ein Hinderungsgrund sein, ist das Kind eh bereits im Brunnen bzw. Tümpel. Also durchziehen, ist ja nicht mehr lange. Im schlimmsten Fall muss Teresa mehr singen, und ich kümmere mich um Kinder, Küche, kaltes Wasser.

An manchen trüben Tagen mutmaße ich, dass meine körperliche Entwicklung Richtung Kegelrobbe dem Erfolg in der Showbranche auch nicht gerade zuträglich ist.

Inzwischen sehe ich aus wie jene Cracks, die auf grobkörnigen Schwarz-Weiß-Fotos in einem meiner Lieblingsbücher, »Wind, Waves and Sunburn – The History of Marathon Swimming« abgebildet sind: Bestens isolierte Athleten, die in den 50ern vor irgendeinem Fjord in Alaska posieren. Optisch kann ich mithalten, allerdings bringe ich es derzeit nur auf 400 Meter Omabrust in zwölf Minuten. Glücklicherweise gefalle ich mir notfalls auch als Hausmann und Vater, und dass Kinderpflege und Haushalt mindestens ebenso gesellschaftlich relevante Tätigkeiten sind wie das Tralala eines Medienproletariers, stellt ja wohl niemand infrage, oder? Eben!

Interessanterweise versuche ich auch weiterhin, auf Fotos möglichst schlank auszusehen.

Zu diesem Zweck falte ich mit Vorliebe meine Hände vor dem Bauchnabel oder lasse das Bild so aussehen, als sei es ein Schnappschuss, geknipst just in dem Moment, in dem ich »zufällig« mit einem Handtuch vorm Bauch hantiere. Oder ich ziehe mit Maximalkraft selbigen ein, um bei Ansicht der fertigen Fotos ernüchtert festzustellen, dass der Unterschied kaum noch zu sehen ist. Mehr bringt da schon das Heben der Arme: Die ganze Rumpfhaut wird gestrafft, die Wampe flachgestreckt. Wichtig hierbei ist, dass das Bild konsequent von vorne aufgenommen wird, denn auch ein begeistertes »Hoch die Hände, Wochenende« kann die Wölbung im Profil nicht mehr unsichtbar machen.

Immerhin ist jetzt Frühling, die Distanzen explodieren, und ich werde schlank wie ein Barrakuda. Oder etwa nicht?

Obwohl auch der nächste Tag sonnensatt ist, zieht beim Bad im heimischen Ammersee leichte Ernüchterung ein. Er ist deutlich kühler als sein Nürnberger Kollege, nur knapp über fünf Grad, was meinen Willen zur systematischen Streckenverlängerung jedoch nicht brechen kann. Oder sollte ich sagen: Aufenthaltsdauer-im-Wasser-Verlängerung? Meine Garmin-Uhr registriert weiterhin unverlässliche Werte, vor allem, wenn ich sie beim Brüsteln am Arm und nicht unter der Badekappe trage. Dann quittiert sie mein Streben mit ominöser Zick-Zack-Zeichnung, manchmal sogar an Land!

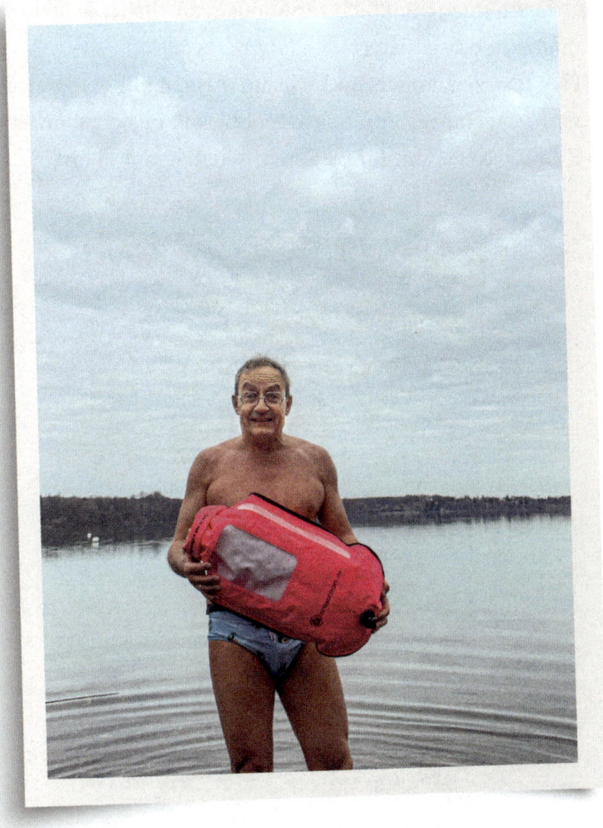

Schwimmbojen sorgen für Sichtbarkeit, nehmen Tanktop, Schlüppi und Schlüsselbund auf, und man kann sich hinter ihnen verstecken. Oder einzelne Körperteile.

Besser, ich zähle vorerst die Minuten und achte nicht auf die Distanz.

Am Sonntag, dem 19. März, Teresas Geburtstag und kalendarisch der letzte Wintertag, absolviere ich artig zwölf Minuten und schmiede bei der anschließenden Kuchenschlacht Pläne: Sofern mich kein extremer Kälteeinbruch zum Umdenken zwingt, könnte ich in der kommenden Woche die 15-, vielleicht sogar die 20-Minuten-Marke knacken.

Wozu ich allerdings keine Lust mehr habe: steife Brise von Westen mit Wellengang und Gischt von vorne. Lieblicher, ja sanfter als der in diesen Tagen kabbelige Ammersee ist der ein gefühltes Grad Celsius wärmere Wörthsee. Zusatzplus: Ich könnte über den Hügel hinterm Haus hin radeln, auch, um mich pünktlich zur Mainstream-Badesaison in vollendeter Bikinifigur zu präsentieren.

Der Plan überzeugt mich, und, wie um meinen Fitness-First-Beschluss offiziell zu besiegeln, verzehre ich tatkräftig die übrig gebliebenen fünfeinhalb Kilo Käsetorte mit Rumrosinen. Bäuerchen und los!

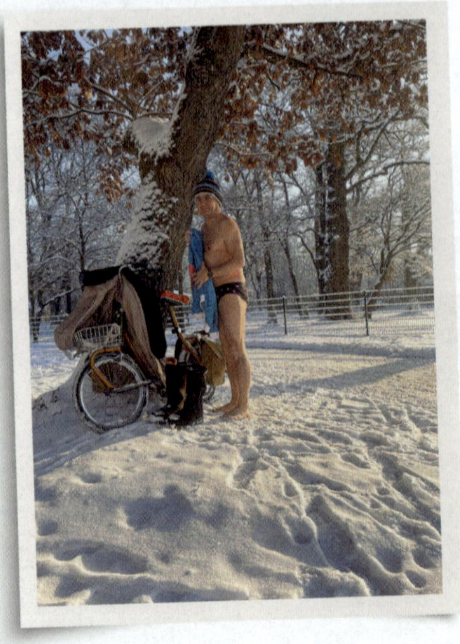

Speckversteck für Fortgeschrittene: Die vermeintlich zufällig vorm Bauch gehaltene Jacke lässt mich drei Kilo schlanker aussehen.

Am ersten Tag meiner Frühlingskur schwimme ich zwölf Minuten in Richtung Mausinsel und zurück, und auf der Rückfahrt per Klapprad stelle ich einen eklatanten Mangel an warmer Kleidung fest. Gerade hatte Teresa meine Wollmützen und Fäustlinge im Keller eingemottet. Pardon, die brauche ich noch mal. Am zweiten Tag der Woche weihe ich meine neue Schwimmboje ein, Technik neuester Stand, mit wasserdichtem, dabei touchfähigem Außenfach fürs Handy, LED-Blinklichtern und Tragegeschirr, sodass die Boje mit wenigen Handgriffen zum Rucksack umgerüstet werden kann.

Im Wörthsee bleibe ich 14 Minuten – zwei Minuten länger als gestern. Wieder einen Tag später schaffe ich sogar 15 Minuten, und wilde Euphorie erfasst mich.

Es geht aufwärts, hurra! In Minutenschritten mache ich weiter, und am Samstag knacke ich tatsächlich die 20-Minuten-Marke, ganz genau so, wie ich es mir vorgenommen hatte. Das gibt Selbstbewusstsein!

Und im Rausch des frischen Erfolges beschließe ich, die Kerze auch an der anderen Seite anzuzünden. Ab sofort, so gelobe ich feierlich, wird nur noch zwischen 12 und 18 Uhr gegessen. Und als wäre dies nicht genug, verbiete ich mir Schokolade, Speiseeis und sonstigen Süßkram, und zwar strengstens!

Hört, hört: Bis zum Ende des Streaks, also bis zum 1. Juli, wird gedarbt! Hü, Liesl, runter mit den Pfunden! Hoppla, jetzt komm ich!

Stille Wasser ...

Am letzten Märzmorgen kreuze ich erneut am Wörthsee auf, ziehe mich aus und – bleibe an Land. Der Grund ist ein Schwan, der sich meiner Einstiegsstelle genähert hat. Zunächst denke ich, das stattliche Tier sei lediglich neugierig, und ich versuche mich an einem ebenso freundlichen wie einseitigen Small Talk, just so, wie man auch mit lieben Hunden oder glucksenden Säuglingen spricht. Erst als ich Anstalten mache, in den See einsteigen, offenbart das Großgeflügel sein wahres Naturell: Es faucht

Furcht einflößend wie ein düpierter Preisboxer, und ich zucke zusammen und ziehe meinen bereits benässten Zeh zurück. »Hör mal, Sportsfreund«, rede ich beschwichtigend auf selbigen ein, »du erinnerst mich an die Leute, die in der Silvesternacht in Berlin die Rettungskräfte mit Böllern beworfen haben. Nun bin ich keine Rettungskraft und du hast keine Böller, aber ok finde ich's trotzdem nicht!«

Zugegeben, in der Rückschau eine selten dämliche Gefährderansprache, die unter anderem so läppisch ausfällt, weil der Wasservogel mich ja eh nicht versteht und weit und breit keine anderen Zuhörer zugegen sind. Einem Schwan kann man bekanntlich alles erzählen, die Frage ist nur, ob's irgendetwas bringt.

Wieder setze ich einen Fuß vor, in den See, wieder öffnet der Schwan seinen Schnabel, faucht böse und schwimmt geradewegs auf mich zu.

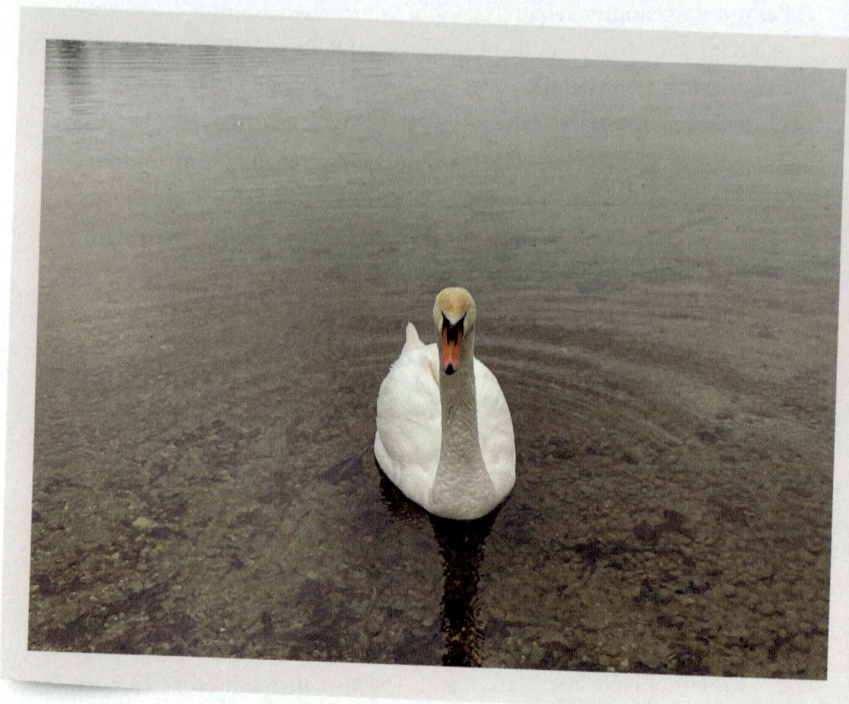

»Trau dich doch, du Eierloch!«

Es hilft nichts, jetzt ist innere Stärke gefragt. Ich drücke mein Kreuz durch und stapfe entschlossen vorwärts. »Frrr, Frrr!« Letzte Warnung! Ich antworte ebenfalls mit »Frrr, Frrr!« und halte den rechten Mittelfinger bereit, um diesen in den Schnabel zu stecken und ihn anschließend mit Daumen und Mittelfinger fest zuzudrücken – habe ich so mal bei einem unerschrockenen Bekannten gesehen. Ei der Daus, wie perplex der Vogel da schaute!

Nur noch ein halber Meter trennt uns, es ist wie in der Kubakrise 1962, als sich die sowjetischen Frachter, beladen mit Atomraketen, amerikanischen Blockadeschiffen näherten: Wer gibt nach? Und wer ist in diesem Fall Kennedy, wer die UdSSR?

Im allerletzten Moment gibt mir der Schwan den Weg frei, und ich brüstele hinaus ins Blö. Schöner Nebenaspekt: Wenn die Schwäne fauchen, hat dies zumeist mit Nestbau und Brutpflege zu tun – ein weiterer Frühlingsanzeiger bietet mir Hoffnung und Vorfreude an, und beides nehme ich dankbar entgegen. Nicht nur, weil ich so sehnsüchtig den Frühling erwarte, sondern auch aus einem ganz anderen Grund: In den letzten Tagen hat sich der Zustand meines lieben Vaters rapide verschlechtert, er ist nur noch für kurze Momente ansprechbar, und leider sind auch die Schmerzen zurückgekehrt.

In der Nacht auf den 3. April steige ich voller düsterer Vorahnung in einen Zug nach Oldenburg, und gegen sechs Uhr ruft mich meine Mama an.

Papa ist tot.

Ein merkwürdiger Strudel unterschiedlicher Gefühle bemächtigt sich meiner.

Neben der eigenen Traurigkeit ist da das Mitleid mit meiner Mama: In diesem Sommer hätten meine Eltern ihre diamantene Hochzeit gefeiert, und ich muss spontan an die heitere, harmonische Stimmung bei der goldenen Hochzeit denken, die seinerzeit mit der ganzen großen Familie am Alatsee gefeiert wurde.

Dann ist da das Gefühl der Erleichterung, dass nach vier Jahren fortschreitender Krankheit und sechs Wochen Hospiz ein herausfordernder Leidensweg zu Ende ist – eine Erleichterung, auf die man sich nur allzu leicht stützt, um die Trauer zu ertragen.

Ferner erfüllt mich üppige Dankbarkeit: Ich verdanke meinem Papa so enorm viel – neben meiner blanken Existenz allerlei brauchbare Wesenszüge, Talente, Humor, und je älter ich wurde, desto mehr fiel mir auf, dass der Apfel in diesem Fall wirklich ganz nah beim Stamm zum Liegen kam. Dankbar darf ich auch sein, dass er (und damit auch wir, seine Familie) so ein feines, privilegiertes Leben führen durfte, mit wenig Not, dafür viel Muße und Feierei, mit einer großartigen Gattin, ein Leben, das, wie Papa noch zu Lebzeiten höchstselbst für seine Todesanzeige formulierte, geprägt war von Toleranz, Pflichtbewusstsein, Humor und Heimatliebe.

Und schließlich bin ich dankbar dafür, dass wir Gelegenheit hatten, alle unsere Konflikte auszuleben, ja, auszutoben und – das ist das Wichtigste – alles rechtzeitig rückstandslos zu befrieden. Das Schicksal gab uns Gelegenheit, uns in aller Ausführlichkeit voneinander zu verabschieden, und diese Gelegenheit haben wir wahrgenommen. Das ist die Pointe.

In diesem Gefühlsstrudel gefangen, erreiche ich Oldenburg und gehe rüber zum Hospiz St. Peter, wo der Leichnam meines Vaters aufgebahrt ist. Gemeinsam mit Mama stehe ich eine Weile am Bett und nehme Abschied. Anschließend tragen wir uns ins Kondolenzbuch des Hospizes ein und packen unsere und Papas Sachen. Und dann fahren wir nach Hause.

Allerdings mit Zwischenstopp: Es geht zur Hunte bei der Schleuse, Achterdiek.

Ich schwimme in einer Viertelstunde vier Mal über die Hunte und zurück, und Mama steht am Ufer und schaut mir zu. Zartes Grün umflort die Büsche, und mein verhangener Tunnelblick weitet sich im kalten Wasser. Es ist, als ginge mit der Vasokonstriktion der Blutgefäße eine emotionale Öffnung einher.

Ich könnte mir vorstellen, dass es Menschen gibt, die wenig Verständnis dafür aufbringen, dass man, nachdem der Vater stirbt, erstmal eine Runde baden geht. Aber: Wie man mit Trauer umgeht, muss jeder tunlichst für sich selbst herausfinden. Der eine lässt alle Projekte ruhen, der andere sucht Trost in banalen Alltagsverrichtungen. Papa jedenfalls hätte die Vorstellung, dass ich meine Tränen ausgerechnet in der Hunte abwasche, jenem Fluss, an deren Ufern die Familie Boning seit dem Spätmittelalter lebt, lacht, leidet und stirbt, gewiss gefallen.

In den folgenden Tagen versuche ich meiner Mama eine Hilfe zu sein, beehre mit ihr das Bestattungsinstitut in unserer Heimatstadt Wildeshausen und nehme am Vorgespräch mit dem Pfarrer teil. Den Beginn dieser schweren Tage markieren jedoch auch weiterhin Bäder in der Hunte – sie spendet zuverlässig Trost, nur übertroffen durch die Videotelefonate mit dem kleinen Oskar.

Wie nah doch Geburt und Tod bisweilen beieinanderliegen!

Nach ein paar Tagen löst mich meine Schwester Melani in Oldenburg ab, und ich reise zurück an den Ammersee, ziehe in leiser Wehmut meine Runden.

Dann kommt das Osterfest, und Teresa springt als Sopranistin bei der Messe in Murnau am Staffelsee ein. Erst am Vorabend hatte sie von ihrem Glück erfahren und in ihrem Bühnenhunger ad hoc zugesagt. Erst anschließend ging ihr auf, dass sie Mozarts Werk Köchelverzeichnis 337 nicht nur noch nie gesungen hatte, sondern, oha, gar nicht kannte. Also trieben wir noch am späten Abend Noten auf, die unser Nachbar David freundlicherweise ausdruckte (unser Drucker ist seit vier Jahren kaputt). Während der Fahrt nach Murnau bimste sie Oskar stillend ihre Einsätze, und so präpariert ging sie zur Probe, während derer ich mit Oskar in der Trage flanieren ging. Als wir uns zwischen Probe und Auftritt wieder trafen, zwinkerte sie schmunzelnd: »Hat niemand bemerkt!«

Tja, ich habe die mutigste, ja tollkühnste Frau, die man sich vorstellen kann.

Nach der Messe begleitet sie mich zum Staffelsee. Die Ausflugsdampfer haben ihren Betrieb wieder aufgenommen, auf und dicht über der Wasseroberfläche staken die Schnaken und tummeln sich Hummeln. Beim Blick auf die pittoresken Inselchen drängt sich spontan ein Vorhaben für den Sommer auf: Schwimmendes Insel-Hopping, einen ganzen Tag lang.

Gibt es hier nicht sogar schwimmende Eilande, ähnlich wie in den Everglades? War da nicht sowas in der Art? Auf jeden Fall ergreift mich die Vorfreude.

Das dicke Ende kommt zum Schluss! Aber was heißt eigentlich »Schluss«? Immer häufiger ertappe ich mich dabei, dass ich bereits in die fernere, ja sogar ganz ferne Zukunft hinein plane, und in diesen Plänen ist das tägliche Bad unverrückbares Fundament.

Vielleicht nicht gar so öffentlich wie jetzt, mit der kompletten Strava- und Instagram-Berichterstattung, vielleicht mit dem häufigeren Einsatz der japanischen Sitzbadewanne, aber dennoch lückenlos täglich, wie gehabt – wenigstens solange, wie wir in Herrsching residieren. Und dass wir uns in Herrsching mittlerweile ganz und gar heimisch fühlen, ist nicht zuletzt Folge der Schwimmerei. Der Ammersee ist *mein* Ammersee geworden, es ist *mein* Wasser, das verrostete Kinderfahrrad, das da einige Dutzend Meter vorm Herrschinger Tiger-Löwen liegt, ist *meine* Trophäe in spe. Sie wird am hoffentlich standesgemäß heißen letzten Tag meines Schwimmjahres geborgen – wenn nicht noch irgendeine doofe Maladie dazwischenkommt.

So groß mein Hunger auf Hitzewellen und Heldentaten, so bescheiden ist in diesen Tagen mein sonstiger Appetit. Das beschlossene Intervallfasten lässt sich problemlos umsetzen – vielleicht ist mir die Trauer auch ein wenig auf den Magen geschlagen.

Wobei, wenn ich so drüber nachdenke: Eigentlich wollte ich ja nur zwischen 12 und 18 Uhr essen – in der Realität frühstücke ich durchaus, mindestens einen Apfel, weil man ja laut Badeordnung nicht mit leerem Magen ins Wasser soll. Abends halte ich mich aber tatsächlich dran – allerdings ertappe ich mich dabei, die Zeit zwischen 16 und 18 Uhr vornehmlich mit der Nahrungsaufnahme beschäftigt zu sein. Völlerei auf Vorrat.

Wirklich, wahrhaftig strikt bin ich lediglich in Sachen Schokolade und Speiseeis – ich habe derlei Süßkram durch Kuchen und Gummibären ersetzt. Letztere enthalten besonders viel Keratin, dieses unentbehrliche Aufbaumaterial für Schultern und andere Gelenke. Non est Vita sine Aqua, gewiss, aber ebenso gilt: Non est Motus sine Ursulis gummatis – ohne Gummibärchen droht der totale Stillstand.

Apropos goldener Zitatenschatz: Mein Papa pflegte zum Tod lebenslang eine innige Beziehung, klebte in Kladden Kuriosa und Gedichte, die sich mit der Endlichkeit beschäftigten. Reich war sein Fundus an Spruchweisheiten, mal eher komödiantisch (»Sterben ist der schönste Tod«), mal in Form kerniger Bekenntnisse. Über dem Eingang einer alten Bremer Gaststätte fand er die Formel »Eenmol leevt wie man un dat is nu!« – nichts weniger als Papas Lebensmotto.

Der Satz kommt mir in diesen Tagen immer wieder in den Sinn, vor allem beim Schwimmen. Das Wasser ist mein Ort der Stille, hier kann ich völlig ungestört meines Vaters gedenken, unsere gemeinsamen fünfeinhalb Jahrzehnte Revue passieren lassen und mir darüber klar werden, wie ich sein Vermächtnis weiterzuführen gedenke. Fest steht: »Eenmol leevt wie man un dat is nu!« ist ein Auftrag, dieses Leben zu nutzen, für alles, was mir lieb und teuer ist.

Kleine und große Vorhaben dürfen nicht aufgeschoben werden, jeder Traum will verwirklicht werden, man muss es wenigstens versuchen! Und was taugt das Leben ohne Träume, aus denen sich Ziele ergeben, etwa das Ziel, am 1. Juli die aufgeweichten Finger zum Victory-Zeichen formieren zu können?

Ich weiß, es klingt absonderlich, aber auf eine seltsame Art motiviert mich Papas Tod zum Schwimmen, meine Strecken zu verlängern, raus aus den verweinten Rinnsalen, rein in die reißenden Ströme und in die stillsten Tiefen.

Treibgut im Tränenfluss

Am 15. April wird Papa beerdigt, und die ganze Familie versammelt sich im Landhotel Dötlingen, in jenem Dorf, in dem auch meine Urgroßeltern mütterlicherseits bereits eine Gaststätte betrieben. Mein Uropa war Bankdirektor bei der Darmstädter und Nationalbank. Als diese nach dem Schwarzen Freitag 1929 pleiteging, sattelte er um auf »Event-Gastronomie« und veranstaltete in Dötlingen Auktionen zum Sonntagsbraten.

Zu den vielen Reizen, die diesen Ort auszeichnen, gehört nicht zuletzt der Huntepadd, ein enorm kurzweiliger Wanderweg am steilen Hochufer meines Lieblingsflusses.

Nach kurzem Besuch der uralten Backsteinkirche inspizieren mein Sohn Cyprian und ich am Tag der Beerdigung diesen Pfad, besuchen die Glaner Braut, ein Großsteingrab aus der Jungsteinzeit, und ich halte die Augen auf für eine geeignete Badestelle. Ein makelloses Blau ziert den Himmel, und allenthalben sprießt saftiges Grün.

An einer schmalen Fußgängerbrücke werden wir fündig und nutzen einen kleinen Bach, der hier in die Hunte mündet, als Einstiegshilfe. Es brummselt und zirpidiert aus dem Unterholz, und im flott fließenden Wasser müssen wir uns reichlich ins Zeug legen, um nicht Richtung Oldenburg abzudriften.

Bei dieser Gelegenheit tut sich sogleich ein neues Vorhaben auf: sich eben doch abdriften lassen, mit der Strömung nach Oldenburg schwimmen – immerhin eine bewährte Wanderkanu-Tour, fast ein Klassiker, 44 Kilometer lang, für die laut Kanuverleih-Faltblatt von meiner Geburtsstadt Wildeshausen aus zwei Tage veranschlagt werden.

Ohne Boot täte man aus Sicherheitsgründen wohl gut daran, Neopren zu tragen, vielleicht auch Badeschuhe und ein Bötchen, in dem man Isomatte und Schlafsack mitführt? Wieder ein Ansinnen für den Sommer. Der Kalender füllt sich prall und praller – nicht mit Arbeit, sondern mit Freizeitvergnügungen. Wenn das so weitergeht, habe ich für Arbeit zukünftig gar keine Zeit mehr.

Als wir uns nach dem Bad wieder ankleiden, spricht uns ein älterer Hobby-Ornithologe an, der meinen Papa beim Wildeshauser Gildefest erlebte und uns sein Beileid ausdrückt.

Papa, der als Richter der Schützengilde Festgäste wegen allerlei ulkiger Verfehlungen zum Tode verurteilte (»sie werden geteert und gefedert und den Burgberg hinab in die Hunte gerollt«), war 50 Jahre lang solider Bestandteil des wichtigsten, zentralen Ereignisses meiner Geburtsstadt – dorten ist Papa eine Berühmtheit, neben der die Fernsehkaspereien seines Sohnes mickrig erscheinen. Oder muss es heißen: »war«? Ich bin mit den Feinheiten der Sprache nach dem Ableben des Vaters noch nicht wirklich vertraut – und prompt macht mich das Nachdenken über sie wieder traurig.

Die Beerdigung am Nachmittag ist eine meines Papas würdige Veranstaltung, mit vielen Freunden, anrührender Ehrenwache und salutierendem Gilde-Offizierschor. Meine Nichte Catalina hält eine ihrem Opa angemessen pfiffige Rede, in der u. a. seine Sammelleidenschaft erwähnt wird, die sich bei ihm nicht zuletzt auf Uhren, Gürtel, Gedichte, Krippenfiguren und sogenannten Klimbim (z. B. Holzsplitter von Weidezäunen) erstreckte.

Bei seinem Sohn sind es aktuell Badetage – die nehmen weniger Platz weg, werden aber mit ähnlicher Inbrunst zusammengetragen und katalogisiert. Und mir ist, als setze ich schwimmend sein Werk fort, als seien Papa und ich gemeinsam unterwegs, menschliches Treibgut auf jenem reißenden Fluss, der sich Leben nennt (den Einsatz eines süßlichen Streichorchesters bitte hinzudenken).

Am Sonntag, zwei Tage nach der Beerdigung, fordert mich meine Frau auf, doch mal wieder ein etwas größeres Radelründchen zu unternehmen, vielleicht, weil sie einen längeren Aufenthalt an der frischen Luft für eine geeignete Aufmöbelungsmaßnahme hält – offenbar komme ich ihr gar zu deprimiert vor.

Also los. Ich setze mich aufs Gravelbike und umrunde den Ammersee, bei mittelstarkem Dauerregen und niedrig einstelligen Temperaturen. Badesachen führe ich mit, aber schnell ist alles vom Regen durchtrieft, inklusive Handtuch. Nun ist es so: Ein Handtuch funktioniert erfahrungsgemäß auch im klatschnassen Zustand: Man wringt es aus,

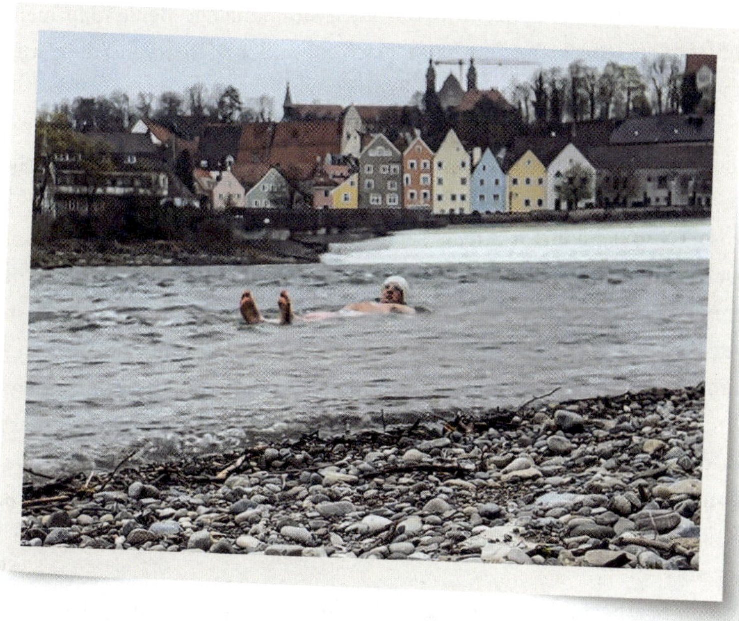

Wo treibt es ihn hin?

rubbelt sich ab, fertig ist die Laube. Und Wechselkleidung braucht eh niemand, schon gar nicht, wenn man eine im Schritt gepolsterte Radhose trägt – unter dieser hat Unterwäsche generell nichts verloren, auch wenn der Radhosenträger bekennender Nichtschwimmer ist. Richtige Radsportler *go commando.*

Heute, an diesem traurigen, triefnassen, tropfnasigen Sonntag, setze ich mich über diese Einsichten nur allzu gerne hinweg. Ich rolle recht lustlos die Pfade entlang, gerade so schnell, dass ich nicht zu bibbern anfange. Einmal, am Dampfersteg in Holzhausen, halte ich an und inspiziere das Ufer – es steht immerhin noch eine Ammerseedurchschwimmung mit meinem lieben Schwiegervater aus, und zwar auf der Ideallinie, nicht nach Utting wie im letzten Sommer, sondern eben nach Holzhausen. Der einzige aus der Ferne anzupeilende Anhaltspunkt ist jedoch ein barock anmutendes Gartenhäuschen in knallgelb. An eine Testlandeunternehmung im heutigen Dauerregen denke ich nicht einmal. Ich wuchte mein Bein übers Oberrohr und pedaliere mich strichgesichtig heimwärts.

Den Rest des Tages ergehe ich mich in unverdünnter Schwermut – Trauer als ein Sirupkonzentrat, das auch stundenlange Benässung nicht zur leichten Schorle machen kann. Flach atmend lungere ich auf dem Sofa herum und schaue starr aus dem Fenster.

»Hallo!« Wer da? »Deine innere Stimme, Controlling, Gewissen, nenn mich, wie du willst. Wigald, was ist mit dem Schwimmen? War da nicht was?«

Ja, ich mache einen Streak, seufze ich scheppernd, und muss darum noch ins Wasser. Mir entfleucht ein dezidiertes »Fuck!«, über das ich nicht einmal erschrecke. Bock auf Omabrust sieht anders aus, so viel steht fest. Der Nachmittag vergeht, die Kinder spielen Memory und Barbie-Bodypainting, und ich lese schließlich aus »Asterix bei den Pikten« vor, einem Band, in dem ein Schotte, tiefgefroren in einem Eisblock, an den Strand vor dem uns wohlbekannten gallischen Dorf gespült wird. Es dauert satte zehn Seiten, bis der unterkühlte Fremde ein erstes Wort spricht, nämlich »Krk«. Ja, mit diesem Comic-Helden kann ich mich mühelos identifizieren.

Am Spätnachmittag beschließe ich, auf ein Eintunken im See zu verzichten. Stattdessen steige ich einfach in meine Sitzbadewanne, rein raus, und zwar zwischen zwei Saunagängen. So wird's gemacht, und anschließend notiere ich im Trainingstagebuch: »Tag 290, zehn Sekunden Sitzbadewanne. Die Luft ist raus.« Unter uns: »Zehn Sekunden« dürfte reichlich geschönt sein. Es waren fünf, höchstens sechs. Mehr nicht.

Am nächsten Morgen telefoniere ich mit meiner Managerin. »Was ist denn da bei dir los?«, fragt Steffi, die mir bei Strava folgt. Ich berichte von meiner Lustlosigkeit, und sie sieht sogleich düstere Wolken an meinem Sportler-Firmament.

»Bist du nicht vorletztes Jahr, als du deine Marathons gelaufen bist, auch ungefähr nach 300 Tagen aus deinem täglichen Laufstreak ausgestiegen?« »307«, präzisiere ich. »Wie auch immer. Du dachtest, du seist schon durch, aber da liegst du falsch. Wie sagte Sepp Herberger seinerzeit? ›Ein Spiel dauert 90 Minuten – und ein Jahr hat 365 Tage‹. Lass dich nicht hängen!«, redet sie mir ins Gewissen, und ich schlucke blass.

Ist es die Trauer um Papa? Der dürre Schlaf im prall gefüllten Familienbett? Manchmal liege ich – während Teresa Oskar stillt – eingequetscht in der Besucherritze zwischen Mathilda und Theo, was zwar wunderbar kuschelig ist, aber die Schlummerqualität nicht wirklich erhöht. In diesen Notfällen schaffe ich schiebend Distanz, und das Problem ist gelöst. Überhaupt taugt Oskar mitnichten als Ausrede. Er ist, so viel lässt sich bereits festhalten, ein maximal knuffiger, gutmütiger, kooperativer Zeitgenosse, der sich behaglich knurrend zu jeder Tag- und Nachtzeit gerne von mir wickeln oder in der Trage von Pontius nach Pilatus schleppen lässt – das Gegenteil eines sogenannten Schreikindes.

Oder sind da auch – natürlich nicht eingestandene – Existenzsorgen mit Blick auf den weiterhin eher spärlich gefüllten Arbeitskalender? Da sind lediglich zwei Bädertourneen mit Bernhard Hoëcker, die zwar wunderbar zum Schwimmstreak passen (was sich zufällig so ergeben hat), bei denen es sich aber eher um Lustreisen handelt als um hyperrentable Wirtschaftsunternehmungen.

Immerhin fragte mich unlängst RTL Exclusiv, ob ich nicht Lust hätte, als Reporter zur Krönung von Charles III. nach London zu reisen. Ich musste nicht lange überlegen: Na klar, schon allein, weil englische Königskrönungen so unerhört selten stattfinden, das letzte Mal vor 71 Jahren. Dagegen sind sogar Papstwahlen fast alltäglich. Bei solch exklusiven

Events ist jedes Zögern unangebracht, auch ohne zu wissen, worauf man sich im Einzelnen einlässt (wie sagte der große Harald Schmidt? »Drehort geht vor Inhalt.«)

Grübel grübel. Nein, die Ursache meiner plötzlichen Wasserscheu muss woanders liegen: Als ich beim Laufstreak im Sommer 2021 nach 307 Tagen ausstieg, war Oskar noch nicht da, der kranke Papa wurde von mir im Rollstuhl über die Marathondistanz geschoben, und die Auftragslage im Showgeschäft war superb.

Die Lustlosigkeit könnte mit dem langen, kalten Frühling zu tun haben. Ich sehne mich so sehr nach der erstbesten Hitzewelle, aber da ist nichts im Anmarsch. Stattdessen gibt's immer wieder Regen und Wassertemperaturen um die sechs Grad.

Oder des Pudels Kern ist, ganz banal, meine Streak-Ausdauer: An der 300er-Schwelle mache ich eben schlapp, egal ob an Land oder zu Wasser. Es handelt sich sozusagen um eine systemimmanente Krise, eine Sollbruchstelle, die es nun wacker zu durchschwimmen gilt. Eins steht fest: Es wird warm werden, allerspätestens im Juni. Als ich anfing jedenfalls war frieren kein Thema. Ach, lang, sehr lang ist's her.

Am kommenden Tag zwinge ich mich zu 600 Metern echtem Schwimmen, ohne Schmu, bis zum Segelschiff »Billabong« und zurück, und überlege unterwegs, wie ich mir den Restfrühling möglichst angenehm gestalten kann, um neuen Motivationslöchern vorzubeugen.

Wenn ich erst mal mit Bernhard Hoëcker auf Bädertournee bin, also Anfang Mai, wird alles ganz leicht. Bis dahin könnte es helfen, besondere Orte zu finden, die wenigstens das Herz wärmen, wenn schon nicht den Rest.

Zum Beispiel: Tochter Mathilda darf zu einer zahnmedizinischen Spezialuntersuchung in Landsberg am Lech. Klarer Fall, da muss ich mit, eben wegen des, äh, klaren Falls, nämlich in der Innenstadt. Es gibt mehrere Staustufen nebst Wasserwalze, mit den hübschen Häusern der Altstadt als Kulisse.

Also. Wetter weiter bescheiden, aber egal. Der Anblick des laut rauschenden Lechs macht ehrfürchtig, und unwillkürlich gehe ich noch ein paar Schritte weiter flussabwärts, aus Sicherheitsgründen. In das weiße Tosen am Staustufenabsatz sollte man nicht unbedingt geraten.

Das Wasser fließt schnell, es rast geradezu, und gleichzeitig ist der Fluss so flach, dass von Schwimmen keine Rede sein kann. Man kann sich lediglich auf die Kiesel am Grund legen, sofern man sich mit eingestemmten Füßen gründlich gegen eine Davonspülung wappnet. Trotz der Seichtheit ist es ein Erlebnis, das rasende Wasser über die Schultern laufen zu lassen. Ich habe vor Jahren mal für »Clever – die Show, die Wissen schafft« in einem Windkanal in Holland gedreht. Das war so ähnlich, nur weit windiger.

Nach ein paar Minuten Nackenmassage zwinge ich mich wieder an Land und laufe zu meinen Lieben.

Am darauffolgenden Tag fahre ich ins Zillertal, um eine von Bernhard besorgte Überwachungskamera an den Hüttengiebel zu schrauben. Die Idee: Wenn man schon viel zu selten nur den Weg hierher schafft, so kann man fortan wenigstens von jedem beliebigen Punkt im Flachland aus auf einer App die Lage sondieren, vor allem auch die Schneelage – auch um so zu erkennen, ob ein Besuch überhaupt lohnt oder gar zu beschwerlich ist.

Ein Kandidat für Letzteres könnte just dieser Apriltag sein: Auf der zweiten Hälfte des Aufstiegs kämpfe ich mich durch nassen, kniehohen Schnee, und als ich oben ankomme, wird mir klar, dass ich eine Wanderung zu »meinem« Eisloch gar nicht erst zu erwägen brauche.

Schade, unter der schweren Schneedecke würde ich nach entsprechender Schaufelei womöglich auf jene Trümmer stoßen, die Sportfreund Paul einst mit der Spitzhacke aus den legendären drei Eisdecken herauskloppte. Man kann nicht alles haben.

Ich muss nicht lange nachdenken, wie ich meinen Streak stattdessen fortführe. Anfang Januar schwamm ich »auf« der Schneedecke, heute erlauben die Verhältnisse ein Bad in selbigem, und zu Dokumentationszwecken drängt sich die neue Überwachungskamera geradezu auf. Mit kindlicher Freude bediene ich den Akkuschrauber, hebe eine passende Grube aus, lege mich nackert hinein, decke mich mit der weißen Pracht zu und genieße nach Art jener Sommerfrischler, die sich am Strand in den Sand eingraben (lassen).

Vorteil gegenüber herkömmlichen Eisbädern: Liegend kann man im Schnee bedenkenlos mit dem Handy hantieren, etwa um auf der passenden

App die Überwachungskamera perfekt auszurichten – im Wasser drohte bei entsprechender Tollpatschigkeit ein Geräteverlust.

Als ich die Natur-Tiefkühltruhe nach einigen Minuten wieder verlasse, ist mein Körper mit unregelmäßigen roten Flecken übersät, denn nur dort, wo die Haut unmittelbaren Kontakt mit dem Schnee hatte, führte dieser zum mir hinlänglich bekannten Vasokonstriktions-Rot. Alle Lufteinschlüsse lassen die Haut hingegen kalt bzw. weiß.

Ich vermute, dass die Wärmeleitfähigkeit des Wassers weitaus höher ist als jene der Luft, sodass der Aufenthalt in kaltem Wasser dem Badenden heftiger zusetzt als der im luftigeren Schnee.

Ja, ich könnte mich stundenlang am Busen von Frau Holle aalen. Könnte, theoretisch. Praktisch ziehe ich mich an, trinke eine Tasse heißen Tee, freue mich über die Bildschirmfotos des Überwachungskamerastreams und über die Erkenntnis, dass ich auch jetzt noch, in den letzten Tagen der kalten Jahreszeit, neue Eis-Erkenntnisse gewinne.

Drunten im Tal wird es derweil wärmer, aber nach Art einer Echternacher Schwimmprozession: einen Armzug vor, zwei zurück, oder so ähnlich. An manchen Tagen beklage ich schwer seufzend die Langsamkeit der Erwärmung, bebettele Petrus in meinen Abendgebeten um möglichst baldige Hitzewellen, und als ich am 25. April morgens um 5:46 in den Ammersee steige, kommt mir das Wasser tatsächlich nicht nur warm vor, sondern es streift erstmals eine zweistellige Temperatur: zehn Grad Celsius, hurra!

Zwar drücken Nachtfröste nicht nur die Temperatur, sondern auch meine Laune anschließend wieder unter die magische Marke, aber: Es wird! Überhaupt plagten mich auch in den dunkelsten Winterstunden wohl gelegentliche Zweifel an der Wirksamkeit meiner Wettergebete, nicht jedoch daran, dass das Finale meines Streaks badewannenwarm wird. Oder irre ich? Hallo? Liest jemand von den Verantwortlichen mit? Gebt mir ein Zeichen!

London Aaling

•••••••••

Der 300. Badetag in Folge steht an. Ab hier, so feuere ich mich an, kann ich die Zielgerade fast schon sehen. In Baden-Baden treffe ich Managerin Steffi, als Gast der Talkshow »Gute Unterhaltung« mit Pierre M. Krause. Am Nachmittag vor der Aufzeichnung streunen wir an der Oos entlang, dem flachen Flüsschen, das Baden-Baden ziert.

An der Lichtentaler Allee gibt es alle paar Hundert Meter Staustufen wie in Landsberg am Lech, weiß schäumend wie dort, nur weit weniger monumental. Hinein wage ich mich in Staustufennähe trotzdem nicht. Erst an der Einmündung eines Baches fasse ich Mut und steige über den Zubringer in die flotten Fluten.

Im Wasser stehend, posiere ich für Fotografin Steffi, und bei Ansicht der Bilder gewinne ich den zarten Eindruck, dass meine Bemühungen, den Bauch einzuziehen, wieder sichtbar sind – monatelang war dies nicht der Fall.

Heißa, bald tauge ich wieder als Covermodell für den Pirelli-Kalender! Um diese Ambitionen zu unterstreichen, trage ich einen markanten Cowboyhut, lasse die Hüften lassohaft kreisen und spreche mit viril gesenkter Stimme (ohne dass das Kreisen und die Stimmlage in den Fotos sichtbar wären).

Das dazugehörige »Reel«, welches ich sogleich in die sozialen Netzwerke shoote, vertonen wir mit »Ich möcht so gern Dave Dudley hören« von Truck Stopp – eine perfekte Wahl, die eine gewisse Schwachbrüstigkeit des schwimmerischen Kerns meiner heutigen Bemühungen kompensieren hilft – für sportliche Bewegungen unter Wasser nämlich, und sei es auch nur ein banales Hüftkreisen, ist die Oos gar zu flach.

So lege ich mich einfach auf den Bauch und freue mich, dass selbiger bereits ähnlich flach geworden ist, sodass das Wasser ihn mühelos überspülen kann.

Am frühen Morgen des darauffolgenden Tages laufen Steffi und ich zunächst vom Casino hinauf zur orthodoxen Stourdza-Kapelle und um den Friesenberg herum.

An dieser Stelle oute ich mich gerne als bekennenden Baden-Baden-Fan. Schon als junger Twen bin ich mit Hamburger Freunden regelmäßig zum Wanderwochenende hierhergereist. Vor allem das Friedrichsbad hatte es uns angetan, und seither bewohne ich in einem Gutteil meiner Tagträume einen Altbau am Hang, besteige vormittags Merkur und Battertfelsen und verdaddele die Nachmittage in der Therme.

Was für eine wunderbare Fügung, dass das 300. Jubiläumsbaden in Baden-Baden stattfindet – und zwar im oberen Waldsee, auf der Rückseite des Friesenberges. Fetter Nebel wabert über der westentaschenfjordförmigen Wasseroberfläche, und links und rechts stehen die Schwarzwaldhänge Spalier.

Der Nebel erinnert an Bühnennebel auf Trockeneisbasis und umspielt raffiniert eine ins Wasser gestürzte Fichte. Keine Showinszenierung

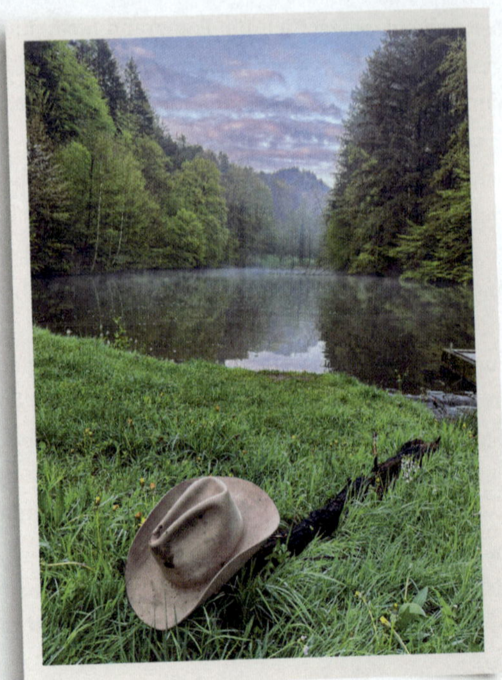

... und dann, ganz plötzlich, hatte ich stark abgenommen und war außergewöhnlich braun gebrannt.

könnte dem Einläuten des Endspurts angemessener sein, und als ich bis zum Fichtenwrack brüstele, imaginiere ich eine Glocke, wie beim Sechstagerennen, wenn es auf die letzte Runde geht.

Ist das nicht etwas voreilig, wo doch noch über zwei Monate tägliches Schwimmen auf dem Zettel stehen? Alle etwaigen Zweifel sind ausgeblendet, als ich nach dem runden Geburtstagsbad mit Steffi zum opulenten Hotelfrühstück zurückjogge und anschließend heimreise.

Ein paar Tage später kommt meine Managerin zu Besuch an den Ammersee und bringt ein besonderes Geschenk mit: Sie steigt mit mir in das kalte Wasser am Herrschinger Strandbad. Nanu! Gab sie sich nicht bisher eher wasserscheu? Für die Sinnesänderung verantwortlich ist eine soeben absolvierte Fastenkur in Brandenburg.

Offenbar hat man sie dort so rigoros hängen und hungern lassen, dass ihr Hören und Sehen verging – oder doch wenigstens der Widerstandsgeist. Jedenfalls verließ sie die preußische Streusandbüchse verschlankt, allseitig geläutert und beteuert nun, das kalte Wasser zu genießen. Und, in der Tat: Kalt ist der Ammersee noch immer.

Der Mai ist gekommen, die Bäume schlagen aus. Hatte mir nicht irgendwann im Winter irgendwer versprochen, dass ich mich Ende April am Ammersee über konstante zehn Grad Wassertemperatur freuen könnte? Wer war das noch? Der Lügenbold kann sich gerne mal bei mir melden. Faktisch jedenfalls tauche ich am 1. Mai in das Stammgewässer, das gerade einmal sechs misst.

Dreiundzwanzig Minuten lang seufze ich mich durch ungemütlichen Nieselregen, ehe ich mich nach – laut Garmin-Uhr – 518 Metern wieder abrubbeln darf.

Die Stimmungslage dieser kalten Tage möchte ich ambivalent, wenn nicht sogar amphivalent nennen: Einerseits juckt der Frust über die wieder einmal hinausgeschobenen Frühlingsfreuden, andererseits ist da die immer gewaltigere Vorfreude auf Hitzestau und Sonnenstich.

Die Hitze wird kommen, so viel ist sicher!

Je länger das Wasser, meine nassere Hälfte, sich jetzt spröde und abweisend gibt, desto größer werden die Freuden der Erlösung sein.

Es ist wie in einem herausfordernden Liebesspiel, allerdings mit der beruhigenden Gewissheit, dass bald, ganz bald auf die provokante

Zurschaustellung der kalten Schulter heiße, heißeste Küsse folgen werden.

Und mit dieser Gewissheit packe ich meinen Koffer für meine Reise nach London.

Putzige Blaublüter haben mich in weiten Teilen meines Lebens eher nur am Rande interessiert, aber ich habe fest vor, mir bereits am kommenden Montag Visitenkarten zu bestellen, bedruckt mit der Berufsbezeichnung »Adelsexperte und Hofberichterstatter bei RTL Exclusiv« – das hat im Zweifel etwas weniger praktische Anwendungsmöglichkeiten als zum Beispiel »Wärmepumpe-Wasser-Scheiße«, klingt aber auch nach einigermaßen ehrlicher Arbeit.

Vorab gilt es jedoch meine Eignung zu beweisen.

Im Kölner Studio ist neben der unverbesserlichen Frauke Ludowig Guido Maria Kretschmer zugegen, wahrscheinlich als Fachmann für royale Roben und Rollkragenpullover. Sehr gut – für den Münsterländer Modekönig hatte ich schon immer ein Faible.

Ungewohnt sorgfältig stelle ich mir meine eigene Berufskleidung zusammen und kombiniere einen Stresemann mit einer verspielt schillernden Zauberer-Weste, über die mir der Secondhand-Händler beim Kauf einst zuraunte, sie entstamme dem Kleiderschrank des leibhaftigen Thomas Gottschalk.

Ready to rumble. Das 8½-Sterne-Hotel The Strand Palace befindet sich mittenmang, in der City of Westminster.

Moment, Stopp, 8½ war dieser Fellini-Film, 3½ ist Mathilda alt, 9½ Wochen hieß der Film mit Kim Basinger und Mickey Rourke, früher Vorläufer von »Fifty Shades of Grey«. Hotels werden anders bewertet. Ich hab's durcheinander gekriegt, bin eben ganz schön aufgeregt. Pardon me for being puzzled, aber wann wechselt man schon mal als Best Ager seinen Beruf, wird von jetzt auf gleich zum Fachjournalisten für konstitutionelle Monarchen nebst Anhang? Contenance, Monsieur Boning – Noblesse oblige!

Zur Themse geht man kaum zehn Minuten, das Ufer habe ich mithilfe der Komoot-App bereits daheim auf seine Badetauglichkeit hin untersucht. An Cleopatra's Needle, einem von zwei Sphinxen bewachten Obelisken, führt eine Treppe hinab in den Fluss.

Nach kurzem Teaser-Dreh mit dem netten englischen Team flanieren Steffi und ich dorthin und sind sogleich hingerissen. Schwimmen unter Big Ben und London Eye, dem berühmten Riesenrad, im über viele Jahrhunderte wichtigsten Seehafen der Welt – wer will das nicht? Klare Antwort: Die meisten Menschen wollen dies eher nicht, denn – und das weiß ich aus der Fachzeitschrift »The Outdoor Swimmer« – seit dem Brexit verschlechtert sich offenbar der Zustand der englischen Kläranlagen, und immer häufiger landen ungeklärte Abwässer in der Themse.

Auch ich schlucke (wenngleich vorerst trocken).

Kann, darf ich hier rein? Eine kurze Google-Recherche ergibt: Bereits seit 2018 ist Themse-Schwimmen wenigstens in der City of Westminster verboten, und zwar, weil der englische Komiker David Walliams genau diese Aktivität populär machte und nicht zuletzt die Schifffahrt gefährdete, wenigstens potenziell.

Trotzdem ist sogar Steffi, die vorsichtige Polizistentochter, Feuer und Flämmchen für jenes Abenteuer, das sich uns darbietet. Bevor wir uns endgültig entscheiden, wollen wir aber noch wenigstens ein, zwei Parkteiche am Buckingham-Palast unter die Lupe nehmen, das Reservoir im St. James's Park und den Serpentine im Hyde Park.

The Mall, die Zufahrt zum Buckingham-Palast, ist bereits bestens besucht, am Straßenrand campiert seit Tagen ein gutes Hundert ältere Damen in Union-Jack-Kleidern und Krönchen auf dem Kopf. Es herrscht eine aufgekratzte Stimmung, ein bisschen wie bei einem Junggesellinnen-Abschied.

Diese royalistische Klientel mag den Brexit gutheißen und auch sonst vieles anders sehen als ich, aber zum einen gehen alle ausgesucht höflich miteinander um, zum anderen dürften die Ultras und ich mindestens einen gemeinsamen Helden haben, nämlich Lord Rokeby.

Ich erinnere nochmals sehr gern an jenen schrulligen Baron, der eine nasse Umgebung allzeit einer trockenen vorzog, es auch bei kältestem Wetter rigoros ablehnte, sein Haus zu heizen, sich hauptsächlich von Rinderbrühe und Wildbret ernährte und dessen Porträt auf meinem Schreibtisch steht.

Die Tore des St. James's Park sind geschlossen, offenbar will man mich nachgerade dazu zwingen, in den verschmutzten Themse-Fluss zu steigen.

Nun gut, ich füge mich, dann holen wir in Containern am Palast unsere Akkreditierungen ab.

Happa Happa, Heiabett. Vorm Einschlafen lese ich noch das offizielle Programm der Krönung durch und lerne interessante neue Vokabeln, etwa »anointment«, die Salbung des werdenden Königs, abgeschirmt in so einer Art transportablen Umkleidekabine, die für Charles von beeindruckenden 125 Mitarbeitern in Handarbeit angefertigt wurde.

Der Tag der Tage beginnt noch in der Dunkelheit, mit Hunderten Pferden, die am Hotel vorbei Richtung Buckingham Palace geritten werden.

Um sechs Uhr blicke ich aus meinem Hotelzimmer im vierten Stock hinunter, und meine Laune sinkt schlagartig auf weit unter Lufttemperatur: An den Querstraßen, die von The Strand Richtung Themse abzweigen, haben sich Sicherheitskräfte in gelben Westen postiert, nebst Schildern, die den Durchgang verweigern. Frustran, wie der Mediziner sagen würde.

Aufgewühlt schlüpfe ich in die Badehose und eile hinab in die Lobby. Steffi kommt hinzu, macht mir Mut: »Wir haben noch alles hingekriegt und schaffen auch dies!«

Mit mühsam unterdrücktem Wutschnauben überqueren wir die Straße und adressieren einen Bobby. Mit ausgesuchter Höflichkeit behaupten wir, »dort unten« zu wohnen, und sogleich lässt man uns durch. Schon mal gut.

Erneuter Rückschlag am Ufer: Alle 50 Meter stehen jeweils zwei Bobbys in gelben Westen. Immerhin befindet sich Cleopatra's Needle genau zwischen zwei Kontrollposten.

Günstig auch: Die Helikopter, die in der ganzen Nacht über die Innenstadt flogen, machen Pause. Und es ist Ebbe, ich kann mich auf der Treppe weiter unten, im toten Winkel der Anti-Terror-Einheiten entkleiden. Kurz stehen wir unschlüssig herum, dann setzen wir alles auf eine Karte: Steffi lenkt ab und lässt sich erneut den Weg zu den Presse-Containern erklären, ich entkleide mich und gehe ans nasse Werk.

Die Treppenstufen sind von braun-grauem Schlamm bedeckt, man kann leicht stürzen. Dicht unter der Wasseroberfläche hockt ein juveniler Kaulbarsch und grüßt stumm. Echtes Leben, ausgerechnet hier! Von den berüchtigten Fäkalien rieche ich nichts – vielleicht ist mein Geruchssinn altersbedingt verwittert, vielleicht habe ich einfach Glück, dass es in den letzten Tagen keine schweren Regenfälle gab, welche die Klärbecken hätten überlaufen lassen können. Vielmehr duftet es brackig, nach »Nimm mich mit, Kapitän, auf die Reise«, man spürt, dass der blanke Hans nicht allzu weit weg ist.

Jetzt muss alles ganz schnell gehen. Kurzer Blick zu Steffi. Sie nickt subtil und zückt das Fotohandy. Alle Bobbys gucken gerade weg, und ich gleite ein paar Züge Richtung Mündung, suche den Sichtschatten der Ausflugsdampfer an Victoria's Embarkment, allzeit bereit, samt Kopf in der schmutzigen Tunke unterzutauchen.

Über mir rattert schon wieder ein Hubschrauber, was mein Herz sogleich mit rasantem Klopfen quittiert. Noch zehn Meter, dann ist mein »anointment«, meine persönliche Salbung erledigt, allerdings mit nicht ganz so hochwertigen Hautpflegeprodukten und ganz ohne transportable Umkleidekabine.

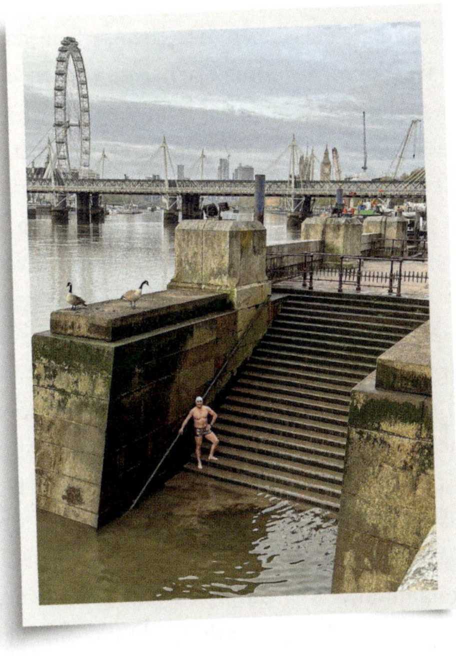

Mit großem Interesse verfolgten die Londoner Gänse meinen Themsebesuch. Na ja, zumindest eine.

Nachdem ich die glitschige Treppe wieder emporgestiegen bin, mache ich mich kurzerhand nackig, neugierig beäugt von Cleopatras Sphinxen und womöglich auch von den Bobbys links und rechts am Ufer – ehe diese jedoch einschreiten können, sind Steffi und ich bereits wieder über alle Berge, hinauf zum Hotel Strand Palace.

Ich für meinen Teil habe dem Tag seine Krone aufgesetzt, nichts kann mehr kommen – jetzt ist Charles dran.

Tags darauf fliege ich nach Berlin, um von dort nach Dessau weiterzureisen. Auf dem Weg schmunzele ich über die unzähligen Kommentare zu den von mir in den diversen Netzwerken geposteten Themse-Badebildern. Mein Morgenbad löst allgemeines Unverständnis aus, Kopfschütteln, offenbar auch Übelkeit. Nie zuvor habe ich mich über so viele Kotz-Emojis unter einem meiner unzähligen Social-Media-Postings wundern dürfen. »Europas dreckigster Fluss«, so der allgemeine Tenor, führe, wenn schon nicht in den sofortigen Tod, dann doch wenigstens zu heftigen Durchfallerkrankungen.

Meine vielfachen Beteuerungen, die Themse keineswegs ausgetrunken, sondern lediglich beschwommen zu haben, werden kaum zur Kenntnis genommen, und dass ich mich auf dem Weg zurück nach Good Old Germany befinde, löst fast eine digitale Panik aus. »Er bringt uns die Cholera!«, ruft ein Sicherheitsexperte und erhält dafür reichlich Likes.

In meinem persönlichen Schmutzranking belegt die Themse keineswegs einen der ersten drei Plätze – sie taugt allerhöchstens als leichtes Übungsterrain für eine berufliche Zukunft als Sanitär-Notdienstmann, falls ich mich als Adelsexperte und Hofberichterstatter langfristig doch nicht durchsetzen sollte.

Ganz oben rangiert weiterhin der Kokosnuss-Transportkanal auf der Plantage in Thailand, gefolgt von der blaualgensatten Dahme in Köpenick und dem Warschauer Badespaß, speziell an jenem Tag, an dem eine Baustelle am Weichsel-Oberlauf explodiert zu sein schien und allerlei Bauschäume das Wasser zierten. Immerhin reagieren nicht alle Zuckerberg-Zaungäste so empfindlich. Manche erfreuen mich auch mit gleichmütigen Wasser-Witzchen, etwa »London Aaling!« Danke für die Anregung zur Kapitelüberschrift!

Die Belohnung für alles

•••••••••

Was habe ich in Dessau verloren? Auf dem Zettel steht die erste der beiden diesjährigen »Gute Frage!«-Tourneen. Die Premiere unserer diesjährigen Auftritte findet in der Dessauer Marienkirche statt, einem stattlichen Gotteshaus, das der umtriebige Dieter Hallervorden zum mitteldeutschen Komödianten-Mekka machen möchte.

Doch bevor Bernhard und ich die hierfür notwendigen Muezzins geben, spaziere ich zur Mulde, den am schnellsten fließenden Fluss Mitteleuropas. Ja! Steht jedenfalls so bei Wikipedia, kaum zu glauben. Die Mulde legt zwischen 600 und 900 Höhenmeter bergab zurück, ehe sie kurz hinter Dessau in die Elbe mündet.

Meine Suche nach einer geeigneten Einstiegsstelle dauert denn auch ein wenig länger: Hinter dem Wehr an der Oranienburger Chaussee ist sie flach wie die Oos und rast wie der Lech, für meine Zwecke kaum brauchbar. Also gehe ich flussaufwärts und finde einen geeigneten Badeplatz an der Tiergartenbrücke, die von den Dessauern aufgrund ihrer kühnen Architektur der »Eierschneider« genannt wird.

Vorsichtig taste ich mich in das hier gestaute und darum tiefere Gewässer, das jedoch, trotz des Staus, lediglich ein Auf-der-Stelle-Schwimmen erlaubt – wenn man sich denn entsprechend ins Zeug legt. Andernfalls treibt der Lebensmüde Richtung Wehr und ist weg, und Bernhard darf allein sehen, wie er in der Marienkirche klarkommt.

Also: Auf geht's beim Schicht'l!

Gestern noch Europas dreckigster, heute Mitteleuropas schnellster Fluss – ich schwelge in Superlativen. Eine halbe Stunde lang bin ich knapp unterhalb der anaeroben Schwelle tätig und liebäugele damit, den Fluss gleichsam nebenbei zu überqueren. Sobald ich mir jedoch eine zusätzliche Seitwärtsbewegung erlaube, gerate ich flussmittig in eine noch schnellere Strömung, vor der ich sogleich zurückschrecke.

Husch, husch zurück ins Körbchen, an den Rand des Fahrgeschäfts.

Ist dieser Sonntag noch kalt und grau, so wird die Tourneewoche von Auftritt zu Auftritt sommerlicher. Endlich ist es da, das ersehnte Wetter, mit Sonne satt und mit – seufz, ich gehe in die Knie, bevor ich diesen Satz vollende – mit warmem Wasser. Also jedenfalls mit Wassertemperaturen deutlich über der Zehn-Grad-Marke. Ich kann mich nicht daran erinnern, dass das Wettergeschehen mich jemals derartig intensiv seelisch be- ja, gerührt hätte.

Am Morgen nach unserem Dessauer Auftritt begleiten mich Bernhard und sein Kurzhaar-Collie Heidi zu einer uralten Flussbadeanstalt in Dessau, dem Rehsumpf an der Jonitzer Mulde.

Seit 1907 war dieses Bad unbestrittenes Zentrum des schwimmerischen Lebens der Dessauer. In den Zwanzigerjahren unterstützte Flugzeugfabrikant Hugo Junkers den Bau des hölzernen Buden-Ensembles, das sehr sinnig in einer Schleife der zügig fließenden kleinen Mulde-Schwester steht. 2013 ging mit dem Mulde-Hochwasser viel kaputt, und seither müht sich der Verein »Rehsumpf e.V.« um die Wiederbelebung dieser ältesten Flussbadeanlage in Deutschland.

Der Clou: Man steigt an der einen Seite ein und saust ohne eigene Anstrengung an umgeknickten Baumriesen vorbei und durch einschüchternde Strudel hindurch. Und es ist ganz und gar nicht übertrieben, wenn man die wilde Fahrt kein kleines, sondern ein vollwertiges mittleres Abenteuer nennt.

Nach einer Viertelstunde erspäht der Abenteurer ein Schild, das auf die Notwendigkeit eines baldigen Ausstiegs hinweist, sofern man keine Lust hat, die Macht des folgenden Wehrs kennenzulernen. Wehrmacht quasi – eines dieser überflüssigen Wortspiele, auf die man erst kommt, wenn man sich, wieder an Land, von der nicht minder mächtigen Sonne wärmen und weichbrezeln lässt.

Die Franzosen haben ja einen schönen Spezialbegriff für das Sich-Aufwärmen-im-Sonnenlicht: »lézarder«, also »die Eidechse machen«. In diesen Tagen ist, nebst dem Schwimmen, das Eidechsieren mein liebster Quell der Freude.

Als ich am dritten Tourtag in eine oberfränkische Kiesgrube eingleite (»Goldaxer See«), stammele ich, ganz englischer Hofberichterstatter, ein dankbares »Yes!« und staune über Tausende auf dem Wasser treibende weiße Blütenblätter, die sich um meinen Hals legen wie unlängst das Eiscollier. Diesmal allerdings in duftig-kuschelweich.

Und als ich am vierten Tour-Tag die Spundwandleiter in das Becken des Alten Holzhafens in Wismar hinabsteige, entfahren mir markante Grunzer grenzenlosen Glücks. Dreimaster, davor Dorschangler mit Kippe im Mundwinkel, dahinter Takraf-Ladekräne, die mit ihren Löschbäumen im Takt meines Beinschlags klatschen.

Bernhard und Heidi flanieren an diesem freundlichen Morgen die Kaimauer entlang und machen eifrig Fotos, während ich weiter gluckse, frohlocke, jubiliere.

Zehn »Gute Frage!«-Auftritte umfasst die Tour, und schnell verfallen wir in eine energiesparende Routine: Morgens um sechs Uhr dreißig treffen sich Heidi, Bernhard und ich zum Gassigehen bzw. -schwimmen, anschließend wird mit Tourmanagerin Renate ausgiebig gefrühstückt. Autofahrt zum nächsten Auftrittsort, dort gegebenenfalls Gewässer inspizieren und Ruhen bis viertel vor sechs. Dann Auftritt, Autogrammstunde und Feierabend gegen elf Uhr nachts.

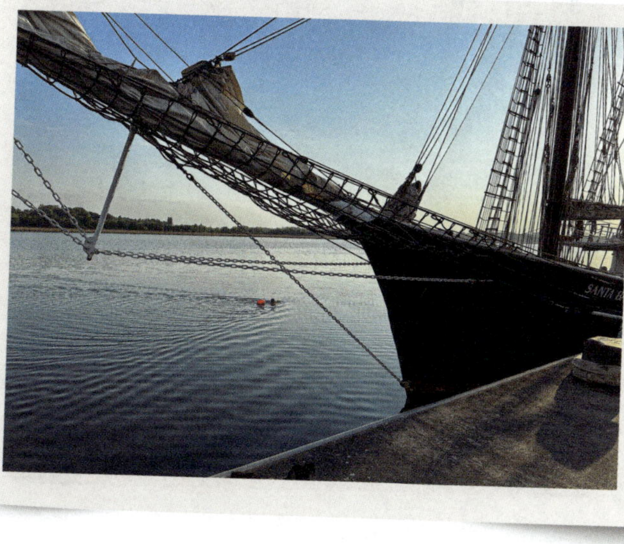

Wenn ich richtig loslege, schwimme ich schneller als jeder Viermaster – jedenfalls bei Flaute.

Die Tourplanung ist deutlich älter als mein Badeprojekt, und dass alle besuchten Orte durch interessante Gewässer bestechen, ist eine freundliche Geste des Schicksals. Oder kümmert sich Neptun, hauptamtlich für alles Ozeanische zuständig, nebenberuflich auch um das Showbusiness?

In Schwerin jedenfalls darf ich mal wieder eine Insel umrunden, jenes Eiland nämlich, auf dem das Schloss der Großherzöge von Mecklenburg-Schwerin steht, märchenhaftes Großod der Neorenaissance und Sitz des

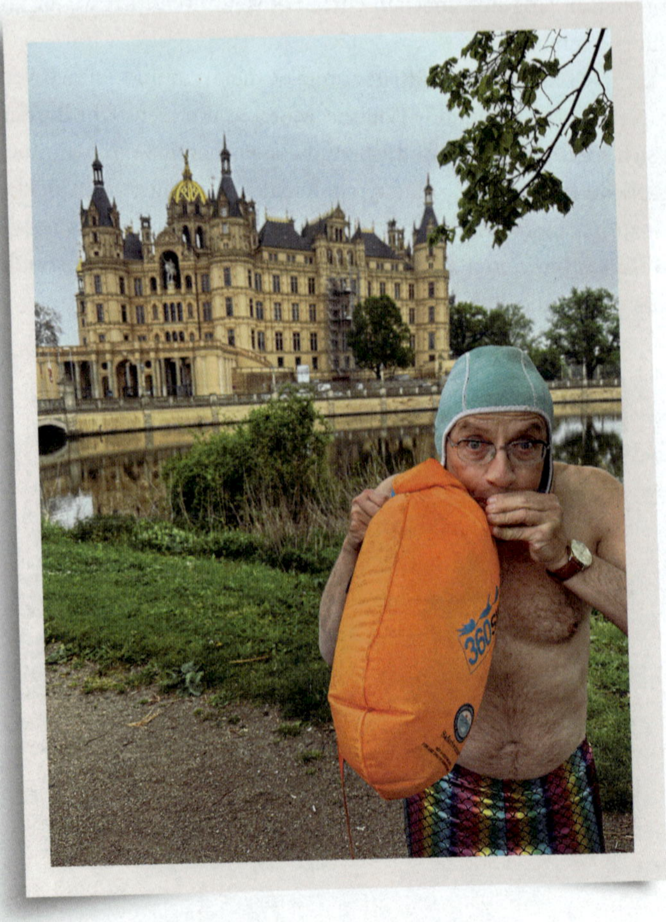

Darf ich vorstellen? Mein Badehäuschen. War nicht ganz billig, hat sich aber gelohnt.

Landtages von Mecklenburg-Vorpommern. Es nieselt distinguiert, als ich – erstmals nach so vielen Monaten – im olympischen Stil wieder mit untergetauchtem Kopf brüstele. Einen Kilometer währt mein Sightseeing.

Mit dem Kraulen muss ich noch etwas warten, da mich so eine Art Schleudertrauma an Links-Rechts-Blicken hindert. Keine Ahnung, wo ich mir das zugezogen habe. Aber so isses in meinem Alter: Kaum sind Schulter und Alterswarzen kuriert, hat man die Synkope einigermaßen verarbeitet, klemmt das Genick. Immer ist irgendetwas. Kommt ihr, liebe Leser, erstmal in mein Alter, dann werdet ihr schon sehen.

Entscheidend ist allerdings lediglich, dass ich schwimme, nicht in welchem Stil. Sollte meine Halswirbelsäule auch das Brustschwimmen verweigern, muss ich eben auf Rücken umsteigen, mit starrem Blick zum Himmel. Gebt euch keine Mühe, ihr Tücken des Schicksals – im äußersten Fall beende ich mein Vorhaben mit (und hoffentlich nicht als) toter Mann.

Auf Schwerin jedenfalls folgt ein formidabler Tag in Putbus auf der Insel Rügen, wo uns nicht nur das anmutige fürstliche Theater derer zu Putbus, sondern auch das Badehaus Goor erwartet, eine säulenreiche Luxusbude mit direktem Bodden-Zugang, Schmeichelwasser und burschikos silbrig aus der Ostsee hüpfenden Heringen.

Ich kann's verstehen: Alle wollen wir von der Sonne geküsst werden, auch mein Freund, der Hering.

Jeder Tag ein Highlight, im immer wärmer wirkenden Wasser. Ich schreibe bewusst: »wirkend«, denn der Strelasund, den ich nach unserem Auftritt in Stralsund beehre, ist laut Internet lediglich 11,4 Grad warm – und mit diesem an sich wenig ferienhaften Wert kommt mir als Unverwöhntem die Ostsee bereits vor wie Raffaello, alle Köstlichkeit der Tropen, hulala Bacardi Rum. »Like ice in the sunshine – I'm melting away on this sunny day.«

Ja, hier bin ich Mensch, hier darf ich's sein. Der lange Winter hat offenbar meine Genusstoleranz eiswärts verschoben.

Kein Wunder, dass unsere Tournee zum umjubelten Triumphzug wird. So euphorisiert, wie ich allmorgendlich dem Bad entsteige, stecke ich unwillkürlich Bernhard an, und gemeinsam reißen wir jedes Publikum mit, wenn schon nicht in den Bodden, dann doch wenigstens in unseren Bann.

Weiter geht's nach Rostock, und am Sonntagmorgen klettere ich die Spundwandleiter hinab in den Stadthafen auf dem Warnow-Strom. Imposant ist der im sowjetischen Leningrad gebaute Eisbrecher »Stephan Jantzen« eh, atemberaubend wird es, wenn man sich schwimmend dem bulligen Bug nähert, bei der Eisknack-Kontaktstelle anhält und nach oben schaut. Dann ist die vorbelastete Halswirbelsäule endgültig traumatisiert, und ich erinnere mich mit schmerzender Sehnsucht an die winterliche Hollandreise, auf der ich mich selbst als Eisbrecher bewähren durfte. Ich begrüße meinen Kollegen, indem ich kurz mit meiner Hand über seine Schweißnaht streife, so wie sich U-Bahnfahrer lässig zuwinken, wenn sich ihre Züge begegnen.

Mir kommen diese Tage vor wie eine Belohnung für mein Durchhaltevermögen, wie eine Heizprämie, mit der ich für unzählige Stunden des Zitterns belohnt werde, ach, wie ein Dankesgeschenk für alles. Gern geschehen.

Nur meine Halswirbelsäule streikt. Was ist da los?

Als ich in Neuruppin den Rhin durchschwimme, ein mir bis dato völlig unbekanntes Gewässer, das in die Havel mündet, habe ich erstmals wieder meine Spekuliereisen durch eine Schwimmbrille ersetzt und bringe die ersten Kraulzüge des Jahres 2023 hinter mich. Und mich deucht detektivisch, der Nackenschaden ist keineswegs Resultat eines Auffahrunfalls – ich kann mich eh an keinen erinnern –, sondern die Folge übermäßigen Omabrust-Schwimmens. Immerhin bin ich in den letzten Tagen jeweils eine satte Dreiviertelstunde unterwegs gewesen, mit größtem Behagen, aber allzeit überdehnter Halswirbelsäule.

Jetzt ist es höchste Eisenbahn, den Rücken gerade zu machen, und unter der herrlich sengenden Sonne Brandenburgs fällt mir das Kraulen leicht.

Am Abend lautet eine der »Gute Frage!«-Fragen an uns: »Wo mündet die Havel in die Elbe?« Wir eiern ein wenig herum, und ich werde lautstark gerügt, als ich Havel mit weichem V spreche, so wie in Vaclav Havel oder Theodor Wontane.

Die richtige Antwort lautet laut Publikum Havelberg, aber in der Pause recherchiert Bernhard, dass Gnevsdorf viel näher an der eigentlichen Mündung liegt.

Große Augen, Verunsicherung, kleinlautes Gemaule, trotziger Widerspruch.

Wie auch immer: Ich nehme mir vor, meine Gewässerkenntnisse wenigstens des deutschsprachigen Raumes in meiner verbleibenden Lebenszeit zu vervollkommnen, und noch auf der Bühne komme ich zu dem Schluss, dass ein höchstpersönliches Beschwimmen ausnahmslos aller Wasserflächen zwischen Neiße und Dollart, Etsch und Flensburger Förde die genussvollste und wirksamste Bildungsmaßnahme wäre – dies ist allerdings nicht bis zum 1. Juli dieses Jahres zu verwirklichen. Soll ich weitermachen, den Streak verlängern, schwimmen, bis das Fegefeuer mich final trockenlegt?

Gemach, komm du Schlingel erst mal heile bis in den Hochsommer, beende ich barsch das Gedankenspiel, während wir nach der Show in Neuruppin Autogramme schreiben.

Für die letzten beiden Auftritte geht es nach Berlin, und wir residieren im Hotel Seehof, von dessen Frühstücksterrasse man – theoretisch – mit der Kaffeetasse in der Hand in den Lietzensee springen könnte. Wieder so ein Glücksgriff bei der Herbergswahl.

Dieses nördlichste Glied der Grunewaldseen-Kette macht gleichzeitig den urbansten Eindruck – vom Wasser aus schaut man auf Mietskasernen aus eineinhalb Jahrhunderten und auf den Funkturm von 1926. In der Mitte wird die grünbraune Plörre von der Neuen Kantstraße durchschnitten, sodass der Umriss des Lietzensees im Berliner Stadtplan einer fliegenden Fledermaus ähnelt, mit blauen Flügeln und einem schmalen gelben Rumpf.

Am Lietzensee, so lehrt mich ein Schaukasten am Ufer, fand eine der ersten Gewässer-Naturierungsmaßnahmen der Weltgeschichte statt, als nämlich 1913 eine vom königlich-preußischen Wasserhygieniker Richard Kolkwitz ersonnene Kaskade in Betrieb genommen wurde. Mit deren Hilfe sollte die Algenblüte bekämpft werden – allerdings ohne durchgreifenden Erfolg. Heute weiß man, dass eine Verringerung der Nährstoffeinträge entscheidend ist, nicht die Anreicherung des Wassers mit Sauerstoff.

Hiervon ganz abgesehen sind die beiden Fledermausflügel des Lietzensees durch eine schmale Tunnelröhre miteinander verbunden, die ihn zu einem düsteren letzten Höhepunkt meiner »Gute Frage!«-Badetour macht.

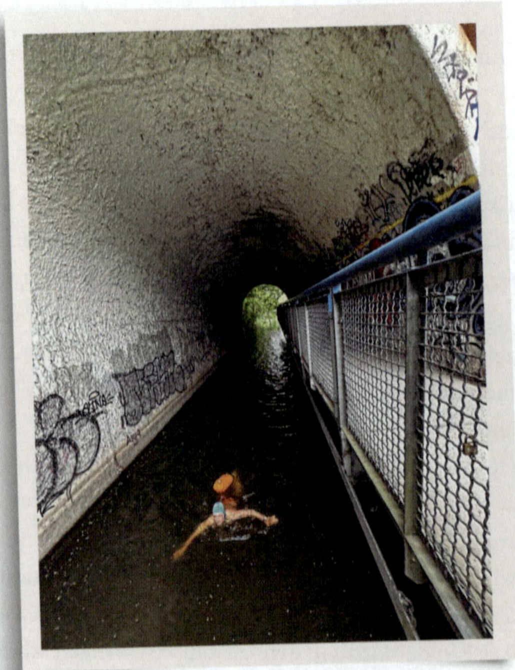

Sicherheitshinweis: Wer dieses Foto zu lange betrachtet, bekommt einen Tunnelblick.

Je weiter ich mich dem gedachten Fledermausrumpf unter der Neuen Kantstraße nähere, desto seichter wird das Wasser, und vom modderigen Grund greifen, oh Schreck, kratzige Wasserpeststrünke nach meinen Gliedmaßen.

Schließlich beträgt die Wassertiefe kaum 30 Zentimeter, und nach bewährter Molch-Methode schwanzlurchele ich mich an den Tunnel heran, halb brüstelnd, halb wandernd. Schon stehe ich an der Tunneleinfahrt, äh, wie sagt man? Einschwimm? Einschwumm?

Ich stopfe mir eine Extraportion Mumm in die Badehose und wage mich hinein in die Düsternis.

Im Tunnel ist an der Seitenwand ein Spaziersteg befestigt, sodass Bernhard und Heidi mich begleiten können.

(W)uff – geteilter Grusel ist doppelter Geisterbahnspaß, vor allem, als ich mit den Füßen kurz vor der Tunnelmitte, an der dunkelsten Stelle, in eine undefinierbare schlabberharte Struktur einfädle, irgendwas zwischen Fahrradfelge und Kranichkadaver. Über mir staut sich derweil der Verkehr infolge Klimakleber, sodass ich trotz meines Kontakts mit der schlammigen Dreckfalle immer noch schneller vorankomme als der gemeine Berliner Autofahrer.

Auch hier, unter der Neuen Kantstraße, in diesem kurzen Blinddarm Berlins, gilt: nur nichts schlucken! Mit krampfhaft aufeinandergepressten Lippen, den Kopf maximal über das schwarze Wasser gereckt, arbeite ich mich zum viel besungenen Licht am Ende des Tunnels vor und atme schließlich auf.

Geschafft.

Im schnöden, schönen Jetzt

Eine Schülerzeitung schickt mir via Instagram einen Fragebogen. Eine Frage lautet: »Wie stellen Sie sich Ihre Zukunft vor?«

Ich kann mich erinnern, dass derlei Fragen mich noch vor wenigen Monaten achselzuckend zurückgelassen hätten. Woher soll ich wissen, was die Zukunft bringt, geschweige denn, welche Rolle ich in ihr spiele? Wer weiß, ob es überhaupt eine nennenswerte Zukunft gibt – kann ja sein, dass man von jetzt auf gleich vom Aneurysma niedergestreckt wird und dass mir just hier, noch während ich diese Zeile verfasse, mein letztes Stündlein schlägt und ich jämmerlich verende – von jetzt auf gleich und mit einem Lächeln auf den Lippen, natürlich.

Aber sofern mir der ganz plötzliche Herztod und seine Halbgeschwister erspart bleiben, wage ich neuerdings durchaus eine Prognose: Vor meiner geistigen Schwimmbrille sehe ich einen sehr verwitterten Herrn, der sich in einer uralten Flamingo-Badebux ans Ufer schleppt, den Handstock mit silbernem Seehundeknauf ablegt und in Superzeitlupentempo im Wasser versinkt.

Die reichlich vorhandenen Hautfalten des buckligen Greises schlabbern frei im See. Er setzt zu einer rudimentären Schwimmbewegung an, wobei ihm seine Universal-Arthrose nur ein angedeutetes Rücken-Altdeutsch erlaubt – quasi Opabrust mit Blickrichtung nach hinten, zurück in die Vergangenheit, ein pralles, nasses Leben bilanzierend. Auf meinem Bauch liegt ein langer Bart, wie der von Herrn Tur-Tur bei »Jim Knopf

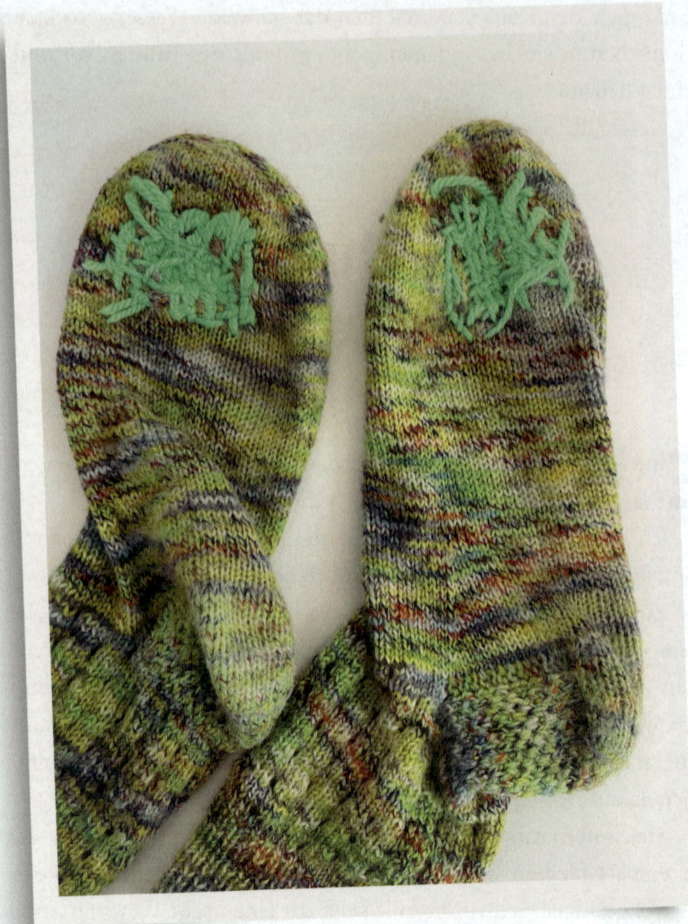

Es ist noch kein Meister vom Himmel gefallen – weder ein Bademeister noch einer im Sockenstopfen.

und Lukas der Lokomotivführer«. Mit links schüttle ich das Prachtstück hin und her, wasche die Reste des Frühstückseis aus den weißen Zotteln. Denn, auch diese Prognose wage ich neuerdings: Ich belasse es bei meiner täglichen Schwimmrunde, zusätzliche Dusch- und Wannenbäder oder sonstige Pflegemaßnahmen spare ich mir. Man hat ja nicht ewig Zeit, auch und gerade im allerletzten Lebenskapitel. Neben mir schwimmt meine Frau Teresa, auch sie inzwischen einigermaßen ergraut.

Nach absolviertem Badegang hilft sie mir in den ausgeblichenen kameligen Bademantel, den ich einst, in meinen mittleren Jahren, gemeinsam mit Mama im Oldenburger Galeria Kaufhof erworben habe. Der Steppstoff ist an vielen Stellen aufgerissen, unzählige Rost- und Schmierflecken umspielen die Nahtreste. Eine einzige Instandhaltungsmaßnahme habe ich vielfach durchgeführt: Das Seepferdchen-Abzeichen, das ich im Winter 22/23 aufbügelte, löste sich alle paar Jahre und wurde schließlich von mir mit tattriger Hand festgenäht.

An den Füßen trage ich Wollsocken, deren Löcher mit Stopfgarn in den unterschiedlichsten Farben ausgebessert sind.

Daheim hole ich eine abgegriffene Kladde hervor und notiere die Details meines Badegangs: Ordnungszahl, z. B. Streak-Tag 9342, Streckenlänge, vielleicht 20 Meter, Aufenthaltsdauer im Wasser, dass ich Ei-Reste aus dem Bart entfernte usf.

Die Wassertemperatur des Ammersees ist im Laufe der Jahrzehnte infolge der Erderwärmung immer streak- und seniorentauglicher geworden. Auch im tiefsten Winter ist die Suppe selten kälter als fünf Grad. Merke: Wenn schon Klimakatastrophe, dann wollen wenigstens die spärlichen Vorteile genutzt werden. Glücklich ist, wer die positiven Nebenaspekte einer Negativentwicklung gnadenlos überbetont, und darin billige ich mir eine gewisse Meisterschaft zu.

Nach der Dokumentation meiner täglichen Tunke versuche ich mich im Haushalt nützlich zu machen, lasse mich von meinen zahlreichen Nachkommen und den wenigen verbliebenen Freunden besuchen, um diese mit sehr langen, selbstverfassten Gedichten zu langweilen. Und wenn der Besuch geflüchtet ist, halte ich Händchen mit Teresa und verbringe ansonsten viel Zeit auf dem Sofa, mit der Lektüre der Tageszeitung – genau wie mein Papa in seinen letzten Jahren.

Dem aufmerksamen Leser wird kaum entgangen sein, dass ich mich bei meiner Altersvision von einem Vorbild leiten lasse, nämlich meinem Helden Lord Rokeby, womit auch eine weitere Frage des vorliegenden Schülerzeitungs-Fragebogens (»Haben Sie Vorbilder?«) beantwortet wäre.

Und während ich diesen Zukunftsplan formuliere, ist mir, als zwinkerte mir Lord Rokeby aus seinem hölzernen Rahmen zu.

»Und? Zufrieden mit mir?«

»Ja. Für einen Anfänger vom Kontinent gar nicht schlecht. Aber bilde dir nicht zu viel auf dein Schwimmjahr ein. Du hast noch einen langen Weg vor dir!«

»Entschuldigung, wenn ich mich einmische«, hebt plötzlich die mit ihrer Signatur versehene Gertrude Ederle aus dem Rahmen nebenan ihren Finger, »mein wichtigster Ratschlag lautet: Nie übertreiben! Mäßig, aber regelmäßig. Und wenn denn noch Zeit über ist und Sie sich nützlich machen wollen: Bringen Sie den Kindern das Schwimmen bei! Das ist wichtiger als irgendwelche Rekorde!«

Ich nicke beflissen und hebe zu einer Antwort an. Dann jedoch unterbreche ich, greife mit offenem Mund nach den Rahmen und untersuche sie von vorne und hinten. Alles völlig unauffällig. Die Bilder sehen aus wie eh und je. Merkwürdig.

Ach ja, noch ein Wort zu den oben erwähnten Socken: Kurz vor Oskars Geburt, im tiefsten, verschnieftesten Schwimmwinter, suchte ich Trost in einem neuen Hobby, besorgte mir einen Stopfpilz und ließ mir von Mama die Technik des Sockenstopfens erklären.

Idee: Einmal jährlich besorge ich mir von nun an Wolle in festgelegten Jahrgangsfarben, mit der alle alten bzw. neu auftretenden Schadstellen an meinen Strümpfen gestopft werden. Meine ersten Erstlingslöcher leuchten nunmehr neonorange bzw. neongrün, und die Schadstellen des kommenden Jahres werde ich mit silbrig-bunt changierender Wolle reparieren. Im Laufe der Jahre, so mein Kalkül, werden alle meine Strümpfe zu vielfarbigen Wollmosaiken mit höchstem Wiedererkennungswert.

Socken, so viel steht bereits heute fest, werde ich mir in diesem Leben keine mehr kaufen.

Nicht zuletzt an der Strumpf-Strategie kann man erkennen, dass ich meine Zukunft nicht länger nur als offen ansehe, sondern – im günstigen

Fall – als überschaubares Feld, das zielgerichtet beackert werden will, und das Ziel ist das Rendezvous mit dem Sensenmann.

Vielleicht inspirierte mich Papa zur Sockenidee. Noch zwei Wochen vor seinem Tod schob ich ihn im Rollstuhl durch die Oldenburger Innenstadt, und aufgekratzt erwarb er allerlei Kleidungsstücke, darunter eben auch ein Paar Socken.

Ich mach's im Grunde genau wie Papa, nur eben ganz anders.

Im schnöden, schönen Jetzt trage ich allerdings noch keinen eigelben Langbart und die fertigen Mosaike an den Mauken, sondern ich stehe erst ganz am Anfang meines Finales. Einstweilen trage ich einen aufgeklebten Kragen aus ABC-Pflastern, einer Schleudertrauma-Krause nicht unähnlich, nur noch einen Tick hässlicher.

Grund: Die Bewegungseinschränkung infolge Überlastung meiner Halswirbelsäule will und will nicht weichen. Typisch, ich war mal wieder gar zu euphorisch, habe das Omabrüsteln zu doll getrieben.

Jetzt gilt es, auf den Drei-Lagen-Betrieb umzustellen: Echtes Sportbrüsteln, mit Kopp unter Wasser, Kraul und Rücken. Delfin spare ich mir.

Allen drei Stilen ist gemein, dass dabei das Gesicht, mindestens jedoch das Gehör unter Wasser gerät – bei weiterhin unter zehn Grad Wassertemperatur im Ammersee für meine zarten Ohrwascheln eine Herausforderung. Beim Kraulen reagieren sogar meine ansonsten nicht sonderlich kälteempfindlichen Zähne wie in der Zahnpasta-Werbung, wenn der Schauspieler die Augen zusammenkneift, »hschhhhh« macht und die Hand an die Backe hält. Schmerz lass nach! Das einzige Gute an diesem höchst speziellen Kälteschmerz ist, dass er die stechende Halswirbelsäule wunderbar überlagert.

Trotz beider Wehwehchen schwimme ich in der zweiten Maihälfte tägliche 1,3 Kilometer in 45 Minuten, was mich anschließend weiterhin zittern lässt, allerdings ohne den Tee zu verschütten. Ebenso entfällt das kribbelnde Elektro-Gefühl an den Unterarmen, wenn man die Handflächen abspreizt. Ich zittere nurmehr moderat, knopfleistentauglich, und so ersetze ich meine Hoodies durch sommerliche Kleidung und stelle auf den bewährten Kurzhosenbetrieb um.

Es gibt – wenigstens in der Showbranche – nur wenige so begeisterte Kurzhosenträger wie mich. Angus Young von AC/DC fällt mir noch ein, mit nackten Beinen lebenslang unterwegs auf dem »Highway to hell«, auf dem ich mich ja zeitweilig auch unterwegs wähnte, vor allem im tiefsten Winter – allerdings stand meine Fahrbahn metertief unter Wasser.

Meine Bermudas trug ich schon auf der ganzen Welt, außer auf Bermuda – da war ich nämlich noch nie.

Und bei Dreharbeiten in Argentinien hatte ich sie auch nicht an, weil ich im Reiseführer las, dass Shorts dort als »unmännlich« verpönt seien – was immer das bedeuten mag.

Kurze Hosen haben für mich beim Schwimmen mindestens einen Vorteil: Sie nehmen in der Schwimmboje nicht so viel Platz weg – und diese wieder feierlich in Betrieb zu nehmen, verursacht ein warmes, triumphales Gefühl. Viktoria! Winter, ich habe dich durchmessen! Ebenso verhält es sich mit Schwimmbrille und Ohrenstöpseln, die ich wie alte Bekannte namentlich begrüße, nachdem ich mir im Spätwinter passende Namen ausgedacht habe (Sybrille, Thor und Ohrlaf).

Am Ende des Wonnemonats kommen meine verdienten Sportkameraden Hannes und Carsten zu Besuch nach Herrsching. Wir laufen gemeinsam hinauf zum Kloster nach Andechs und baden anschließend im Ammersee. Carsten war inzwischen in Finnland und berichtet von fantastischen, nachts beleuchteten Eislöchern auf den malerischsten Seen. Andererseits verrät er uns, dass er diffuse Ängste hat, wenn es um das Durchmessen großer, tiefer Gewässer geht, zumal, wenn vom Grunde her Wasserpflanzen nach ihm greifen, um ihn, hau ruck, in die Tiefe zu ziehen. Ein Gedanke, den ich spielend nachvollziehen kann, etwa wenn ich an das kratzige Kraut im Berliner Lietzensee denke.

Testhalber überlasse ich ihm eine Schwimmboje, und siehe da: Die Angst verfliegt wie der Morgendunst im Sonnenlicht! Am pinken Schwimmkörper überzeugt ihn nicht in erster Linie die Möglichkeit, die kurze Hose, das Handy und den Schlüssel zu verstauen, sondern der schiere Auftrieb. Richtig ist: Wer ein paar Extraliter umhüllte Luft am Hüftgurt mitschleppt, wird tendenziell noch seltener von der Wasserpest, dem Hornblatt und der Korkenzieherbinse in die Tiefe gezogen als derjenige, der ohne Boje unterwegs ist.

Carsten ist begeistert und versichert Hannes und mir, ab sofort auch für große Unternehmungen zur Verfügung zu stehen, etwa eine Ammersee-Durchquerung zu dritt – jedenfalls solange diese im unterpulsigen Spaziertempo stattfinden.

Und mit dem schönen Gefühl, mit einem relativ simplen Kunstgriff meinen Sportfreund therapiert zu haben, biege ich, bestgelaunt und schon wieder gebräunt wie ein Herrenhalbschuh, auf die Zielgerade ein.

Ein-Jahr-täglich-draußen-schwimmen, ich habe dich am Schlafittchen!

Nur noch wenige Wochen, dann berge ich meine Trophäe, das Kinderfahrradwrack vorm Herrschinger Tiger-Löwen, und hänge es mir daheim an die Wohnzimmerwand!

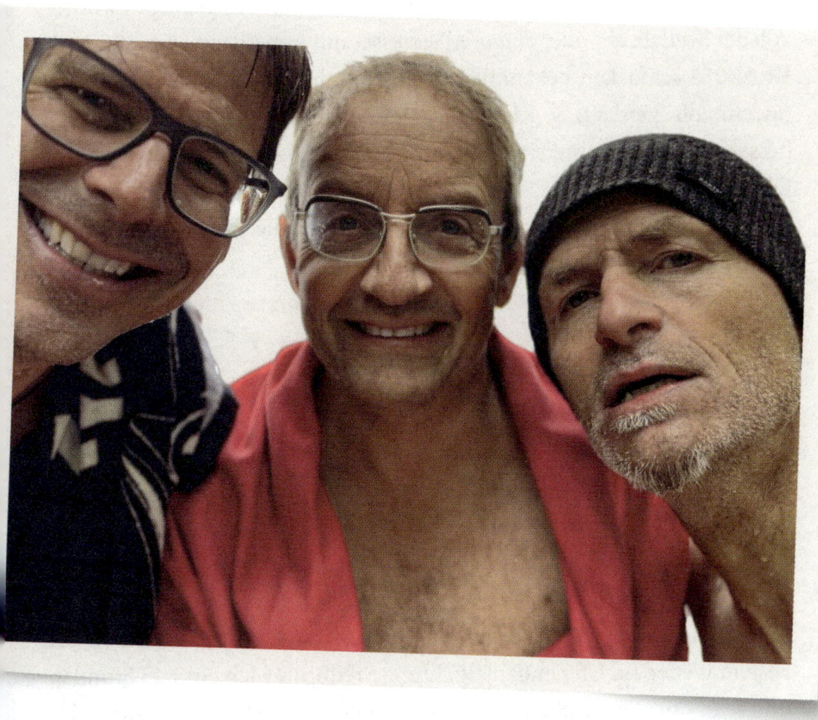

Carsten, Hannes und ich: der Dreizack des Poseidon

Duschdas: ein letzter Zweifelsfall

Aber wo genau lag dieses Fahrrad doch gleich? Auf dem Weg zum weißen Sonnenschirm, nach etwa 50 Metern – so jedenfalls lese ich es in meinen eigenen Aufzeichnungen. Aber da ist nichts, nur eine leichte Trübung, die das Absuchen des Gewässergrundes erschwert. Ich schwimme links, ich schwimme rechts, und ein ganz leichter Missmut erfasst mich. Was, wenn ich das Rad nicht fristgerecht wiederfinde? Tja, dann werde ich wohl weiterschwimmen müssen.

Habe ich ja sowieso vor – wenigstens den Sommer werde ich gut gewässert genießen. Und wenn das Rad zwischenzeitlich geborgen wurde, von der Müllabfuhr oder einem Allesfresser mit Appetit auf Stahlrahmen? Krokodile schlucken bekanntlich Steine, um besser tauchen zu können, und für die Verdauung. Kinderräder könnten die Eisenversorgung verbessern, außerdem sind sie – sofern nicht allzu abgespült – ein wertvoller Öllieferant.

Sollte das Rad weg sein, durchkreuze ich eben die Herrschinger Bucht bis in alle Ewigkeit – immerhin ein klares Konzept.

Einstweilen gibt es eh Wichtigeres zu erledigen, etwa die erste Ammerseequerung des Jahres.

Es zwiebelt, es zieht, es drängt, ich will, ich muss endlich hinaus zu neuen Ufern.

Die zahllosen Kurzdips des Winters haben mich zusammengepresst wie eine Sprungfeder, die nunmehr auf Entfaltung sinnt. Aber ist das Wasser überhaupt warm genug für die drei Kilometer, die es zwischen Gut Renzensried und Holzhausen zu überwinden gilt? Noch ist das Wasser keine 16 Grad warm.

Anfang Juni unternehme ich einen ersten Test, schwimme mit Boje bei bestem Wetter am Ufer entlang Richtung Breitbrunn. Ich bin 1:13 Stunden unterwegs für über 2,8 Kilometer, ehe ich leicht fröstelnd an Land gehe. Immerhin: Es geht! 400 Meter mehr? Null Problemo!

Tags darauf bin ich ähnlich lange unterwegs und beschließe, am Mittwoch, dem 7. Juni, Kokosfett bei die Seegurken zu geben – wenn ich mich denn an dieser Stelle einmal sprachlich vegan ausdrücken darf.

Voller Spannung verfolge ich den Wetterbericht, denn natürlich darf man sich nur auf einen solchen Weg begeben, wenn auch nicht der leiseste Hauch eines Gewitters drohen könnte.

Ich suche sämtliche Wetterkarten ab, da ist kein Blitzsymbol in Sicht.

Also los. Ich liefere Theodor und Mathilda im Kindergarten ab, Oskar bleibt bei Teresa, und dann spaziere ich am Ufer entlang, ähnlich wie im letzten Sommer, als ich mit meinem lieben Schwiegervater plauderbrüstelte. Damals verschwammen wir uns, landeten im weiter entfernten Utting – diesmal habe ich mich besser vorbereitet und eine eindeutige Zielmarke gewählt: die Kirche von Holzhausen, zwei Dutzend Höhenmeter über dem See gelegen und somit nicht zu verfehlen.

Der Frühling war in diesem Jahr regenreich. Als Folge schwirren nunmehr durstige Mückenschwärme umher, die, als ich mich am Ufer entkleide, mein Blutvolumen glattweg halbieren. In anämischer Trance taste ich mich in das gleißende Türkis und vertraue darauf, dass das kalte Wasser alle Stichstellen abschwellen wird, noch bevor ich Holzhausen erreicht haben werde.

Es herrscht Flaute, und der See liegt glatt und bootslos vor mir. Nichts ist lästiger, als von Trimaran-Rümpfen in drei Einzelteile zerschnitten oder von Motorbootschrauben zu Hack verarbeitet zu werden. Wer gesund bleiben will, nimmt natürlich eine grellfarbene Boje mit und begibt sich nur dann auf die Reise, wenn die Bootsbesitzer ihrem Tagwerk nachgehen, also im Zweifel Immobiliengeschäfte und Erbschaftssteuerfragen regeln.

Auch empfehlenswert: die Löcher im Fahrplan der Ammerseedampfer ausnutzen. Das erste Schiff, dem ich begegnen könnte, legt um kurz nach elf in Holzhausen an – ich habe also ab jetzt zwei Stunden Zeit für mein Privatvergnügen. Beim Kraulen versuche ich mich an extra langen Gleitzeiten, ähnlich wie ein Skilangläufer. Nur keine überflüssige Kraft vergeuden.

Ich atme abwechselnd links und rechts und hebe alle paar Züge den Kopf aus dem Wasser. Wo ist er denn, der Holzhausener Kirchturm? Ah, direkt vor mir. Weitermachen! Zwischendurch schalte ich ab und an in den Brustbetrieb um, vor allem, um den Horizont ringsum nach Booten aller Art abzusuchen. Kommt mir wer in die Quere?

Alle 500 Yards vibriert meine Garmin-Sportuhr, und nach drei Vibrationen wähne ich mich ungefähr auf der Seemitte. Zeit für eine kleine Fotosession. Ich nehme das Handy im wasserdichten Außenfach meiner Schwimmboje in Betrieb und knipse ein paar Selfies bzw. was da eben vor die Linse gerät – beim heutigen grellen Sonnenlicht lässt sich das Display kaum zur Bildkontrolle heranziehen.

Und weiter geht's. Immer näher kommt der Holzhausener Uferabschnitt. Ich erspähe bereits einen geeigneten Landeplatz rechts des Kirchturms, der auf den letzten paar Hundert Metern hinter den Wipfeln des Uferwaldes verschwindet. Knappe eineinhalb Stunden bin ich unterwegs, für gute drei Kilometer. Für richtige Langstreckenschwimmer kein Ding, aber für mich ist sie erneut ein befriedigender Akt, diese Seendurchquerung.

Die unermessliche Weite des Wassers, die ganz langsam der Detailfülle am Zielufer weicht – ein Verlauf, der mich berührt! Immer wieder, auch in meinem 57. Lebensjahr! Vielleicht hängt dies auch damit zusammen, dass der Ammersee 80 Meter tief ist – da ist ein gewisses Prickeln im Spiel (spielt sich natürlich nur im Kopf ab, dieses Prickeln – es ist ja zweifelsfrei erwiesen, dass man auch in drei, iwo, was schreibe ich, in einem Meter tiefen Wasser hervorragend ertrinken kann)!

Und dann komme ich auch schon an, begrüße die entspannten Pärchen, die sich da am Holzhausener Kiesstrand fläzen, und begebe mich schnurstracks zum wenige Hundert Meter entfernten Dampfersteg, um mich für die Heimreise einzuchecken, bei Kaffee und Zwetschgendatschi.

Und während ich den ägäisch-mediterran anmutenden Prachtvormittag Revue passieren lasse, spiele ich mit dem Gedanken, genau diese Strecke zu meiner Standardroute zu machen, so à la Brocken-Benno, der bekanntlich Tausende Male den höchsten Berg des Harzes bestieg, immer und immer wieder, lebenslang.

Die Quittung für derlei tollkühne Flausen erhalte ich schon am nächsten Tag: Ein unangenehmer Infekt verstopft meine Nasennebenhöhlen.

Wie gewonnen, so geronnen – ich schnaube Schnotten nach Art ollen Rühreis. Werde mich wohl bei Theodor angesteckt haben – mal wieder.

Schön blöd, wer seine Immunabwehr durch Seenüberquerungen bei 15 Grad kaltem Wasser schwächt. Schleunigst verwerfe ich wieder die Brocken-Benno-Idee. Ginge ja eh nicht, weil Ammerseequerungen, im Gegensatz zu Harzwanderungen, ein Sommersaisongeschäft sind – selbst im daumendicken Neoprenanzug.

Die folgenden Tage verbringt die Familie Boning auf der Hütte im Zillertal, und ich belasse es bei Kurzbädern in der Schafslacke. Immerhin! Da will ich schon rein, solange ich streake, und jetzt endlich ist es so weit! Wir erinnern uns: Die Schafslacke läuft im Juni aus, weswegen ich von der Hütte aus immer nur den benachbarten Moortümpel angesteuert habe.

Die Ufer dieser schönsten alle Badeanstalten sind noch immer schneeverziert, und im Wasser tummeln sich Tausende Bergmolche. Ich ziehe mich nackert aus, mische mich unter sie und imaginiere, selbst ein Molch zu sein, mit knallroter Bauchpartie und gekräuseltem Ruderschwanz – so ist der Ärger über die neuerliche Krankheit schnell weggemolcht.

Drei Wochen vor Schwimmjahresende entdecke ich sogar einen weiteren Zweifelsfall:

Drunten im Zillertal besuche ich einen stattlichen Katarakt, entkleide mich spontan, klettere in den Wasserfall hinein, sodass ich vom Nass umfänglich beduscht werde, und zähle eisern bis zehn.

Gewiss – von der Ausgangsidee des Schwimmens bin ich hiermit noch weiter entfernt als bei meinen diversen Eintunkereien und Liegebädern in den seichtestmöglichen Pfützen – auf der anderen Seite kann ich der Gewalt, mit welcher das Wasser auf mein Schädeldach einprügelt, durchaus einen sportlichen Charakter zuschreiben. Es fühlt sich so an, als stecke der Kopf im nassen Aggregat eines schwergewichtigen Klopfsaugers, Marke Mike Dyson.

Entspricht solch ein Duschbad dem einst frei formulierten Regelwerk? Eher jein, oder? Für den Fall, dass ich mich einer Regelverletzung schuldig machen könnte, schiebe ich am Nachmittag noch einen Aufenthalt im Hot Tub nach. Der ist wohltemperiert und vielleicht selbst ein Grenzfall, aber in Kombination sollte ich mit beiden Bädern vor den Sportgerichtshöfen dieser Welt bestehen, wenn mich denn jemand verklagte.

Aber wegen so was verklagt mich niemand, vielmehr widerfährt mir in den sozialen Netzwerken inzwischen allgemeine Anerkennung.

Mit einer Ausnahme: Dass ich mich allein, völlig unbegleitet auf den Weg durch den Ammersee begeben habe, kommt bei Facebook-Kommentatorin Monika nicht gut an.

Ich hätte wenigstens vor Nachahmungen warnen müssen, denn jedes Jahr komme es zu Badeunglücken. Was ihr besonders übel aufstößt, ist, dass auf den von mir geposteten Bildern keine Schwimmboje zu sehen sei. Ich erwäge, ihr zu erklären, dass mein Handy in einem Außenfach der Boje deponiert war, aber wer genau hinschaue, könne die Boje sogar sehen, nämlich in der Spiegelung meiner Schwimmbrille.

Doch nehme ich, seufz, ihre Rüge ohne jede weitere Widerrede entgegen.

Womöglich hat sie recht, und ich bringe allerlei Nichtschwimmer, die mir in die Tiefe hinterher watscheln, in Lebensgefahr. Rattenfänger von Hameln 2.0 quasi. Vorsichtshalber rufe ich euch allen, die gewarnt werden wollen, hiermit ein entschiedenes »Bleibt zu Hause!« zu – um aber sogleich innezuhalten, denn bekanntlich ereignen sich die meisten tödlichen Unfälle in den eigenen vier Wänden.

Und so ergänze ich: nicht nachmachen – aber auch nicht zu Hause bleiben! Macht, was ihr wollt, bleibt wegen mir auch zu Hause, aber hängt euch in Gottes Namen eine Schwimmboje um die Hüften – vor allem, wenn ihr euch fotografieren lasst!

Ach ja, und um noch einmal zurückzufinden in den Ernst des Lebens: Ein Motorbootkapitän vom Starnberger See liest mit, pflichtet Monika bei und empfiehlt, die Schwimmboje um eine möglichst bunte, schillernde Badekappe zu ergänzen. Je sichtbarer, desto lebendig!

Ein Rat, den ich hiermit gerne weitergebe. Bitte schön.

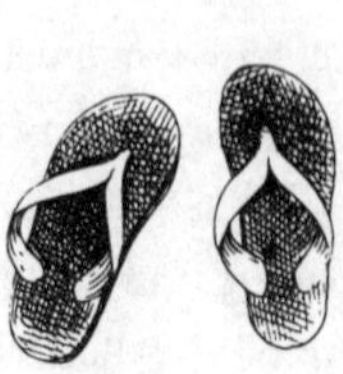

Seen einer Ehe

Noch zwei Wochen. In Magdeburg bin ich wieder bei »Grill den Henssler« zu Gast, just wie im letzten Sommer. Erneut logieren Managerin Steffi und ich im Hotel Elb, direkt an der Alten Elbe, und genau wie im letzten Jahr ist der Wasserstand niedrig, zu niedrig zum sportlichen Schwimmen.

Doch während ich mich damals ärgerte, nehme ich's nunmehr mit heiterer Gelassenheit.

Um fünf Uhr am Morgen nach der Show treffen meine Managerin und ich uns am Ufer, bestaunen die güldene Sonne, und Steffi knipst ulkige Bilder. Sie behauptet, ich hätte kräftig abgenommen. Kein Zweifel – mein Bauch sei deutlich kleiner, die Bikinifigur in Reichweite. Tatsächlich? Beflissen tue ich so, als sei für mich derlei schnurzpiepe, aber heimlich forme ich die Becker-Säge.

Caramba! Ein weiteres Nebenziel ist so gut wie erreicht.

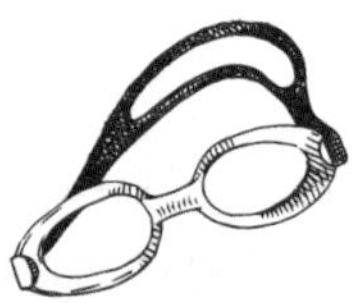

Mich dünkt, so langsam wird's Zeit für einen Abschlussbericht.

Erst neulich hatten wir Verwandtschaft zu Besuch, eine lauffreudige Staatsanwältin, die mich nach meinem Fazit fragte. Ob ich denn das Joggen nicht vermissen würde? Nein, gar nicht. Ich brauche lediglich täglich etwas Bewegung an der frischen Luft, antwortete ich, aber ob zu Wasser oder an Lande, auf Langlaufski, auf'm Tretroller oder mit Schwimmbrille, sei mir egal.

»Und das Gezwitscher der Vögel im Wald?«, insistierte sie, »das vermisst du auch nicht?« »Nein, ich genieße das introspektive Geblubber, das hörbar wird, wenn ich meine Silikonohrstöpsel bis auf Anschlag in die Gehörgänge einführe und obendrein eine Thermobadekappe drüberziehe.

Ansonsten«, so erklärte ich etwas pathetisch, »bin ich auf dem Wege, die Heimat (mithin: die Welt) nochmal ganz neu kennenzulernen, nämlich vom Wasser aus.« Dieser touristische Kick, der in der täglichen Frage liege: Wo tunke ich ein? sei mir sehr ans Herz gewachsen – eine kapitale Bereicherung meines Lebens!

Überhaupt, die Ehe mit dem Wasser.

Bald sind wir ein Jahr miteinander verheiratet.

Nach Ablauf eines Jahres feiert man, so klärt mich Managerin Steffi auf, »Papier-Hochzeit« – und dieses Buch ist da natürlich ein gar passendes Hochzeitsgeschenk an meine Gattin, das H_2O. *(bedeutungsvolle Pause, Stirnrunzeln, dann:)* Vorsichtshalber widme ich es Teresa, damit wir alle drei Grund zur Freude haben.

Am 351. Badetag in Folge bin ich erstmals in diesem Jahr gemeinsam mit Teresa unterwegs, daheim im Ammersee. Wir genießen eine einträchtige halbe Stunde, Teresa, das Wasser und ich, alles ganz bedächtig, nur net hudeln. Insofern nix »Flotter Dreier«.

Meine zu Besuch weilende Mama schiebt derweil Oskar im Prachtbuggy am Ufer entlang, und Theo und Mathilda toben im Kindergarten.

Nach unserer Plauderbrüstelei kündigt Teresa an, künftig öfter dabei sein zu wollen.

In anderen Partnerschaften könnte dies auch als Drohung verstanden werden, bei mir – uns – herrscht blanke Freude. Ob man Oskar im Packraft-Gummiboot hinterherschleppen kann? Ausprobieren. Wenn er unterwegs weinen sollte, wird er vor Ort im Wasser gestillt – das sollte im flachen Randbereich der Herrschinger Bucht im Stehen machbar sein.

Zwischendurch hatte ich damit geliebäugelt, dem Streak einen gewaltigen Schlussakkord zu verpassen, etwa mittels einer Reise nach New York, um dort am Schwimmen rund um die Freiheitsstatue teilzunehmen, aber das Krönungsbad in der Schmuddel-Themse ist eh nicht zu toppen. Also sparen wir uns die Tickets.

Ich mache einfach weiter wie bisher und warte auf jene Ziele, die der Lebensfluss an mir vorüberträgt, wie die Butterbrote, die mir einst die Saale kredenzte.

Kurz vor Schluss etwa fahre ich zum Fensterputzen auf die Hütte, und auf dem Weg versuche ich den Achensee zu queren, vom Gasthof Bergkristall hinüber nach Pertisau und zurück. In der Seemitte jedoch wird mir das kühle Wasser in Kombination mit der starken Strömung suspekt, und ich kehre nach zwei Dritteln um.

Dass es keinen Sinn hat, sich mit meiner Wassergattin anzulegen, wenn sie schlecht gelaunt und aufbrausend ist, habe ich inzwischen gelernt.

Da tritt man besser lächelnd den Rückzug an – solange einem nicht das Lächeln gefriert.

Schon bald werde ich einen neuen Anlauf nehmen können, der Sommer fängt ja gerade erst an.

Anderntags wandere ich zum Steinkarlsee zu Füßen des Rifflerkogels im Zillertal.

An dessen Ufern auf knapp 2400 Metern angekommen, staune ich bass: Noch sind Kar und Seegrund zum großen Teil mit Schnee gefüllt, darüber schimmert das Tauwasser, in der prägnanten Gletscherfarbe der beliebten Halsbonbons. Wie passend, dass ich weiterhin zähen Schleim auswerfe. Her mit dem Hustenlöser!

Übrigens: Wie immer in den letzten zwölf Monaten verzichte ich auch bei diesem Bad auf Deo und Sonnencreme, nicht zuletzt aus Sorge um die Wasserqualität. Nur keine Spuren hinterlassen, lautet die Devise – durch meine Lichtschwiele bin ich vor Sonnenbränden zuverlässig geschützt, und als Komponist und Textdichter von »Mief – Nimm mich jetzt, auch wenn ich stinke!« kann ich generell auf olfaktorische Toleranz hoffen. Aber es ist eh niemand in der Nähe, außer Elfriede von der Kapaunsalm, und die kennt mich bereits.

Wieder ein neuer Last-Minute-Höhepunkt.

Von unserer Hütte aus geht es weiter zum Tegernsee, wo ich gemeinsam mit meinem Musikerfreund Roberto Di Gioia im »Clubhaus« zu einem Privatkonzert antrete – und natürlich reise ich zwei Stunden früher an, um vorab die Hoeneß'sche Hauspfütze zu durchmessen – mei, ist des pfundig. (Wenngleich reichlich Bootsverkehr herrscht. Obacht!)

Ich sollte mir so langsam eine große Landkarte zulegen, auf Kork montiert, sodass ich mit Stecknadeln jene Plätze markieren kann, die ich erfolgreich beschwommen habe.

Da ist es wieder, das Sammler-Gen, das mich mit meinem Papa verbindet.

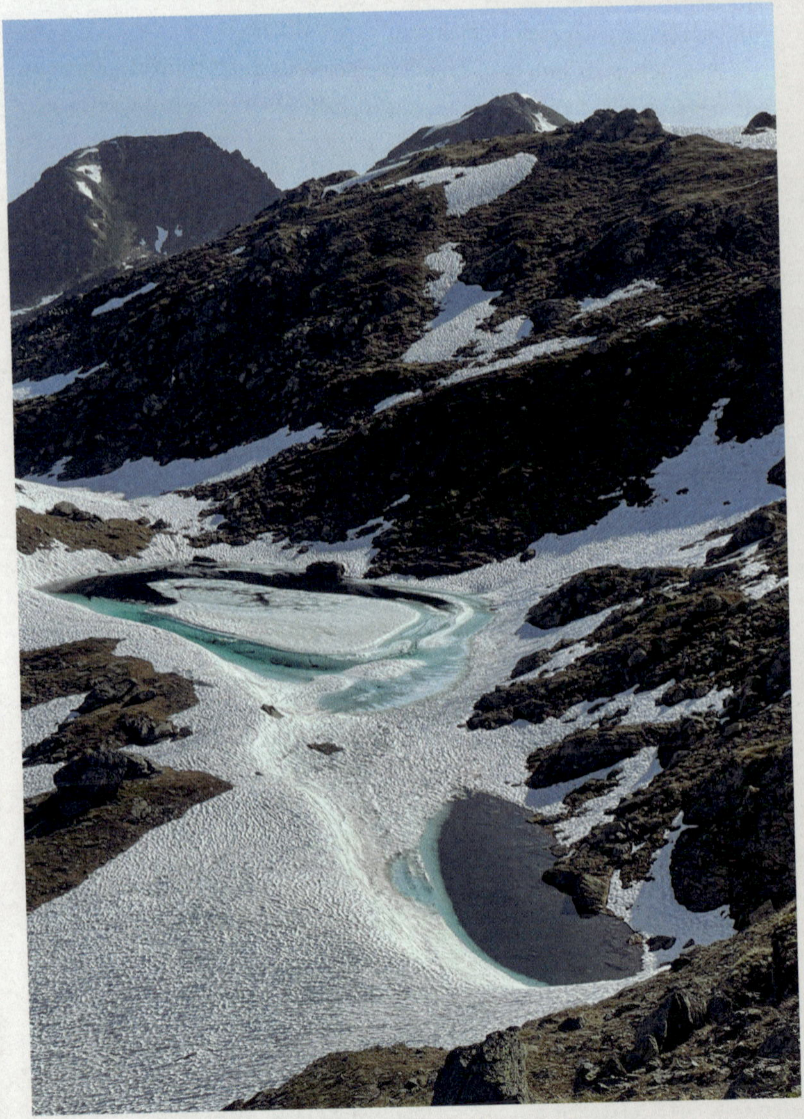

So richtig sommerlich sieht der Steinkarlsee auf diesem Bild nicht gerade aus.

Papa wird die eines Tages restlos vollgepinnte Karte zwar nicht mehr bestaunen können, aber ich kann mir mühelos vorstellen, dass ihm der Anblick gefallen würde. Und ebenso mühelos kann ich mir vorstellen, wie er ihn kommentiert hätte, etwa mit einem spöttischen »Welch ein Unsinn, wo es doch in jedem anständigen deutschen Haushalt Boiler und Badewanne gibt!«

Für das kommende Jahr (die kommenden Jahre?) könnte ich mir eine permanente Tournee durch den deutschsprachigen Raum vorstellen: Ich reise vormittags sagen wir mal nach Pappenheim, bade in der dortigen Altmühl, und abends referiere ich launig über den Donauzufluss und vergleiche ihr Badespaßpotenzial mit dem von Themse und Titicacasee.

Ich kenne doch meine Pappenheimer; das müsste die interessieren! Und falls nicht: Wärmepumpe-Wasser-Scheiße am Buckingham-Palast kann ich dann immer noch angehen.

Soll ich weitermachen, täglich, auch nach dem 1. Juli?

Managerin Steffi kommentiert hierzu am Telefon, dass sie als Jugendliche ein fanatisches Pferdemädchen gewesen sei. Als es jedoch an die Berufswahl ging, entschied sie sich bewusst gegen den Beruf der Pferdewirtin, weil sie Angst hatte, unter dem Joch des Alltags würde die Reiterei ihren Zauber verlieren.

Mein Steckenpferd, meine Leidenschaft ist nunmehr das Seepferdchen, und das Wasser und ich, wir haben uns unsere Alltagstauglichkeit im Laufe des vergangenen Jahres hinlänglich bewiesen.

Als ich, noch zu Coronazeiten, 52 Marathonläufe in 52 Wochen absolvierte, kam mir der Gedanke, anschließend weiter freiwillig Marathons aneinanderzureihen, nie in den Sinn.

Das ist jetzt anders. »Wie stellen Sie sich Ihre Zukunft vor?«, fragte die Schülerzeitung. Auf gar keinen Fall ohne das neu entdeckte Nass des Tages!

Ja, ich mache weiter, solange wir in Herrsching wohnen, der Tiger-Löwe auf die Bucht hinausschaut, solange ich das Kinderfahrrad nicht geborgen habe, solange keine neue Eiszeit beginnt und alles Wässrige mit einem meterdicken Eispanzer überzieht (sieht momentan eher nicht danach aus). Ich bleibe dabei, solange meine Schultern irgendeine Art von Vortrieb ermöglichen (falls nicht, harrt die Monoflosse ihres Einsatzes), ja, solange die Zerkarien locken, solange das Wasser und ich füreinander zerfließen.

Ich erlaube mir die Prognose: Teresa, das Wasser und ich – wir bleiben zusammen, komme was wolle.

Darauf einen Gänsewein!

Die Deutschlandkarte ist an die Wand meines Arbeitszimmers genagelt, und allüberall prangen rote Stecknadelköpfe. Der Platz neben der Landkarte bleibt einstweilen frei.

Eines Tages, so hoffe ich, wird das Kinderfahrradwrack von mir geborgen, in einen Rahmen aus zerschlissenen Badekappen und -hosen montiert und just an diesem Platz aufgehängt.

In der vergangenen, der letzten Badereigen-Woche war ich täglich mehrfach im Wasser. Herrlich, wie badewannenwarm die Tümpel jetzt sind, ich kann nicht genug davon bekommen!

Ganz früh morgens genieße ich den Ammersee allein, später nochmal mit Teresa, am Nachmittag wieder mit Theodor und Mathilda, zum Schwimmen üben. Theo braucht nicht mehr lange, dann kann auch er's ohne Schwimmnudel.

Und wenn ich mir denn zu guter Letzt etwas wünschen dürfte, dann wäre dies eine Stärkung des Schwimmunterrichts für Kinder. Ich helfe gerne mit! Karl der Große konnte weder lesen noch schreiben – aber immerhin schwimmen! Die Kinder von heute sollten alle drei Kulturtechniken beherrschen. In der Realität sind es nicht selten … nun ja.

Und, wo wir schon mal bei den frommen Wünschen sind: Wenn man mit noch mehr Verve möglichst viele Gewässer renaturieren und badetauglich machen könnte – das wäre nicht nur für mich als Möchtegern-Amphibie erfreulich, sondern vor dem Hintergrund zukünftiger Hammer-Hitzewellen auch gesamtgesellschaftlich eine erstrebenswerte Abkühlperspektive.

Nun denn.

Der Kalender auf meinem Schreibtisch vermeldet den 30. Juni 2023 – ein Jahr ist rum.

Zur Feier des Tages geht die ganze Familie planschen, daheim im Ammersee.

Kurz habe ich überlegt, ob ich eine Flasche aus dem Keller holen soll – da gibt es ein Spezialregal, in dem all jene guten Tropfen deponiert werden, die Teresa nach ihren Auftritten als Präsent überreicht werden, neben Blumensträußen und Pralinenschachteln. Allerdings stillt Teresa (derzeit vor allem Oskar), lebt mithin ohne Hicks, und mir bedeutet Alkohol sowieso nüscht.

Also stoßen wir auf meinen vorläufigen Zieleinlauf mit Gänsewein an, das ist doch eh viel passender. Echtes Ammerseewasser, mit der Hand geschöpft.

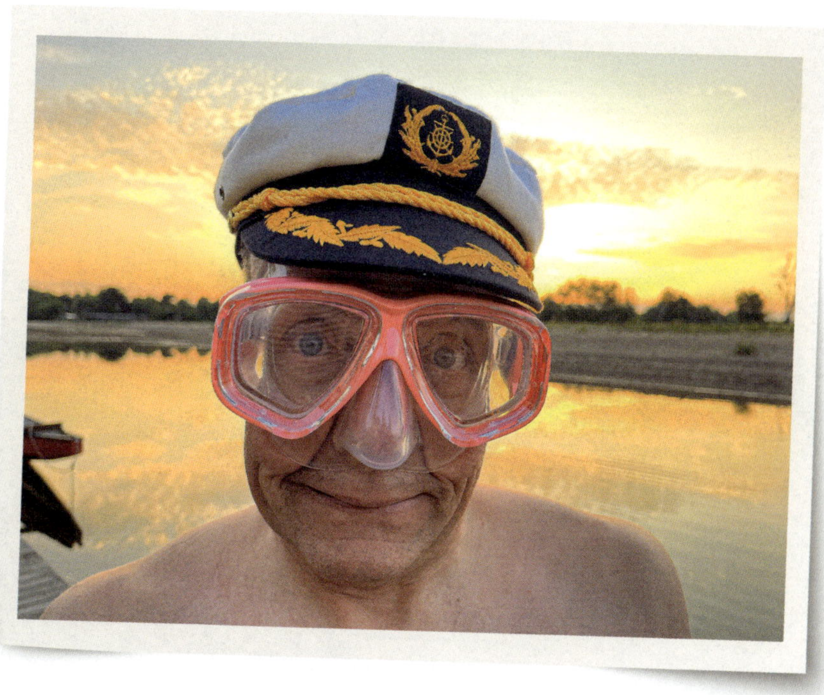

Den Weg zum ewigen Leben habe ich vielleicht nicht gefunden, wohl aber das eine oder andere Accessoire.

Einen Kater könnte ich mir im Übrigen auch gar nicht leisten, denn für morgen hat sich Sportfreund Carsten zu einer gemeinsamen Plauderbrust-Querung angemeldet, mit Aussicht auf eine Currywurst am Sprungturm in Utting als Belohnung.

Der Badespaß ist noch lange nicht vorbei – er hat gerade erst begonnen!

Wir werden sehen, ob und wann das Feuer der Leidenschaft, das da in mir lodert, vom Wasser gelöscht ist.

Ahoi allerseits. Danke für eure Aufmerksamkeit.

ENDE

P.S.

•••••••••

Mein 14. Schwimmmonat isch over. Der mit dem warmen Sommerwasser einsetzende ganz große Bewegungsdrang ist abgearbeitet und nunmehr begnüge ich mich mit täglichen 1–2 km, wenn überhaupt. August-Highlights waren: die Bädertournee auf die Ostfriesischen Inseln mit Bernhard Hoëcker, Teresas Konzerte am Mondsee, Planschen in Hunte, Alster und in Dangast, und schließlich: Ems und Dortmund-Ems-Kanal. Bin ganz schön rumgekommen im August und staune ein bisschen, dass ich mich weiterhin bester Motivation erfreue. Mal schauen, ob das auch nach der Herbstvollzirkulation so bleibt.

Interessant auch ein Besuch beim HNO, der, nachdem meine Gattin sich eine äußerst schmerzhafte Pseudomonas-Infektion zugelegt hatte, vorsichtshalber meine Ohren »versiegelte«, wie er es nannte, als Vorbeugung gegen »Swimmer's Ear«. Teresa geht es inzwischen wieder besser, Gottseidank.

Heute steht der 427. Badetag in Folge an. Weiter geht's!

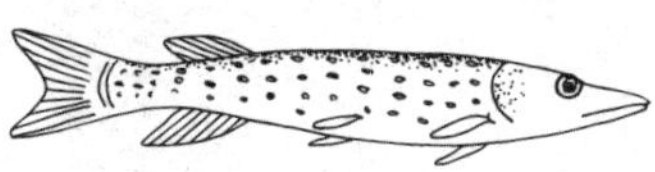

MEINE AUSRÜSTUNG

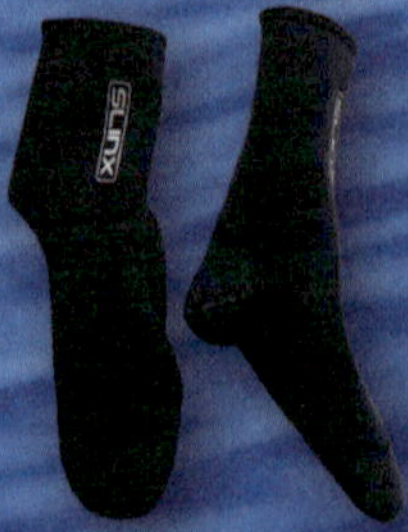

Socken

Als ich drei war, dozierte Mama: »Nur Opas tragen Socken im Bett«, – und sie meinte nicht das Flussbett.

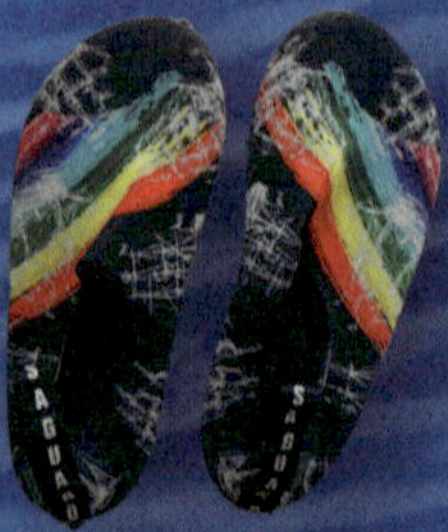

Schwimmschuhe

Am Sandstrand wird jeder glücklich. Auf Glassplittern, Kronkorken und Eis fühlt man sich in Badeschuhen mitunter wohler.

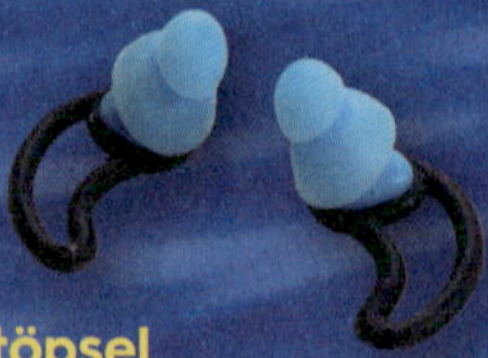

Ohrstöpsel

Schützen unter anderem vor der Bade-Otitis (»Swimmer's Ear«), verursacht durch Pseudomonas-Bakterien.

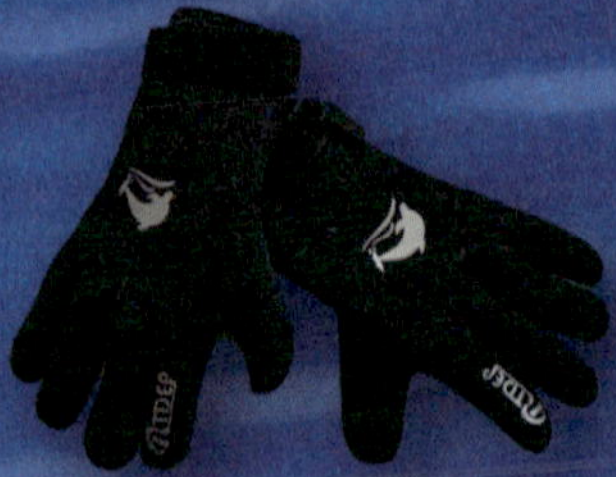

Handschuhe

In ihnen kann man dem hochwinterlichen Kältekrokodil wenigstens einige Minuten länger Widerstand leisten.

Schwimmboje

Auf Reisen habe ich ein billiges Modell mit kleinem Packmaß dabei, zum Angeben verwende ich eines mit Handyfach, LED-Beleuchtung und Rucksackriemen.

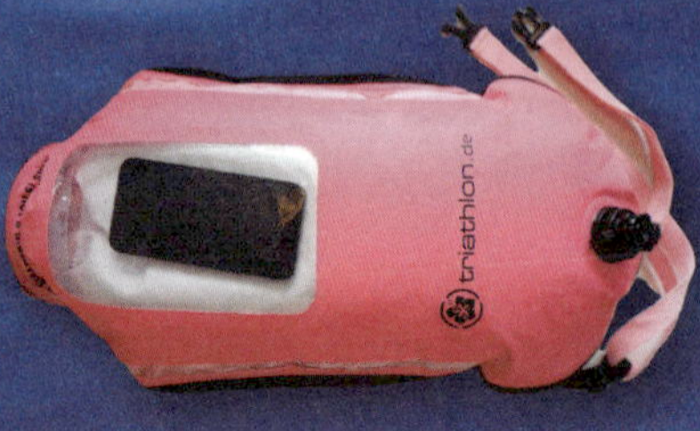

Schwimmbrille

Auch hier lohnt Sorgfalt bei der Auswahl. Gegen Beschlagen helfen Anti-Fog-Sprays und -Gele.

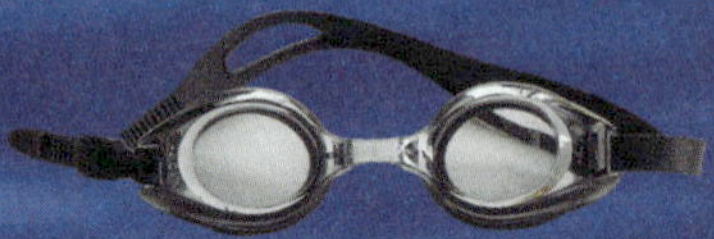

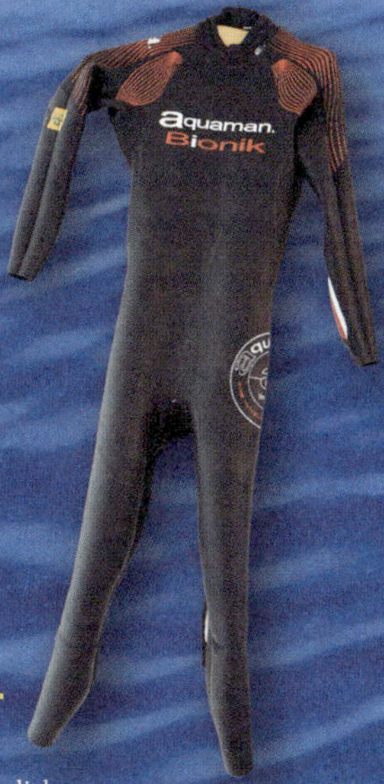

Handtücher

Leichte Putzlappen reichen völlig aus und passen in jede Herrenhandtasche.

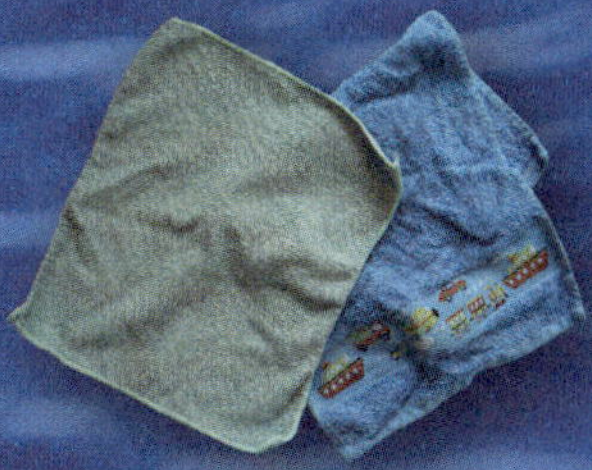

Neoprenanzug

Wichtig: ausführlich anprobieren, am besten probeschwimmen. Nichts für den Schnellkauf im Internet.

Frühstücksset

Verhindert, dass der darauf Stehende vom Bodenfrost zum Brunch verzehrt wird.

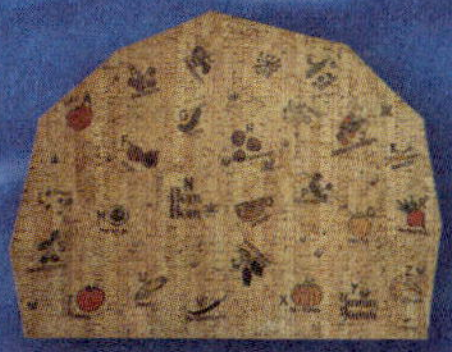

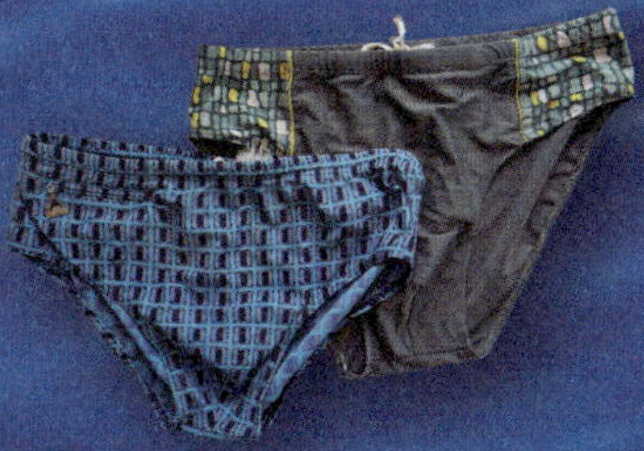

Badehosen

Nackt geht auch, klar. Aber sobald ich eine sportliche Badehose trage, entzündet sich in mir ein olympisches Flämmchen und ich schwimme ambitionierter.

Rücklicht

Damit man beim nächtlichen Bad den Ausstieg wiederfindet. Einfach am Ufer deponieren. Einschalten nicht vergessen!

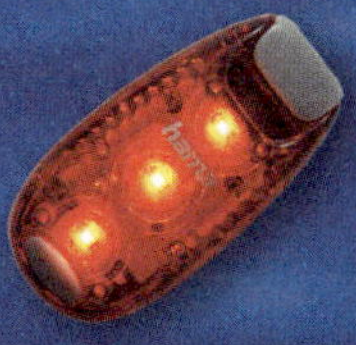

Bademützen

Bei offiziellen Wettkämpfen sind nur Silikonkappen erlaubt. Aber ich mache meine Regeln bekanntlich selbst.

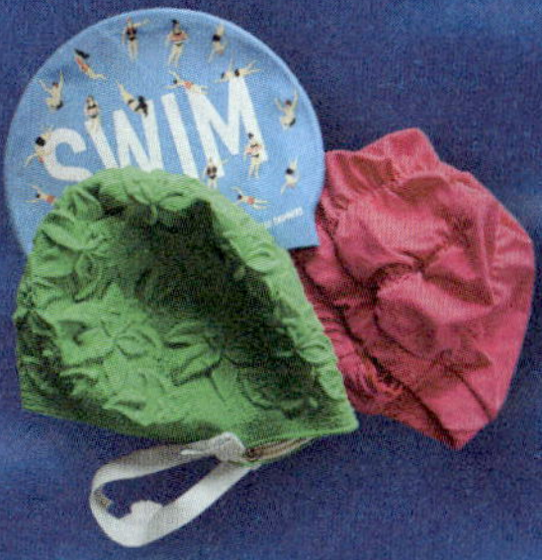

BESCHWOMMENE GEWÄSSER

A

Achensee, Tirol, Österreich / 27. September 2022 / Grandiose Kulisse, klares Wasser. Mein liebster Badeplatz befindet sich unterhalb der Gaststätte Bergkristall, gegenüber von Pertisau. Die Überquerung steht weiterhin aus!

Acquarena, Freibad in Brixen, Südtirol, Italien / 29. Juli 2022 / Hier hatte meine Frau drei Tage als Gesangsdozentin zu tun. Praktisch in der Stadtmitte liegend. Mit allem, was ein modernes Freibad braucht.

Agrippabad, Köln / 26. August 2022 / Kleines, warmes Außenbecken, in dem man erstklassig Toter Mann machen kann. Zum Abarbeiten des Bewegungsdranges ist das Hallenbad besser geeignet.

Alatsee, Füssen / 13. Juli 2022 / Einschüchternde Sagen und Legenden ranken sich um diesen Bergsee. Entzückende Landschaft, am Ufer gibt es mehrere Bäume, von denen aus man sich tarzanisch per Seil ins Wasser schwingen kann.

Allgäuer Berghof, Hotelpool, Gunzesried-Ofterschwang / 19. Oktober 2022 / Für Familien mit Kindern. State-of-the-Art-Becken mit Blick in die Alpen.

Alster, Hamburg / 17. August 2022 / Die Außenalster wird als Schwimmgewässer eher selten verwendet, und ich verstehe nicht so recht, warum. Ringsum beste Gastronomie, etwa bei der Segelschule Käpt'n Prüsse in Sankt Georg.

Altrhein, Altach, Vorarlberg, Österreich / 4. Oktober 2022 / Kleiner Grenzverkehr: von Österreich rüber in die Schweiz und zurück.

Alte Elbe, Magdeburg / 19. Juli 2022 / Sehr hübsches Rinnsal, aber zum Schwimmen – wenigstens in Dürresommern – gar zu flach. Waschechte Magdeburger sagen, es gibt geeignetere Stellen!

Alpsee, Bayern / 13. Juli 2022 / Bei den Königsschlössern in Schwangau. Royale Klarheit des Wassers, gediegene Traditionsbäder. Hier ist alles noch aus Holz. Die Karibik kann einpacken.

Ammer, Saulgrub, Bayern / 31. Mai 2023 / Scheibum: So nennt sich der spektakuläre Ammerdurchbruch zwischen hohen Felswänden. Komfortable Sitzgumpen und erfrischendes Wildwasser. Naturschutzgebiet.

Ammersee, Bayern / 1. Juli 2022 / Die Herrschinger Bucht ist mein Hausgewässer. Habe ich bei allen Wetterlagen kennen- und lieben gelernt. Friert nur selten zu.

Andechser Weiher, Bayern / 21. Oktober 2022/ Lauschiger Halbwald. Die hiesige Badegemeinde ist sich einig, dass der »Obere Weiher« nebenan für Schwimmen und Eisbaden besser geeignet ist. Schon aus Mitleid mit dem armen See behaupte ich hiermit das Gegenteil!

B

Baggersee am Höhenfelder Mauspfad, Köln / 23. August 2022 / Namenloses, tiefergelegtes Loch mit Curaçao-blauem Wasser. Ohne Infrastruktur, nudistengeeignet. Das, was da im Sommer über den See wabert, sind im Zweifel keine Nebel-, sondern Marihuana-Schwaden.

Bleilochtalsperre, Thüringen / 18. September 2022 / Der Stausee mit dem größten Fassungsvermögen in Deutschland. Sein Name ist nicht ganz so einladend, das Schwimmerlebnis durchaus.

Bodensee, Bregenz, Vorarlberg, Österreich / 1. Oktober 2022 / Mekka der Langstreckenschwimmer. Die Tribünen der Festspiele schützen vor Regen (falls man beim Schwimmen nicht nass werden möchte). Badezugang mit Bahnanschluss.

Bosvijver Birkhoven, Amersfoort, Niederlande / 9. Februar 2023 / Ein verwunschener Weiher im Kiefernwald in der Nähe der königlich-niederländischen Freizeitimmobilien.

C

Chatrium Hotel Bangkok, Hotelpool, Thailand / 1. August 2022 / Monumentales Hochhauspanorama, mit Cocktailbar und Buddha-steht-auf-dem-Kopf-Statue. Gut gechlort ist halb geschwommen.

D

Dahme, Berlin-Köpenick / 10. September 2022 / Schlägereien in Berliner Freibädern? Wer es lieber eine Nummer größer will, wirft sich in den Infight mit den zahllosen Motorbooten auf den Wasserstraßen der Hauptstadt.

Danziger Bucht, Polen / 24. Oktober 2022 / Von der Ostsee aus sah ich wundervolle Strände, und so nahm ich mir vor, eines Tages wiederzukommen, etwa für eine Woche im Badeort Sopot.

E

Echtzer Badesee, Nordrhein-Westfalen / 23. September 2022 / 18 Meter tief. Mit angeschlossenem Campingplatz.

Elbe, Hamburg / 23. Februar 2023 / Der Elbstrand in Övelgönne bietet neben der legendären »Strandperle« einzigartige Erlebnismöglichkeiten. Etwa in Sichtweite von großen Schiffen zu baden oder sich durch selbige, Strudel und Tidenhub in Gefahr zu bringen.

F

Forggensee, Bayern / 13. Juli 2022 / Seit 1947 wird hier der Lech aufgestaut. Im Winter wird das Wasser abgelassen – die Erinnerung jedoch bleibt bestehen. Garantiert.

G

Goldaxer See, Bayreuth / 9. Mai 2023 / Hübsch ans Gewerbegebiet geschmiegt, neben BayWa, NKD und Amazon-Verteilerzentrum. Würde ich dort arbeiten, tauchte ich in jeder Mittagspause ein.

Golf von Thailand / 5. August 2022 / Keine Ahnung, wie der Badeort hieß. Ich saß im Kleinbus neben Verona Pooth, und sie erzählte mir Schwänke aus ihrem Leben. Angeblich der nächste echte Badeort von Bangkok aus – dabei waren wir mehrere Stunden unterwegs.

Grubsee bei Krün, Bayern / 31. Juli 2022 / Eine Hälfte zur Badeanstalt umgebaut, mit in den Uferhang eingeschaufelter Wasserrutsche, die andere Hälfte recht verkrautet. Nebenan ist ein weiterer schicker See. Gutes Fahrtpausengewässer.

Grundloser See, Walsrode, Niedersachsen / 2. November 2022 / Walsrode ist sowieso eine Reise wert: Es gibt die heimelige Bahnhofsgaststätte, die Museumsbahn und den Vogelpark. Und eben den Grundlosen See.

Gunzesrieder Ache, Bayern / 18. Oktober 2022 / In wilder Schlichtheit finden sich alle paar Hundert Meter formschöne Gumpen. Sitzbaden in seiner schönsten Form.

H

Hafenbecken, Danzig, Polen / 26. Oktober 2022 / Na ja, ich hatte einen Drehtag im Hafendock und bin deshalb dort geschwommen; ob es für Besucher ohne berufliche Verpflichtung angezeigt ist, ausgerechnet hier, zwischen Rost und Restmüll baden zu gehen, sei ausdrücklich dahingestellt. Etwas weiter nördlich, wo sich die Weichsel in die Ostsee ergießt, reicht der Kieferwald bis zum Strand: So wird ein (Bade-)schuh draus!

Hafenbecken, Wismar / 10. Mai 2023 / Nicht allzu viel Schiffsverkehr, sauber anmutendes Wasser.

Hawaiisee, Flintsbach, Bayern / 3. Januar 2023 / Badegewässer mit eigenem Autobahnzubringer nebst -parkplatz. Wer ko, der ko.

Hopfensee, Füssen / 13. Juli 2022 / Mooriges Schmeichelwasser mit umwerfendem Bergpanorama. Einladende Gaststätten in Rieden, an der »Allgäuer Riviera«.

Hot Tub, hinter unserer Hütte, Tirol, Österreich / 23. Mai 2023 / Die Kernkompetenz eines Hot Tub ist das Hot. Man kann ihn natürlich auch ganz schnöde mit kaltem Wasser füllen. Das spart enorm Brennholz und erhöht den Frierfaktor (FF) erheblich.

Hunte, Niedersachsen / 8. September 2022 / Fließt durch meine Heimat und mündet bei Elsfleth in die Weser. Bevor sie in Oldenburg zur Seeschifffahrtsstraße wird, ist sie ein gar liebliches Badegewässer.

I

Isar, Bayern / 29. Oktober 2022 / Durch ihre Renaturierung verfügt München über eine besondere Attraktion: Niemand muss mehr die Stadt zum Zwecke des Badeurlaubs verlassen. Neuankömmlingen sei zum Einstieg der Flaucher empfohlen.

J

Japanische Sitzbadewanne, daheim auf dem Balkon / 11. März 2023 / Nimmt so wenig Platz weg, dass man sie theoretisch sogar im Reisegepäck dabeihaben könnte.

Jonitzer Mulde, Dessau / 8. Mai 2023 / Für einen Besuch der Badeanstalt »Rehsumpf« wende man sich an die wackeren Kämpfer für dessen Erhalt (adressierbar im Internet). Oder man werde gleich Vereinsmitglied.

K

Kaiserquelle, Stanglwirt, Tirol, Österreich / 13. Februar 2023 / Edles Wasser in herausragendem Ferienhotel mit Reithalle.

Karamaci-See, Götzis, Vorarlberg, Österreich / 3. Oktober 2022 / Wie bei den Skipetaren, durchs wilde Kurdistan, oder so ähnlich. Über der wildromantischen Kiesgrube weht jedenfalls der Geist Karl Mays. Finde ich.

Kiesgrube beim Bauhof, Götzis, Vorarlberg, Österreich / 2. Oktober 2022 / Im direkten Vergleich zum Karamaci-See würde ich Letzteren bevorzugen – es sei denn, man legt besonderen Wert auf die Nähe zum Bauhof beim Schwimmen.

Kochelsee, Bayern / 20. Januar 2023 / Von der Großtherme »Trimini« aus hat man direkten Seezugang und kann sich nach dem Saunabesuch abkühlen. Man kann aber auch gleich vom Parkplatz aus reinspringen, ohne vorheriges Aufwärmen. Spart viel Geld.

L

Lech, Landsberg / 18. April 2023 / Auf seiner gesamten Länge bietet der Lech immer wieder beeindruckende Landschaften, betörende Uferpartien und Zustiege und, im Wortsinne, mitreißendes Badevergnügen.

Lentpark, Köln / 24. August 2022 / Achtung, der Naturbadesee öffnet erst um 13 Uhr. Die Frau an der Kasse ist sehr nett.

Lietzensee, Berlin / 16. Mai 2023 / Für Hartgesottene ist der Tunnel zwischen den beiden Seehälften ein ungewöhnliches Highlight. Zur Verpflegung sei die Terrasse des Hotels Seehof ausdrücklich empfohlen (teilweise mit Tunnelblick)

Löwenteich, Schloss Matzen, Tirol, Österreich / 10. Januar 2023 / Im Schlosspark können Verliebte ganzjährig Hand in Hand stilvoll flanieren. Oder sie stürzen sich in den Teich und zittern gemeinsam.

Lußsee, München / 30. Dezember 2022 / Die Zwillinge Luß- und Langwieder See bestechen nicht nur durch Strand und Spielplatz, sondern haben mit der »Schrottkapelle« aus verrosteten Zahnrädern, Schraubenschlüsseln und einem alten Fahrrad auch eine besondere Sehenswürdigkeit zu bieten. Unbedingt bewundern!

M

Maasgrundweiher, Oberursel / 23. Oktober 2022 / Das Gewässer im idyllischen Lomonossow-Park wurde erst unlängst aufwendig ökologisch ertüchtigt, etwa durch den Einbau von Xylitwalzen an seinen Ufern und einem sogenannten Mönch, worunter man in diesem Zusammenhang keinen Kuttenträger, sondern einen Spezialabfluss von tieferen Wasserschichten versteht.

Mediapark-Weiher, Köln / 13. Dezember 2022 / Wer hier badet, badet definitiv allein. Da Baden hier obendrein ausdrücklich verboten ist, sollte man, wenn überhaupt, nur konspirativ in den Nachtstunden eintunken.

Mittersee, Faulenbacher Tal, Füssen / 13. Juli 2022 / Einer von drei Seen, die teilweise zu Naturbadeanstalten ausgebaut sind. Empfehlenswerte Ausflugsziele!

Mondsee, Oberösterreich / 12. August 2022 / Warmes, sauberes Wasser, viel Bootsverkehr (Obacht, Wasserski!). Die Liegewiese vorm Hotel Weiße Taube ist mein zweites Zuhause. Schöne Grüße an die Wirtsleute von dieser Stelle aus!

Mühlbach, Freibad Maria Einsiedel, München / 24. Juni 2023 / Ein einladendes Freibad, dessen besondere Attraktion eben der Mühlbach ist: Am einen Ende steigt man ein, lässt sich in flotter Fahrt zum anderen Ende tragen und steigt wieder aus, randvoll mit Glücksgefühl und Dankbarkeit.

Mulde, Dessau / 7. Mai 2023 / Dieser Fluss trödelt nicht – da ist Tempo im Spiel! Entsprechende Vorsicht ist angebracht.

N

Nordsee, Niedersachsen / 20. August 2022 / Cuxhaven-Duhnen hat alles, was ein Strandbadeort braucht, zudem Pferdefuhrwerke zur Insel Neuwerk und eine tideunabhängige Badestelle in Fahrrinnennähe mit Blick auf dicke Pötte.

O

Oberer Waldsee, Baden-Baden / 26. April 2023 / Alles an Baden-Baden ist gediegen, geschmackvoll und entspannend – so auch dieses Gewässer zwischen steilen Nadelwaldhängen und besonders feinen Nebelschwaden am Morgen.

Oberer Weiher, Andechs, Bayern / 31. Januar 2023 / Mit Einstiegsleiter im Südosteck des Waldsees, die von der Gemeinde der hiesigen Winterschwimmer in der Regel eisfrei gehalten wird.

Oos, Baden-Baden / 25. April 2023 / Die ortsansässigen Kaltbader treffen sich regelmäßig bei der Wassertreppe nahe der Hubertus- und Kinzigstraße. Ahs und Oos garantiert!

P

Parkhotel Bremen, Außenpool / 30. September 2022 / Eines der elegantesten und dabei nettesten Hotels, die ich kenne. Der Außenpool ist dabei eigentlich verzichtbar, da das Hotel zwischen wunderbaren Badegewässern förmlich eingequetscht ist: Da ist der Hollersee am Weg zum Bahnhof und der Emmasee nebst Geschwisterteichen im Bürgerpark.

Pescher See, Köln / 14. Dezember 2022 / Der feine Kiesstrand bietet namentlich im Winter genau jene graue Tristesse, ohne die die muckelige Glühweinseligkeit der Vorweihnachtszeit kaum erträglich wäre.

Pilsensee, Bayern / 17. Juli 2022 / Ein Traum in Türkis. Meine Lieblingsstrecke: Von der Hechendorfer rüber zur Widdersberger Badestelle (ungefähr 1,5 Kilometer). Mit der Münchener S-Bahn fußläufig erreichbar.

R

Regenrückhaltebecken am Flughafen Hannover / 7. September 2022 / Absoluter Geheimtipp. Geräumiges Parkhaus, und das Flughafenhotel ist im Bademantel bestens erreichbar.

Rhin, Ruppiner See, Brandenburg / 15. Mai 2023 / Hoteltipp: Resort Mark Brandenburg mit lecker Essen und Terrasse direkt am Wasser. Reinhüpfen und rüberschwimmen. Traumhaft!

Ritz-Carlton Hotelpool, Wolfsburg / 27. August 2022 / Die ins olivgrüne Wasser des Mittellandkanals eingelassene Stahlwanne ist etwas ganz Besonderes. Mit vierfachem Schlotblick! Nachts grasgrün beleuchtet! Wer es naturnäher liebt, wechselt ruckzuck in den Kanal. Oder in den Allersee. Oder in den Schillerteich.

Rossauer Baggersee, Innsbruck, Österreich / 8. Oktober 2022 / Mit allem, was eine ausgewachsene Badeanstalt braucht. Besonders hervorzuheben: die vorzügliche, ganzjährig betriebene Ufergaststätte.

Rügischer Bodden, Ostsee, Mecklenburg-Vorpommern / 12. Mai 2023 / Das Badehaus Goor direkt am Wasser erkläre ich hiermit für ferientauglich – sogar für die großen Ferien!

S

Saale, Jena / 17. September 2022 / Wenn ein Stadtteil »Paradies« heißt, liegt die Latte hoch. »Strand 22« konnte mich als Stütz- und Einstiegspunkt voll überzeugen. Latte blieb liegen!

Schafslacke, Zillertal, Tirol, Österreich / 26. September 2022 / Eigentlich ja zwei Seen: ein klarer Schmelzwasser- und ein pudelschwarzer Moorsee. Wo genau die liegen, verrate ich mal besser nicht.

Schleichersee, Jena / 16. September 2022 / Freundliches Kassenpersonal, aufmerksame Badeaufsicht mit scharf trillernder Pfeife, die erklingt, sobald man sich eine Handbreit hinter die Bojen wagt.

Schwansee, Bayern / 13. Juli 2022 / Feines Bergpanorama, eines der Juwelen rund um die Stadt Füssen.

Schweriner See, Mecklenburg-Vorpommern / 11. Mai 2023 / Rund um das Schweriner Schloss – ein fürwahr fürstlicher Badeausflug, der auch von den niederen Ständen, Vasallen und Lehnsmännern absolviert werden kann, sofern ein Freischwimmer-Zeugnis vorliegt.

Seeacht'n, Nähe Andechs, Bayern / 10. März 2023 / Einer dieser Tümpel, bei denen man sich wundert, dass sie überhaupt einen Namen tragen. Einstieg direkt an der Straße.

Spree, Berlin / 22. Februar 2023 / Raus aus dem Hauptstadt-Bahnhof, rin in die Plörre und rübermachen! War vor 1989 lebensgefährlich.

Stadtparksee, Hamburg / 16. August 2022 / Großes, gediegenes Naturbad mit einschüchternden Zerkarien-Warntafeln und aufmerksamen Bademeistern (»Ja, auch für Sie ist hier Fotografieren verboten!«)

Staffelsee, Bayern / 22. Juli 2022 / Besticht nicht zuletzt durch die vielen famosen Inseln, die man schwimmerisch besuchen kann, etwa die winzige Jakobsinsel mit Holzkreuz oder die Insel Wörth, deren Uferbereich Refugium des äußerst seltenen Süßwasserbadeschwammes *Spongilla lacustris* ist.

Starnberger See, Bayern / 6. Juli 2022 / Starnberg ist »meine« Kreisstadt, in der ich immer mal wieder was zu erledigen hatte – nie ohne ein mehr oder weniger kurzes Bad. Klares Wasser, Berge in der Ferne, mit Bahnanschluss und reicher gastronomischer Auswahl.

Steinkarlsee, Tirol, Österreich / 21. Juni 2023 / Unterhalb des Rifflerkogel-Gipfels in 2300 Metern Höhe. Zu Fuß von der Kapaunsalm aus in einer guten Stunde erwanderbar.

Steinmarne Freibad, Cuxhaven / 21. August 2022 / Oldschool-Becken in den Duhner Dünen. Prächtiges Unterhaltungsprogramm (ich sage nur: »Traumschiff«-Pianist).

Strehlasund, Ostsee, Mecklenburg-Vorpommern / 13. Mai 2023 / Rennstrecke des ältesten deutschen Freiwasserschwimmens von Altefähr auf Rügen nach Stralsund mit über Tausend Teilnehmern. Toller Rügenbrückenblick. Eigentlich sollte man hier nicht Kraul oder Brust, sondern Rügen schwimmen. Sorry.

T

Taunus Therme, Außenbecken, Hessen / 23. Oktober 2022 / Ein Thermalbad für verregnete Sonntagnachmittage. Schwitzen, abkühlen und rumliegen, bis der »Tatort« beginnt.

Tegernsee, Bayern / 22. Juni 2023 / Prachtvoll. Aber im Sommer auch voller Boote. Also Obacht, und die Boje nicht vergessen!

Themse, London, Großbritannien / 6. Mai 2023 / Am Oberlauf gibt es malerische Badeplätze, im Stadtzentrum eigentlich nicht. Bis ich zu Besuch kam.

W

Warnow, Rostock / 14. Mai 2023 / Im Stadthafen, auf du und du mit den dicken Pötten. Bei passenden Temperaturen kann man auch ganz rüberschwimmen. Eines Tages mache ich das!

Wasserfall, Stumm, Tirol, Österreich / 11. Juni 2023 / Extremduschen ist natürlich ein Kapitel für sich. Das akustische Spektakel des auf die Platte prasselnden Wassers bleibt uns Glatzenträgern vorbehalten.

Weichsel, Warschau, Polen / 23. November 2022 / Bewährtes Heimatgewässer meiner Betriebssportgruppe.

Weißensee, Bayern / 13. Juli 2022 / Einer der traumhaften Füssener Bergseen. Störten nicht die Hochspannungsleitungen und die direkt am Nordufer verlaufende Straße, wäre seine Schönheit schlichtweg unerträglich und man müsste Reißaus nehmen.

Werdersee, Bremen / 13. September 2022 / Für mich als Werder-Fan einer der besten Badeseen überhaupt.

Weser, Bremen / 14. September 2022 / Im Prinzip kann man an der Porta Westfalica starten, auf der Weser bis zur Columbuskaje in Bremerhaven treiben und jene Fragen begrübeln, die die Welt bewegen, etwa: Konnten die Bremer Stadtmusikanten eigentlich schwimmen?

Weßlinger See, Bayern / 11. Juli 2023 / Kleinster Vertreter der Fünf-Seen-Platte. Nicht ganz so klarwässrig, dafür wartet in der Mitte eine interessante Skulptur auf Besucher.

Wildsee, Seefeld, Tirol, Österreich / 26. März 2023 / Flach und perfekt zum Frieren im Winter. Anschließend aufwärmen in der Olympia-Therme.

Wöhrder See, Nürnberg / 17. März 2023 / Lief das nicht in den 90ern bei RTL? »Ein Schloss am schönen Wöhrder See«, mit Roy Black in der Hauptrolle.

Wörthsee, Bayern / 7. Juli 2022 / Türkises Wasser, im Sommer lungere ich gerne am Kiosk Schlagenhofen herum. Heimeliger wird's nicht!

Z

Zatoka Gdànska, Polen / 25. Oktober 2022 / Der Danziger Stadtgraben wartet mit reichlich Entengrütze auf Badewillige.

Zwischenahner Meer, Niedersachsen / 9. September 2022 / Anschließendes Muss: Räucheraal und Löffeltrunk im »Spieker«. Ortsüblicher Trinkspruch: »Ik seh di/dat freit mi/ik sup di to/ dat do/Prost!/Ik heb di tosopen/hest'n Rechten drapen/So hebt wi dat immer dohn/So schall dat ok wieder gohn.«

Impressum

Postfach 860366, 81630 München

Gräfe und Unzer ist eine eingetragene Marke der GRÄFE UND UNZER VERLAG GmbH, www.gu.de

ISBN 978-3-8338-9164-9

5. Auflage 2025

Projektleitung: Susanne Kronester-Ritter
Lektorat: Christiane Schwabbaur
Covergestaltung und Innenlayout: Favoritbuero, München
Coverfoto: Paul Stosik
Herstellung: Renate Hutt
Schlusskorrektur: Ulla Thomsen
Satz: Anja Dengler
Reproduktion: Medienprinzen GmbH, München
Druck und Bindung: Livonia, Lettland

Umwelthinweis
Nachhaltigkeit ist uns sehr wichtig. Der Rohstoff Papier ist in der Buchproduktion hierfür von entscheidender Bedeutung. Daher ist dieses Buch auf PEFC-zertifiziertem Papier gedruckt. PEFC garantiert, dass ökologische, soziale und ökonomische Aspekte in der Verarbeitungskette unabhängig überwacht werden und lückenlos nachvollziehbar sind.

Die GU-Homepage finden Sie unter www.gu.de

Bildnachweis

Coverfoto: Paul Stosik
Alle Fotos: Wigald Boning, **außer:**
S. 2: Paul Stosik, S. 34: Hannes Zacherl, S. 80, 129, 235, 236, 240, Nachsatz rechts: Bernhard Hoëcker, S. 98, 144, 168: Teresa Boning, S. 101: Michael Toews, S. 115, 116, 137, 185, 226, 231, 259: Steffi Riehl, S. 247: Carsten Schneehage, S. 262, 263: Leander Völker, S. 264–271: stock.adobe.com
Illustrationen: iStock

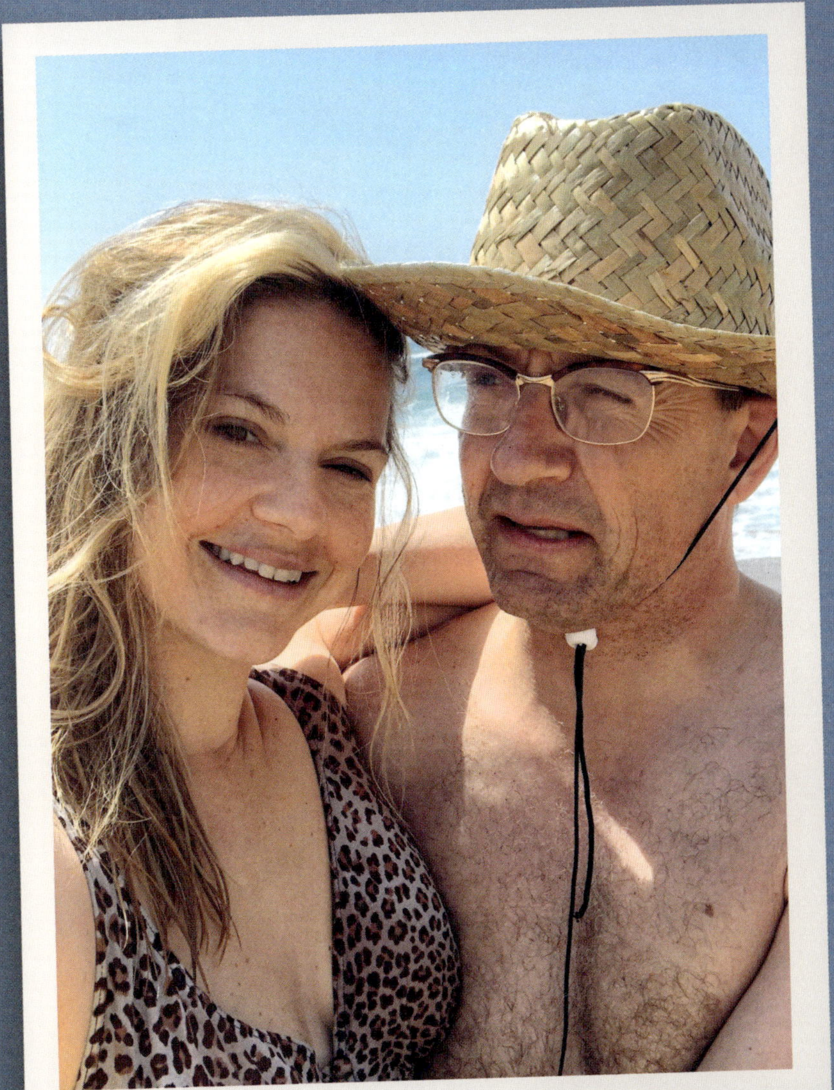

Teresa und ein verkniestert dreinblickender Hallodri. Im nächsten Leben werde ich auch eine gechillte See-Leopardin.

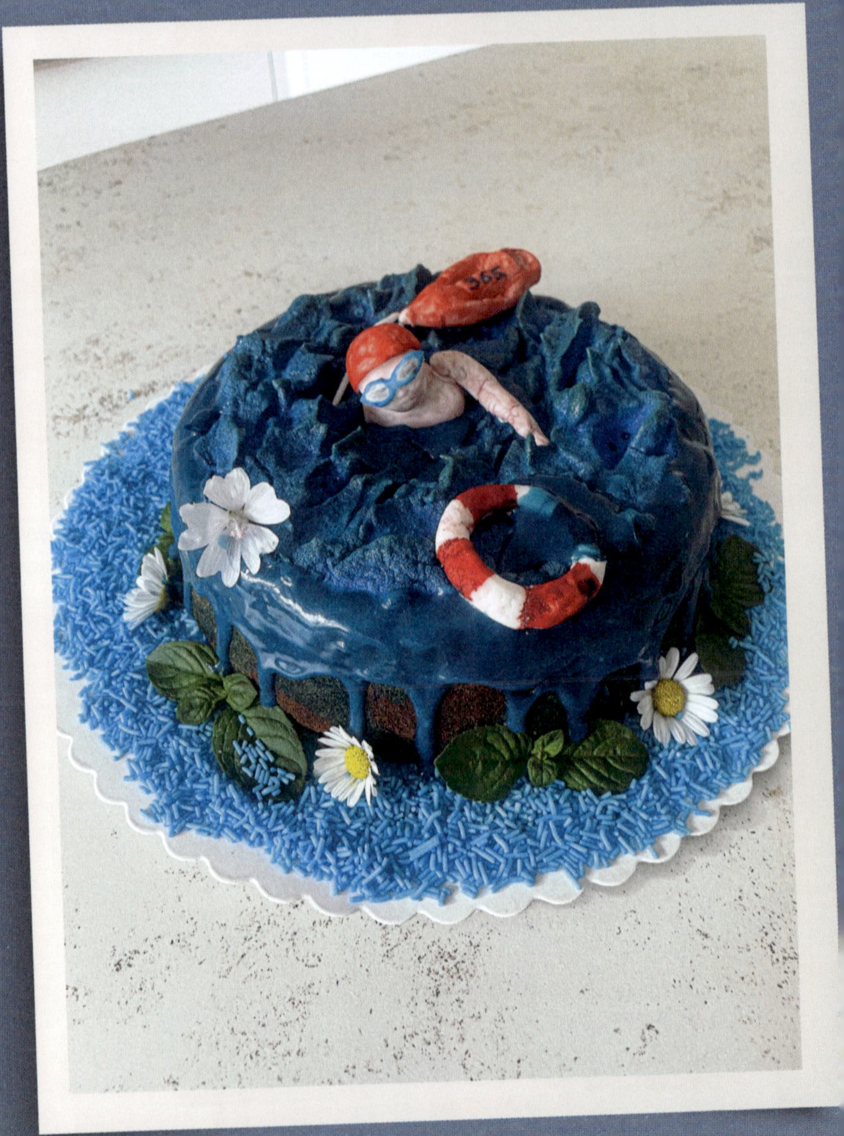

Zum einjährigen Dauerschwimm-Jubiläum buk mir Nachbarin Gundi diese famose Torte.